テーマで学ぶ 日本古代史

政治外交編

佐藤 信［監修］
新古代史の会［編］

吉川弘文館

はしがき

日本古代史をめぐる環境は、大きく変わりつつある。一つには発掘調査によって新たな遺跡・遺物が発見され、なかでも木簡や墨書土器といった出土文字資料が新たな事実を明らかにしていることがあげられるだろう。また外交関係や交易は言うに及ばず、律令などの法制史や仏教史などにおいても、日本だけでなく中国や朝鮮などの東アジア、さらには東部ユーラシアを含んで、グローバルな視点から日本古代史を見るようになった。また、木簡や古記録のデータベース化が進んで、誰もが身近に古代史を研究できる環境が整備されつつある。このように多様な史資料、多角的な視点から日本古代史は、以前とは違う新しい歴史像を見せつつある。

とはいえ、これから日本古代史を学ぼうと思っている人には、どこがおもしろく、どこから勉強していけばよいか、迷う人も少なくないのではないかと思われる。そこでこの『テーマで学ぶ日本古代史』は、最新の研究成果を最前線に立つ研究者がテーマごとに解説を加え、基本的な参考文献なども紹介しながら、古代史の魅力をわかりやすく伝えようとしたものである。

本書は「政治・外交編」と「社会・史料編」の二巻構成とし、「政治・外交編」では「ヤマト王権の政治と社会」・「律令制度の成立」・「平安時代の政治と外交」を軸として古代国家の成立と展開に関わる重要なテーマを配した。「社会・史料編」では「古代の社会と経済」・「古代の宗教と文化」、それから古代史研究に不可欠な「古代の史料」をとりあげた。それぞれ重要なテーマばかりだが、一方では近年注目されている災害史や女性史・交通史など、今まで高校などでは習わない新たな古代史の魅力を含んだテーマも設定している。

本書は「新古代史の会」という研究会のメンバーを中心に、さらにそれぞれの分野の最前線で活躍する気鋭の研究者に執筆を依頼した。それぞれの文章も「文は人なり」といわれるように研究者の個性がよくあらわれていておもしろい。そのため、それぞれの執筆者の意見を尊重し、あえて語句や解釈の統一を行わなかった部分がある。こうした違いも研究の広がりの一端であるとし、ご了解いただきたい。

本書を手にとった読者が古代史の魅力にふれ、さらなる興味・関心を抱いていただければ幸いである。

新古代史の会を代表して

三舟隆之

目次

III 平安時代の政治と外交

I

ヤマト王権の政治と社会

1　古代王権の成立

仁藤敦史

一　ヤマト王権と「記紀」の利用

ヤマト王権　四世紀以降、奈良盆地に成立した王（大王）を中心とする古代の政治的権力をヤマト王権と呼ぶ。律令国家が成立する七世紀末まで存続し、北海道や東北北部を除く日本列島の大部分を支配領域とした。その政治形態は、古くは大王と有力豪族たちとの同盟的な関係が基本であった。大王の代替わりごとに、豪族たちとの関係は結び直されるので、政権を担当する豪族は入れ替わる可能性があった。すでに豪族たちは、ヤマトやカワチといった地域を中心に自己の勢力圏を有していた。彼らとの関係を代替わりごとに結び直すたびにその連合のあり方は変動する可能性があり、そのため大王の居住地である宮も移動を余儀なくされた。大王には豪族たちを本拠から切り離して宮の近傍に集住させるだけの強い権力はまだなく、彼らの協力を得るためには豪族の根拠地近くに宮を経営する必要があった。「歴代遷宮」と称される代替わりごとに宮を移動させる慣行は、こうした必要性が背景に存在した。その段階には、後の「京」に相当する官人居住区はまだ存在せず、大王とその生活を支える内廷的な施設が存在するのみで、朝堂院《ちょうどういん》のような公的な空間は未発達であった。

記紀による歴史像と史料批判　この時代の歴史を検討する場合に用いられる体系的な編纂史料としては、奈良時代初期に成立した『古事記』『日本書紀』がある。しかしながら、両書は八世紀における律令国家および天皇支配の正統性の根拠を歴史的に示す必要から編纂された書物であり、後代の編纂史料であることを考慮するならば、その取り扱いには十分な注意が必要である。したがって、令制以前を検討する場合には、断片的な記載ながら同時代性にすぐれた金石文《きんせきぶん》や中国・朝鮮の外国史料などと総合して考察することが必要となる。

二　記紀批判の方法

帝紀と旧辞　戦後の古代史研究は、『古事記』『日本書紀』に対して批判的検討を加えた津田左右吉《つだそうきち》の帝紀・旧辞論を前提に展開された。その核心的な主張は、『古事記』序文の解釈により、各天皇記は歴代の系譜を中核とする帝紀（帝皇日継）と神話・伝承的な物語たる旧辞（先代旧辞）から構成されていると説く点である。そのうえで旧辞が顕宗記で終わることを大きな根拠として、六世紀の継体《けいたい》・欽明《きんめい》朝ごろに原帝紀・旧辞がまとめられたとする構想を示した（津田　一九六三）。

しかしながら、旧辞に対する強い批判に比較して、帝紀＝王統譜に対する史料批判が弱かったことが、研究史的には記紀の語る血縁継承の骨格を疑わないまま、部分的な不連続記載を強調した戦後の「王朝交替論」の前提となった。

初代の天皇　記紀の伝承によれば、初代の天皇は神武《じんむ》天皇とされ、紀には「始馭天下之天皇」（神武元年正月庚辰条）と表記され、「はつくにしらすすめらみこと」すなわち「初めて天下を統治した天皇」と位置づけられている。これと同様な称号は、実在の可能性がある第一〇代の崇神《すじん》天皇の名前にも確認できる。すなわち、記には

「所レ知二初国一之御真木天皇」（崇神段）、紀には「御肇国天皇」（崇神紀）と表記され（天皇ごとに『古事記』は○○段、『日本書紀』は○○紀として区分する）、いずれも「はつくにしらすすめらみこと」とよまれている。対象が「天下」と「国」の違いはあるが、同じ訓で、かつ「天下」が「国」に先行する点はやはり不自然である。実質的な「初代天皇」が事績に乏しい「欠史八代」の次に位置づけられた第一〇代目の崇神天皇と考えられた時期があったことは妥当性がある。紀元前六六〇年の辛酉年を王権の開始とする必要性から、崇神天皇を起点として神武天皇までを架上した可能性は高いと考えられる。

記紀の歴史観　『古事記』『日本書紀』により構想された歴史は、とりわけ崇神朝から仁徳《にんとく》朝にかけて支配領域が拡大し、それにともなう統治機構の整備が図られたとして予定調和的な流れで記事が配列されている。

崇神紀には大和の東西の境界として墨坂《すみさか》と大坂の神を祭ることがあり、「畿内無レ事」すなわち畿内平定を前提として北陸・東海・西道・丹波の四道に戎夷《じゅうい》の平定のためいわゆる「四道将軍」を派遣している。垂仁《すいにん》紀には伊勢神宮や石上《いそのかみ》神宮などの起源伝承があり、祭祀統制を記述する。景行《けいこう》紀には日本武尊《やまとたけるのみこと》による東国・西国への遠征により蝦夷《えみし》・熊襲《くまそ》の服属が記載され、七十余人の皇子らが国郡に派遣され別王とされた。成務《せいむ》紀には「普天率土、莫レ不二王臣一」という前代の国内平定完了に対応して、国造《くにのみやつこ》・県主《あがたぬし》の設定記載があり、地方行政組織の整備が構想される。これにより「天下無レ事」とあり畿内から諸国＝天下への支配領域の拡大が示されている。さらに仲《ちゅう》哀《あい》（神功《じんぐう》）紀には新羅《しらぎ》・高麗《こうらい》・百済《くだら》の三韓が平定され、「西蕃」に位置づけ、内官家《うちつみやけ》として調物や質を定期的に要求する対象として描かれる。領域的にはこの範囲が倭国王の天下として構想され、三韓の朝貢により天下を有つことができるとの考えが示されているように（『日本書紀』応神九年四月条）、三韓も広義の天下の構成要素とされていた。さらに、応神朝には、三韓の朝貢に対応して渡来人の来朝が語られている。こうした領域的拡大の後に「天下」は確定され、「聖王」たる仁徳の時代が位置づけられる。このような歴史像をそのまま史実として容認することは不可能であり、外国史料や金石文による相互批判が必要となってくる。

三　ヤマト王権の展開

鉄資源と朝鮮半島　すでに二世紀後半の卑弥呼《ひみこ》の共立段階において、倭国は、朝鮮半島からの鉄を中心とする資源や威信財などの先進文物をいかに安定的に供給するかが問題となっていた。この問題は、卑弥呼の共立により、解消したわけではなく、古代の重要な問題として倭の五王段階以降も続いていく。前方後円墳の成立によって、遅くとも四世紀には諸国の首長がヤマト王権に対して従属的に同盟する関係が成立する（白石　一九九九）。しかし、諸国の首長は、依然として地域社会における自立的な支配者のままであり、彼らを同盟関係に留めておくために、ヤマト政権は安定的な鉄資源を供給することが必要であった。その鉄資源の主要な供給源は当初朝鮮半島南部のみであったため、やがて倭王は、百済や伽耶《かや》諸国と提携し、朝鮮半島へ経済的、軍事的に進出することが必然化する。七支刀《しちしとう》銘文と広開土王《こうかいどおう》碑文によれば、少なくとも四世紀後半には倭国が百済と結んで、高句麗と争ったことが確認され、「倭王」（七支刀銘文）による軍事・外交における主導権の確立を考えることができる。四世紀後半以降、王権による沖ノ島《おきのしま》祭祀が開始されるのも、朝鮮半島への航海の安全を祈ることが課題となったことを示している。『宋書《そうじょ》』倭国伝にみえるように、五世紀になると新羅の高句麗への従属の深まりや高句麗・百済の中国南北朝への朝貢にともない、「倭の五王」も遣使により南朝と直接の交渉をもつことで朝鮮半島での立場を有利にしようとした。その目的は、倭国内における自己の地位と朝鮮半島での軍事活動を中国王朝から承認されることであった（仁藤　二〇一三）。

やがて、五世紀後半の倭王武の時期になると、国内的な「治天下大王」の意識の拡大にともない、中国への遣使朝貢の停止、さらには冊封体制からの離脱がすすめられることとなる。倭国の領域をワカタケル大王＝倭王武＝雄略《ゆうりゃく》が統治するということを前提に、理念的には朝鮮半島南部を含む自己中心的な天下世界観が構想される（西嶋　一九九四）。

宮の成立　『古事記』や『日本書紀』には、初代の神武天皇から「橿原宮《かしはらのみや》」のような宮号が記されている。しかしながら、その実在性については、原史料となった原帝紀が作られた六世紀以降にしか、確実性を求めることはできない。五世紀以前においては、『三国志』魏書巻三十東夷伝倭人条に「宮室・楼観・城柵厳かに設け、常に人有りて兵を持ちて守衛す」とあり、中国側の史料によれば、すでに三世紀の邪馬台国の時代に卑弥呼の「宮室」が存在した。ただし、考古学的に公私の区別が明確に存在したかどうかは明らかではなく、むしろ公私の未分化な状態を「居処」や「宮室」と表現したものと考えられる。初期の豪族居館の多くが短期（おそらくは一代）で廃絶していることは、王の「代替わり」を超越し、首長個人から峻別された恒常的な公的施設がまだ必要とされていなかったことを示している。大王による「歴代遷宮」もこのことと無関係ではない。

宮号表記の変化　初期の天皇が居住したとして語られる宮号については、継体朝の前後でその表記は大きく変化する。すなわち遅くとも七世紀後半までには、法隆寺の薬師如来像光背銘に「池辺大宮治天下天皇」（用明《ようめい》）、「小治田大宮治天下大王天皇」（推古《すいこ》）とみえるように、「某宮治天下大王（天皇）」の語は倭王の自称として定着する。これは、大王の治天下と宮が一対一に対応した表記となることで、いわゆる「歴代遷宮」が統一的に表記される段階であり、「記紀」における表記に収斂していく。これは、大王が構想した「天下」の中心に宮が位置するという観念が明確に確立した段階である。しかし、継体朝以前には、

「在二斯鬼宮一時」（稲荷山鉄剣銘）

「在二意柴沙加宮一時」（隅田八幡宮《すだはちまんぐう》人物画像鏡銘）

「坐㆓弥乎国高嶋宮㆒時」（『上宮記』逸文）

という表記が一般的であった。「在（坐）㆓某宮㆒時」表記からうかがわれるように、一代の大王が時間的な経過とともに複数の宮を経営した段階が想定される。ここには、まだ一つの宮と大王の治世が明確に対応していない段階が確認される。したがって、継体朝以前については、本来複数の宮室が伝承されていたにもかかわらず、遅くとも「記紀」編纂段階には、大王による治天下の宮が一つに統一された可能性が指摘できる。たとえば、雄略は長谷朝倉宮《はつせのあさくらのみや》を居宮としたと伝承されるが、雄略に比定される「獲加多支鹵《わかたける》大王」の居宮としては「斯鬼宮《しきのみや》」が、稲荷山鉄剣銘にみえる。この場合の「斯鬼宮」は大和の磯城《しき》郡ではなく、おそらくは、志幾大県主が「天皇の御舎」に似せて自分の家に堅魚木を上げたため、雄略により家を焼かれそうになり、奉納物を献上し服属を誓ったため許された話があることからすれば（『古事記』雄略段）、河内国の志紀《しき》郡（現大阪府藤井寺市付近）と考えられる。さらに、継体の居宮についても、「磐余玉穂宮《いわれのたまほのみや》」以外に「樟葉宮《くすはのみや》」（継体元年正月甲申条）、「山背筒城《やましろつつき》」（同五年十月条）、「弟国《おとくに》」（同十二年三月甲子条）など山背に三つの宮室を経営したとの伝承がある。通説では継体の「大和入り」（磐余玉穂宮への遷宮）が継体二十年まで遅れることから畿内に抵抗勢力が存在したと考えられてきた。しかしながら、継体の内政記事がほとんどないことから、その空白を埋めるため伝えられていた四つの宮室名を継体紀のなかで配分したものにすぎないと考えられる。これに加えて隅田八幡宮人物画像鏡銘には「意柴《おし》沙加宮《さかのみや》」の名前があり、銘文の「癸未年」を五〇三年に比定するならば、即位前から大和に拠点を有していたと考えられる。

　このように継体朝以前には、大王にはその治世に複数の拠点があったことが想定される。さらに、「記紀」による「歴代遷宮」の流れにおいても、継体以前は磐余・飛鳥・石上・長谷など限定された拠点を周期的に巡回していることが確認される。こうした規則的な流動性は、宮号が一つに限定していなかったことを前提に考えるならば、「記紀」編纂時に整理された可能性が否定できない。継体以前の宮号をそのまま史実として認定するには慎重でなければならないことになる。

古墳と王権　一方、考古学では、前方後円墳の発生とヤマト王権の成立を重ね合わせて議論する伝統がある。かつて小林行雄は古墳の発生は「貴族の発生」を意味するとして、その背後に首長の男系世襲制を想定した。古墳造営の風習は「大和政権の勢力に伴うて広がった」もので、大和政権の傘下に編入された、後の県主クラスを被葬者に想定した。さらに具体的には、西嶋定生により古墳の墳型とカバネの身分秩序を結びつける議論が提起された。近年では、都出比呂志（都出　二〇一一）や広瀬和雄（広瀬　二〇一〇）により前方後円墳を中心とした政治体制を「初期国家」としての「前方後円墳体制」、あるいは「前方後円墳国家」と位置づける議論が提起されている。古墳の成立年代についても、三世紀に想定されるようになり、邪馬台国の時代に古墳がすでに成立していたと考えられるようになった。加えて考古学では邪馬台国の畿内説が優勢であることから、卑弥呼の王権からヤマト王権への権力的な連続性を想定することが可能になってきたこともこうした議論の背景にある。

一方、文献史の立場からは古墳と王権を直結させることには「記紀批判」との関係で慎重な意見が多い（吉村二〇一〇）。たとえば、カバネの成立は近年の研究では早くとも五世紀末以降と考えられており、古墳の墳型とカバネの身分秩序を直結する点には批判的である。また多くのヤマト王権での制度、具体的には部民《べみん》制・国造制などは『日本書紀』が語るように六世紀以前に存在したとは考えられないとの見解が有力である。

前方後円墳の段階を古代国家の前半に位置づけることについても、官僚機構が「代替わり」を越えて安定的に継承されないという未熟な段階であり、国家段階とするには無理がある。さらに、近年発見された韓国の栄山江《えいざんこう》流域における五世紀末から六世紀前半代の一三基以上にのぼる前方後円墳についても、その位置づけは困難となる。すなわち、前方後円墳を国家秩序に組み込まれた指標とする限り、栄山江流域もヤマト王権の領域に想定しなければならなくなるが、いわゆる「任那《みまな》」の領域とも大きくはずれた場所に、そうした支配地域を想定することはむずかしい。さらに「倭人伝」の記載や前期古墳の被葬者の分析からも、初期には男系による世襲制は確立しておらず、王系としての連続性は確保されていない。前方後方墳と比較して前方後円墳が卓越した形式に変化するのは成立期ではないことも留意すべきである。領域的にも狗奴《くな》国が位置したと想定される東国が含まれるようになったのは記紀の伝承によれば時間的に遅れると考えられる。「倭の女王」とのみ表記された神功紀の付加的な注を除けば、少なくとも記紀の伝承体系に「卑弥呼」の存在は、組み込まれておらず、始祖としての伝承は明確に断絶している（仁藤　二〇一三）。

より根本的には巨大古墳ではなく大王宮の所在地こそが政治的センターたる王権の中心であるとの批判も提起されている。ただし、記紀の宮室伝承がどの程度事実を伝えているかについては吟味が必要であり、難波《なにわ》地域への盟主的古墳の移動も、応神の難波大隅宮《なにわのおおすみのみや》、仁徳の難波高津宮《なにわのたかつのみや》、反正《はんぜい》の多治比柴垣宮《たじひのしばがきのみや》など、宮の難波地域への移動と表面的には対応しているので、必ずしも決定的に対立する指標にはなっていないことは留意する必要がある。

倭と河内《かわち》は一体のものとして考えることができるが、大王墓に匹敵する複数古墳群の存在や「倭の五王」の続柄記載からは、朝鮮三国の事例と同様に婚姻関係にある複数の王系が併存したと考えられる（高句麗は五部、新羅は寐錦王《みきんおう》と葛文王《かつぶんおう》、百済は余姓《よせい》と牟姓《むせい》の交替）。朝鮮半島への積極的な政治的・軍事的交渉のため、拠点を移動させ港湾（住吉・難波）や倉庫（法円坂《ほうえんざか》遺跡）を管理することが必要になったと考えられる。当該期の王には、軍事・外交的成果を期待される「軍事王」としての資質が強力に求められ、そのことにより王権への求心力が維持されていたと考えられる。しかし外向きの「軍事王」の性格は、対外的な軍事活動の失敗により、新たに卓越した軍事指導者を求めて王や王系を交替させうるという不安定性を絶えず内包していた。

以上によれば、古墳の成立とヤマト王権の成立を無前提に短絡させることは現状では困難であると考える。しかしながら、卑弥呼の王権が課題とした、鉄を中心とした先進文物の安定的な確保と再分配の役割が王権の求心力を維持したという外向きの王権構造はヤマト王権下においても基本的に変化せず、以後も連続している点は確認できる。

転換期としての欽明朝　五世紀後半から継体天皇の活躍した六世紀前半にかけては、古代国家の形成過程において大きな転換期に位置していた。従来の「外向き」の体制から内政の充実に大きく変化する時期に相当する。「倭の五王」段階までのヤマト王権は、軍事指導者としての力で諸豪族に対する統率力を強めて鉄資源や先進文物を再配分するという「外向き」の支配体制により運営されていた。ところが、雄略期以降には、対外的影響力の低下、政権内部の混乱、地方豪族の「反乱」などにより、「外向き」の支配体制の弱点が暴露され、内政の充実が急速に図られることとなる。「倭の五王」段階に顕著であった外向きの「軍事王」としての性格は、対外的な軍事活動の失敗により、新たに卓越した軍事指導者を求めて王や王系を交替させようるという不安定性を絶えず内包していた。したがって当該期のヤマト王権は、こうした構造的矛盾の克服が急務となっていた。

欽明期における大きな変革は一系的な血縁継承の開始であり、他の氏族とは区別されたカリスマ的な王統が成立したことが指摘できる。さらに政治基調としては「倭の五王」段階に顕著であった「外向きの軍事王」と評価される外交・軍事中心から、内政の重視への転換がみられる。具体的には対百済外交の転換であり、百済王族や五経博士の定期的な交替派遣と仏教に象徴される先進文物の提供という「質」と「賂」を中心とした時代に転換した。これにともない、ミヤケ制・国造制・部民制という国内支配制度の整備による内政の充実がおこなわれ、並行して一系的な王統譜の形成による、神話と系譜、および神祇制度といったイデオロギー的な整備もおこなわれた（仁藤　二〇一二）。

古墳時代の区分でいえば、前期・中期までが王と豪族との人格的関係が重視された首長制的段階であり、後期以降が成熟国家へ展開する時期に相当すると考えられる。

参考文献

白石太一郎『古墳とヤマト政権―古代国家はいかに形成されたか―』文芸春秋、一九九九年
・ヤマト王権を語る場合、巨大前方後円墳の動向は、宮室とともに念頭に置くべき論点である。本書は、古墳時代の研究動向をコンパクトに知ることができる良書である。
津田左右吉『津田左右吉全集第一巻　日本古典の研究　上』岩波書店、一九六三年
・すでに古典的な文献ではあるが、記紀批判の方法論を語る部分は現在でも基本的に有効な研究態度であり、記紀を使用する場合には一読することが求められる。
吉村武彦『シリーズ日本古代史2　ヤマト王権』岩波書店、二〇一〇年
・卑弥呼の王権から六世紀に至るヤマト王権についての概説書。邪馬台国・ヤマト王権の成立・倭の五王・継体天皇・仏教伝来と蘇我氏などについて概観する。全体像を把握するには適当な最新の入門書。
石母田正『日本の古代国家』岩波書店、一九七一年
井上光貞『日本古代国家の研究』岩波書店、一九六五年
熊谷公男『日本の歴史03　大王から天皇へ』講談社、二〇〇八年
鈴木靖民『倭国史の展開と東アジア』岩波書店、二〇一二年
都出比呂志『古代国家はいつ成立したか』岩波書店、二〇一一年
西嶋定生『邪馬台国と倭国―古代日本と東アジア―』吉川弘文館、一九九四年
仁藤敦史「倭国の成立と東アジア」『岩波講座日本歴史1　原始・古代1』岩波書店、二〇一三年
仁藤敦史『古代王権と支配構造』吉川弘文館、二〇一二年
広瀬和雄『前方後円墳の世界』岩波書店、二〇一〇年

2　古墳時代後期の社会

東　真江

一　古墳とは

「百舌鳥・古市古墳群―古代日本の古墳群」がユネスコ世界遺産に　二〇一九年七月、ユネスコは「百舌鳥《もず》・古《ふる》市《いち》古墳群」を世界遺産文化遺産に登録し、世界遺産一覧表に記載されたことを発表した（図1）。これより前に行われたユネスコの諮問機関イコモス（国際記念物遺産会議）は、その価値を調査した際の勧告では、文化庁の発表によると、「百舌鳥・古市古墳群」の伝仁徳天皇陵古墳（大山古墳）や伝応神天皇陵古墳（誉田御廟山古墳）をはじめとする四五件四九基の構成資産が、傑出した古墳時代の埋葬の伝統と社会政治的構造を証明しており、一連の資産は顕著な普遍的価値を証明していると考え、古墳の歴史性や保存状況に基づき、真実性は満たされていると考えるが、その程度には多様性が認められる等の見解を示している。

このなかで、古墳は社会政治的構造を証明し、その「普遍的価値」を証明していると評価されている点で、「古墳」という日本史上特徴的な土木構造物が、世界遺産登録という人類史上における評価を読み取ることができるだろう。

それでは、古墳が社会政治的構造を示す普遍的存在であるといわれる根拠は何か、本章では、古墳文化が終焉を迎えようとする六世紀から七世紀の古墳を取り巻く環境から社会政治的構造を検討していきたい。

古墳とは何か　あらためていうまでもないが、古墳は、個人または集団の墓である。この墓を誰が、いつ、どのように造り、何をどのよう納めたのか、納められたものはどういったものかを考えるのが、古墳研究である。しかし、古墳がいつ、どこで、誰が造り、何がどのように納められているかを研究するにあたっては、それぞれの研究が細分化されている。土を盛り固めた、または山を切出して造った墳丘の築造方法や墳形の研究、石を積み上げて造り上げた石室形態や棺の研究、副葬品のなかでも須恵器《すえき》などの土器類の研究、鏡や武器・武具・馬具、玉類といった副葬品、埴輪《はにわ》の形態や生産地の研究、埋葬された人物の人骨そのものの研究といったさまざまな要素の組み合わせにより、いつごろ、どういった人物が築造したのかを検証していくことで、古墳そのものや、古墳が築造された時代、社会を解明するのである。

図１　百舌鳥古墳群（堺市提供）

古墳が築造された時代　古墳が築造された「古墳時代」は、今日の研究成果では定型的な前方後円墳《ぜんぽうこうえんふん》が成立する三世紀半ばから六世紀までの間と考えられている。一般的な理解としては、前方後円墳という、円墳《えんぷん》と方墳《ほうふん》を組み合わせた特殊な墳形と石室形態、副葬品の構成を全国的に共有することで、古墳時代の開始とし、前方後円墳築造の終焉が古墳時代の終わり、と考えられており、「古墳時代」が終わっても八世紀ごろまで古墳は築造され続けている。

古墳の始まりについて、ここでは深くふれないが、弥生時代に築造された「方形周溝墓《ほうけいしゅうこうぼ》」や「墳丘墓《ふんきゅうぼ》」を古墳とする説もある（方形周溝墓は四世紀ごろまで存在し、同一遺跡内に古墳と併存することもある）。また、定型化された前方後円墳の初現とされる奈良県箸墓《はしはか》古墳の時期を、近年国立歴史民俗博物館が新たに行ったＡＭＳ（加速器質量分析法）によりこれまで弥生時代といわれてきた三世紀中葉まで溯らせる意見や、この箸墓古墳を中国の歴史書『魏志倭人伝《ぎしわじんでん》』に登場する女王卑弥呼《ひみこ》の墓とイメージを被らせる考え方もある。

また、古墳築造の終焉については、明確なものはないが、全国的に前方後円墳の築造を終了した後も、円墳や方墳、また、律令期の天皇陵は八角墳を築造する。そのほかに、斜面地に埋葬地を掘りこむ横穴墓のような新たな墓制も地域によっては隆盛するなど、七世紀から八世紀初頭にかけて、それまでの古墳とは異なる新たな墓制が広がっている。

古墳時代の時期区分については、代表的なものとして、三期区分や一〇期区分などがある。三期区分は、古墳の埋葬施設や副葬品の特徴によって区分される。前期（四世紀代）の特徴は、埋葬施設は長大な竪穴《たてあな》石棺や割竹形木棺を納めた粘土槨を基本とし、副葬品として三角縁神獣鏡《さんかくぶちしんじゅうきょう》や石製腕飾りなど呪術性の高いものを納めている。中期（五世紀代）の特徴は、近畿地方で古墳が巨大化し、副葬品は大量の武器、武具、馬具といった武力を示すものや大量の農耕具なども納められる。後期（六世紀代）の特徴は、前方後円墳が減り、小型の円墳などの古墳が数多く群集墳として造られるようになる。埋葬施設は横穴式石室が採用され、追葬が行われるようになる。副葬品は須恵器や鉄製武器、馬具など生活用具が納められる。一〇期区分は和田晴吾らが提唱しており、前方後円墳をおもな対象として三〇年で一期を形成する区分法である（和田　二〇〇四）。いずれの時期区分方法が優勢であるといったものではなく、時期区分の対象によりどちらも併用されて使用されている現状である。また現在、七世紀代以降の古墳を対象とした時期区分として、三期区分では終末期、一〇期区分では一一期から一三期を設定している。古墳時代の終焉としては、孝徳天皇二年（六四六）の「大化薄葬令」制定により、墓の規模縮小から、火葬墓へと移行したものと考えられている。

古墳の種類　古墳の種類は、その築造される地域と時期により、分布の特徴があるが、種類としては、前方後円墳を代表として、前方後方墳、円墳、方墳、帆立貝式《ほたてがいしき》古墳、八角墳、双方中円墳《そうほうちゅうえんふん》、双方墳、上円下方墳、墳丘をもたない横穴墓《よこあなぼ》、地下式横穴墓、円形周溝墓などがある。前方後円墳や円墳は古墳時代を通じて各地で築造されるが、方墳については、六世紀以降大型なものが各地に築造される。双方中円墳は全国に数基であり、帆立貝型古墳は五世紀代に集中的に築造されるといった特徴がある。八角墳は、終末期の大王墳として、七世紀代に採用された墳形である。福尾正彦によれば、段ノ塚《だんのづか》古墳（舒明《じょめい》天皇〈六四一年没〉墓？）、御廟野《ごびょうの》古墳（天智《てんじ》天皇〈六七一年没〉墓）、野口王墓《のぐちおうぼ》古墳（天武《てんむ》天皇〈六八六年没〉・持統《じとう》天皇〈七〇二年没〉合葬墓）、牽牛子塚《けんごしづか》古墳（斉明《さいめい》天皇〈六六一年没〉墓？）、中尾山《なかおやま》古墳（文武《もんむ》天皇墓？）があげられる（福尾　二〇一四）。

古墳の種類と地域性、時期性は、古墳築造集団の盛衰や交流を示すと考えられている。たとえば、前方後円墳には現代的な言い方でいえば設計図のような規格性があり、ヤマト王権中枢部に関わる集団と地方の集団が関係性を築き、葬送祭祀を含む政治《まつりごと》を共有することで、共同体として成長したと考えられている。

二　古墳が示す社会・政治構造

古墳が示す政治構造　冒頭、古市・百舌鳥古墳群のユネスコ世界遺産登録で紹介した通り、古墳は社会政治的構造を証明するものとされているが、古墳のどのような点が社会政治的構造を示すのか、ここでは古墳が示す政治構造について、研究史から考えてみよう。

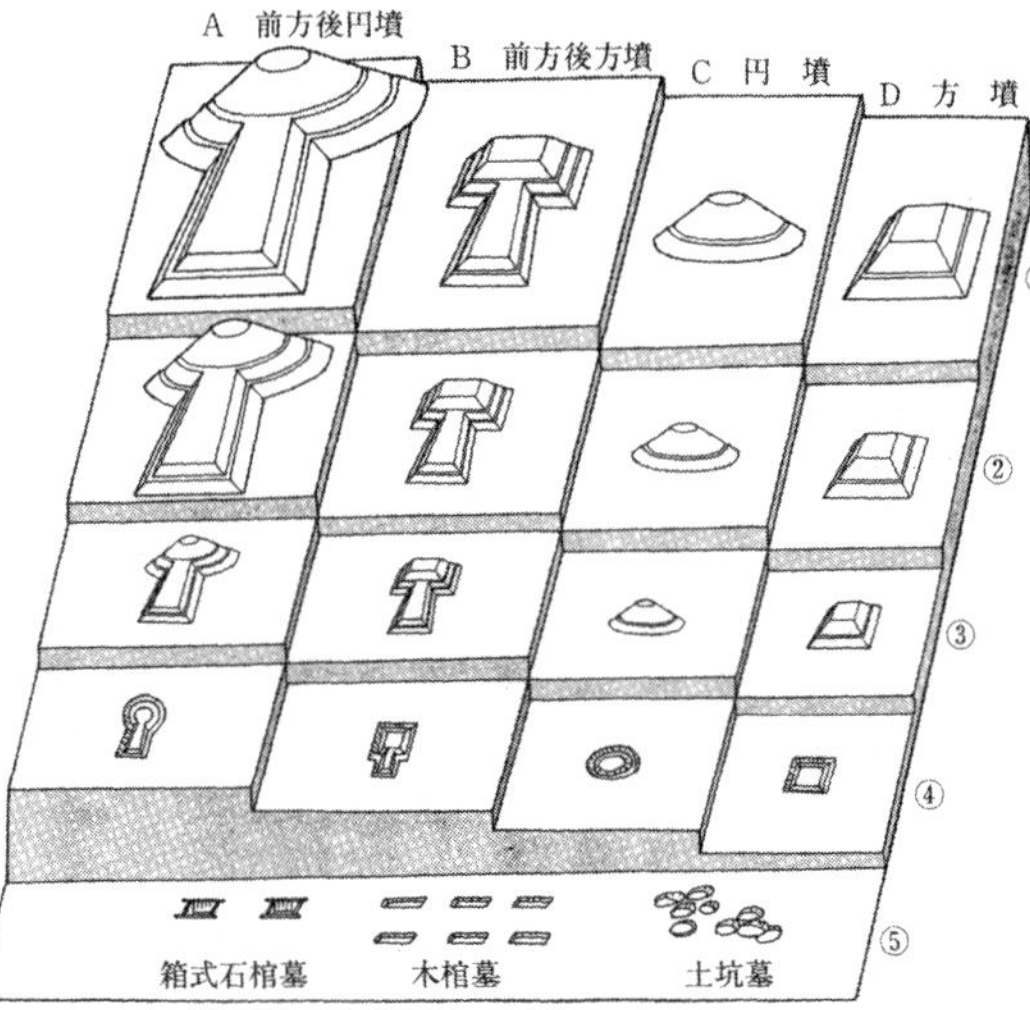

図2　前方後円墳象徴図（都出　1991）

古墳が社会政治的構造を表すものとして、古代国家形成とどのような関係にあるのか、文献史学と考古学双方からこれまで検討がされてきた。考古学では、古墳の遺構、遺物、墳形、主体部の形態、築造方法、立地、分布といったさまざまな要素を分析し、再度組み立てることで政治構造が見て取れるのかという研究がある。このような古墳から政治構造を読み取ろうとした近年の研究の代表的なものとして、都出比呂志、白石太一郎、下垣仁志らの研究を紹介する。

都出比呂志は、「日本古代の国家形成論序説—前方後円墳体制の提唱」（都出　一九九一）を発表した（図2）。この論文は、古墳時代を律令体制成立までの移行過程ととらえ、社会人類学等の成果を参照しながら、古墳時代には①階級関係の形成、②租税と徭役《ようえき》、③中央首長と地方首長との関係、④権力機構と政治権力、⑤物資流通機構と政治権力の五項目が揃っているところから古墳時代を「初期」の国家段階と認定した。このいわゆる「前方後円墳体制論」は、土生田純之によれば、「小林行雄以来古墳時代の全体的把握に有効な時代観＝パラダイムを提示できないでいた考古学者に、一定の有効な視点を提示した論考として高く評価できる」（土生田　二〇一二）といわれるように、都出の一連の前方後円墳体制論は古墳時代を初期国家として位置づけ、文献史学を含め古代史学界に大きな影響を与えている。

白石太一郎は、ヤマトの王は、三輪山麓にちかい『やまと』の地域の複数の地域的政治集団の間から『共立』され、四世紀末から五世紀初め頃に盟主権が大和の勢力から河内の勢力へ移動した。そして各地の首長たちは、ヤマトの王に倭国王としての外交権と海外交易の統制権を認め、最高の宗教的権威を承認することによって、自らもその権威に連なるものとして、配下の民衆に臨み、鉄資源を初めとする先進的文物の入手システムに加わった。やがて各地の地域的な首長連合が解体するとともに、その一方でヤマトの王権が著しく伸張し、列島各地の大首長や首長たちと同盟関係にあった五世紀中葉までと、『大王』として各地の首長を、その配下に組み込もうとする五世紀後半以降とでは、その性格が大きく異なるとした。そして前方後円墳の造営停止、七世紀中葉の大王墓の八角墳化などの過程が、新しい中央集権的な古代国家の形成過程に対応しており、古墳の造営が古代国家以前の政治秩序そのものと密接に関連していることを物語ると述べている（白石　一九九九）。

近年注目される古墳研究の一つとして、下垣仁志の研究があげられる。下垣は、銅鏡の詳細な分析などを通じ、古墳の機能的役割を多重的に抽出し、その機能が政治的秩序を構築し、強化していた事実を明らかにした。古墳の規模、墳形、被葬者や主体部の区別の組合わせから、古墳を「差異化の装置」と位置づけた。また、下垣は生産関係・親族関係・イデオロギーなど相互関係性から、マルクス・エンゲルス理論を再構築しようとした構造マルクス主義人類学に連なる分析視角である「権力資源論」を援用し、論を展開する。「権力資源論」では、社会の発展をイデオロギー的・経済的・軍事的・政治的（・社会的）な諸権力の合成物としてとらえ、権力資源としての「経済」では、一般民から徴集した農産物や家畜などの基本物資の生産・流通・消費を支配機関がコントロールし、交易ルートや専門工人を掌握して特殊な物品（威信財など）の生産（入手）・流通・消費も支配機関がコントロールするものとしている。そして、「イデオロギー」は公的儀式イヴェント・象徴器物・公共モニュメントなどの形式で可視化することで社会への普及が促進されるとし、「政治」による領域コントロール、「社会関係」は社会的（親族的）関係に占める位置どりのコントロールは重要な機能をはたす権力資源であるとしている。この権力資源コントロールを効果的かつ恒常的に実行できる支配機構の成立をもって、国家の成立とみなしており、この判断基準に従い、「五世紀畿内国家成立」、「六世紀列島国家成立」案を提案している。つまり、古墳の「差異化の装置」と「権力資源の複合体」としての機能が諸地域の有力集団に積極的な古墳造営の動機を与え、そのことが畿内中枢勢力の巨大化を促進させる結果を生じさせたとの説を提示した（下垣　二〇一九）。

そのほか、古墳に埋葬された、被葬者の人骨を分析することで、古墳被葬者の親族関係や古墳時代の首長像の変遷を研究がある（清家　二〇一八）。新たな古墳研究の視点として、古墳築造を土木技術としてとらえ、この技術の系譜を首長層の関係性や階層性を検討するものがある。これまで比較研究されていなかった、古墳築造工法を地域間、時代間の比較により古代政治にアプローチしている青木敬の研究は大変興味深い（青木　二〇一七）。

古墳から日本列島の国家成立モデルを検証する諸説を紹介したが、国家成立の主役であるヤマト王権中枢部から離れた日本列島各地で造営された個々の古墳はどのような社会構造のなかで築造されたのか、次に見てゆこう。

古墳造りを支えた社会　日本列島内には、さまざまな形、規模の古墳が造営された。その数は平成二十八年度末現在一五万九六三六遺跡とされており（文化庁埋蔵文化祭関係統計資料平成二八年度　文化庁文化財記念物課）、北は岩手県から南は鹿児島県まで地域の差はあれども、さまざまな階層の人々の墓として築造した。古墳＝前方後円墳と思われがちであるが、前方後円墳は約一六万基の古墳のなかのごく一部であり、大半は円墳群や、横穴墓群といった群集墳が占めている。また前方後円墳の分布はばらつきがあり、たとえば、関東地方では、神奈川県や東京都の六・七世紀の前方後円墳は指折り数えられる程度の数だが、群馬県や栃木県、埼玉県、千葉県には全長六〇㍍を超える大型古墳を含む古墳群が多数あり、現在の「関東地方」という括りだけでも、かなり異なる状況を考慮しなければならない。端的にいえば、群馬県の研究者と、神奈川県の研究者では古墳（前方後円墳）に対する見方が異なるということである。それは、各地域がもつ社会の違いであり、先にあげた政治構造としてとらえるだけではなく、それぞれの地域でどのような社会を構築していたのかを古墳の造営から、研究する必要がある。

新納泉は装飾大刀《たち》を副葬する古墳をもつものが群集墳の頂点にあり、次に大刀や馬具をともなうもの、その下層に鉄鏃《てつぞく》のみをもつもの、最下層に武器をもたないものという階層差を想定し、「首長墓型」と「群集墳型」に分け、それぞれが共存しないことを「群集墳における武器の階層性」モデル（図3）を使って検討した。また、この事象を群集墳一般に拡大し、首長墓の存在する地域では群集墳の発達が遅れることが多いことを指摘した（新納　一九八三）。その後、この階層モデル図は、地域間を相対的に比較分析するという視点をもたらし、各地の後期古墳と副葬品を検討するうえで汎用されている。

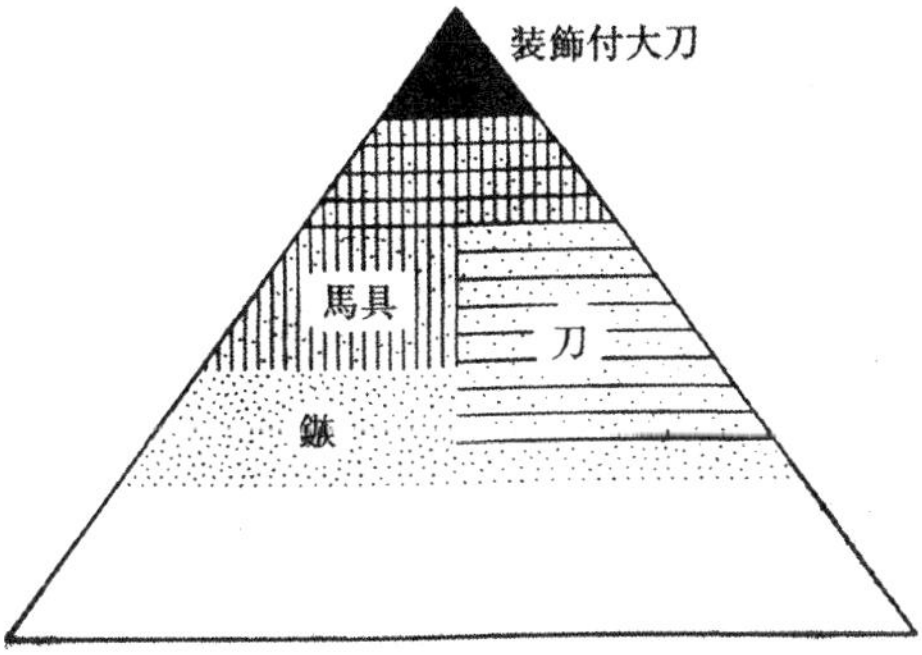

図３　群集墳における武器の階層性（新納　1983）

このモデルを使い、六世紀に各地で成長した集落のリーダー級の墓制としての円墳群や横穴墓群といった古墳群を、新たな地方の古墳のあり方として分析することで、地域の社会構造を解明する一助を成している。たとえば、島根県安来《やすぎ》地域は、横穴墓が密集して築造されていることがよく知られているが、横穴墓群の中心となる横穴墓が造られた丘陵上に「後背墳《こうはいふん》丘《きゅう》」と呼ばれる墳丘を、わざわざ前方後円墳型に築造する例や、横穴墓のなかに石棺が納められ、金銅製装飾付大刀や金銅製馬具といったきらびやかな副葬品が納められている例が確認されている。すなわち、横穴墓という新たな墓制と伝統的な前方後円墳をもち、かつ副葬品からも被葬者の高い階層性が確認できるのである。

古墳を造営した人々の暮らし　古墳を築造した人々はどのような暮らしをしていたのだろうか。現在、発掘調査で遺跡の種類として主要を占めるのは各時代の集落遺跡であろう。集落を発掘調査することで、出土遺物やさまざまな大きさの竪穴建物、掘立柱《ほったてばしら》建物や井戸の配置、当時の暮らしや、社会を推測することができる。しかし、広大な面積を調査しても集落のごく一部しか検出されない場合がある一方、ほんの数十平方メートルの調査で何軒もの竪穴建物が重なって見つかることもあり、ムラの全体像を明らかにすることは大変難しい。

このような状況のなかで、当時のムラの様子を如実に伝える遺跡として、群馬県の金井東裏《かないひがしうら》遺跡や「日本のポンペイ」と呼ばれる史跡黒井峯《くろいみね》遺跡や中筋《なかすじ》遺跡とがあげられる。金井東裏遺跡は、六世紀初頭と前半の二度、榛名山《はるなさん》の噴火で埋没した遺跡である（図4）。上信自動車道建設予定地を発掘調査したものであり、関東平野の北西端部の榛名山から流れ出る登沢川により形成された扇状地上に位置する。この遺跡を有名にしたのは、火山噴火で被災した四人の人骨の発見で、このうち成人男性は衝角付冑《しょうかくつきかぶと》を被り、鉄製小札《こざね》組甲冑《かっちゅう》を着用し、腰に鹿角刀子《とうす》を下げた姿で火砕流に被災し倒れた生々しい姿が発見されたことで話題となった。

遺跡内からは、おもな居住用建築物としての竪穴建物や、倉庫として使用された掘立柱建物や平地建物といった建物群や畠などの生活空間に隣接して祭祀《さいし》遺構や古墳がまとまって検出されていた。また、水分を含んだ火山灰を踏み込んでできた人の足跡と馬蹄《ばてい》跡が多数検出され、火砕流に覆われるまでの短い間の人や馬の行動が明らかになっている。

集落に接しない古墳群の被葬者が、どの集落の人々だったのか、いいかえれば、集落と古墳をふくむどのような範囲を自分たちの集団の生活圏と考えていたのかを考えることで、地域の歴史を復元する重要な視点となる。

竪穴建物そのものを研究することで、当時の家族構成や生活様式を研究する方法もある。笹森健一によれば、住居は縄文時代以降半地下式の竪穴建物（竪穴住居）と呼ばれる建築であると考えられているが、住居の平面形は時代によって変化しており、弥生時代では隅丸方形と呼ばれる楕円形の建物に住居の中心付近に炉穴が造られていることが多い。規模は、五～六メートル四方の正方形の平面形で、四本柱で屋根を支えるようになる。古墳時代中期、おおむね五世紀半ば以降、朝鮮半島からカマドによる調理方法が伝えられ、壁から屋根の下をくぐる穴を開け、煙を外に出す煙突を設けたカマドを備える住居が一般的となる（笹森　二〇〇七）。

国造制と古墳　古墳の被葬者を考える際、文献資料が用いられることがある。ことに前方後円墳の被葬者の比定にはその傾向が強く、代表的なものとして天皇陵があるが、各地の前方後円墳を古代の文献にあらわれる各国《くにの》造《みやつこ》に比定して検討されることも多い。国造は、ヤマト王権が中央集権化を図るうえで、地方支配の制度として

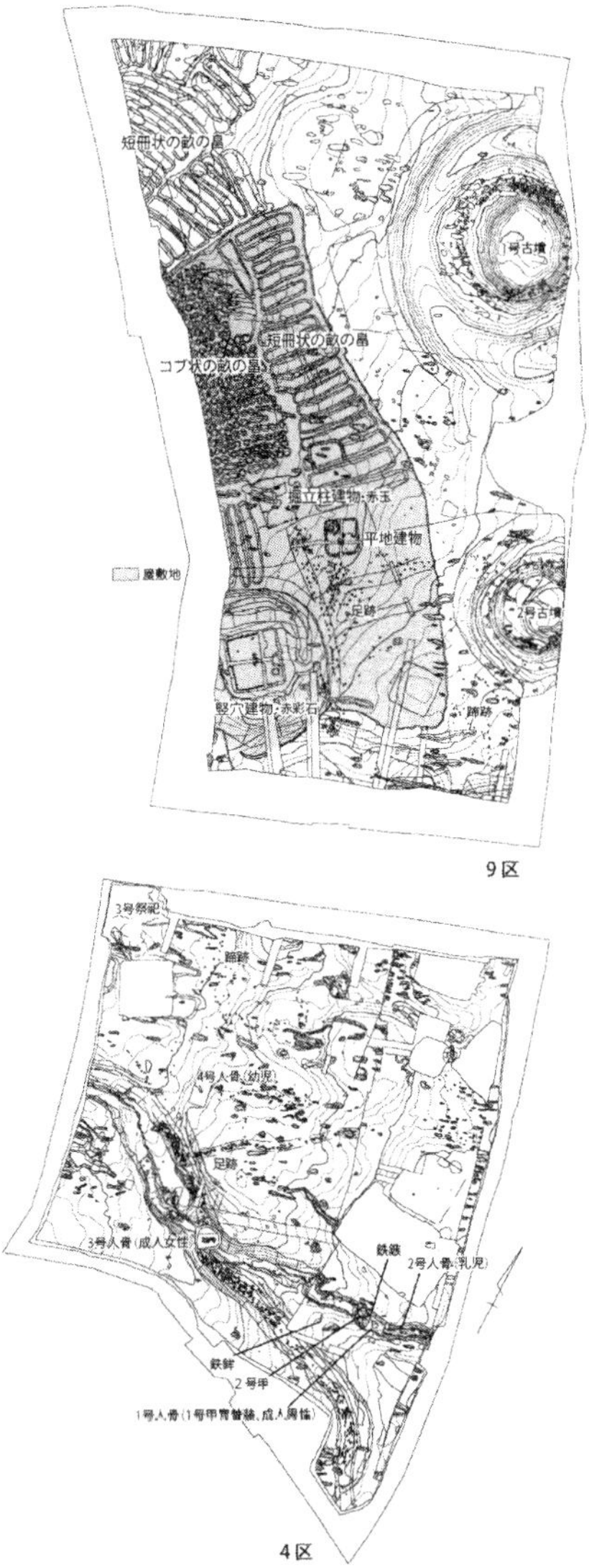

図4　6世紀初めころの金井東裏ムラの屋敷地とその他の遺構（公益財団群馬県埋蔵文化財事業団　2019）

定めたポストであると考えられており、継体天皇《けいたい》による筑紫君磐井《つくしのきみいわい》の乱（五二七年）鎮圧を契機に整えられ、六世紀中ごろ以降までに全国的に整備され、大化の改新（六四五年）により廃止されたと制度とされる。国造という称号はその後も、一部出雲国造や紀伊国造のようにその後も引き継がれているものもある。以前は古墳時代前期からの前方後円墳系譜の被葬者を在地首長として「〇〇国造」と比定することもあったが、近年、前方後円墳の系譜を国造の系譜として安易にとらえるようなことは見直されている。

また、継体朝による改革は各地の新興勢力が支えたものと考えられ、古墳時代前期から継承される前方後円墳を築造する既存勢力というよりも、前方後円墳にとらわれないさまざまな墓制を採用している勢力であることも可能性としてありうるだろう。

たとえば、各地の国造系譜が記された『先代旧事本紀《せんだいくじほんぎ》』「国造本紀《こくぞうほんぎ》」の記載から、現在の神奈川県西部には相《さが》武国造《むこくぞう》、師長国造《しなが》が置かれたと考えられているが、この地域は前方後円墳の築造系譜は限られており、先にあげた新納の副葬品の階層性から検討すると、両国造勢力は前方後円墳ではなく、円墳を築造する集団であったと推定されている。このように、地域史の復元にあたり文献資料を援用し古墳を解釈することは有効ではあるが、それぞれの研究を補完できる客観性や批判が必要となるだろう。

三　これからの研究課題

古墳の政治社会性をどう見るのか研究史を確認し、古墳群の構成と要素を取り上げることで、在地首長層や多様な地域社会のあり方を確認した。

古墳やその地域性の政治社会性を検討する場合、多くの地域では前方後円墳のあり方を検討するのが主流である。しかし、中央集権国家の制度が整えられていく過渡期である六世紀から七世紀の在地首長を検討するにあたり、前方後円墳の有無や系譜の検討、威信財などの副葬品の構成だけではなく、日本列島各地に多数築造された古墳群の古墳や墓制の特徴はまだまだ解明されていない。国家形成期である六世紀から七世紀の政治・社会の復元には、前方後円墳だけではなく、各地の古墳群や横穴墓などの墓制や遺物の構成、古墳を築造した人々の集落の構成や分布といった多角的視点が必要である。

参考文献

土生田純之『古墳』吉川弘文館、二〇一一年
・古墳の構造や葬送儀礼から、古墳築造の背景を在地政治集団から検討し、研究史にもていねいにふれており、古墳研究の全体像をとらえやすい。

菱田哲郎『古代日本　国家形成の考古学』京都大学学術出版会、二〇〇七年
・五世紀から七世紀を中心とした、須恵器などの産業体制と宗教体制から国家形成を描く。

広瀬和雄『前方後円墳の世界』岩波書店、二〇一〇年
・前方後円墳を、弥生時代から古墳時代の「国家」と呼ぶべき利益共同体の表象するものとし、日本列島の国家形成期の共同体を「前方後円墳国家」として提言を行う。

青木　敬『土木技術の古代史』吉川弘文館、二〇一七年

東　真江「安来地域における横穴墓被葬者の階層について―松江地域と比較して―」『出雲古代史研究』一七、二〇〇七年

公益財団法人群馬県埋蔵文化財調査事業団編『古墳人、現る―金井東裏遺跡の奇跡―』上毛新聞社事業局出版部、二〇一九年

笹森健一「古墳時代から奈良・平安時代の竪穴住居」『暮らしの考古学シリーズ③　住まいの考古学』学生社、二〇〇七

年
篠川　賢『古代国造制と地域社会の研究』吉川弘文館、二〇一九年
下垣仁志「古墳と政治秩序」吉村武彦・吉川真司・川尻秋生編『シリーズ古代史をひらく　前方後円墳―巨大古墳はなぜ造られたか』岩波書店、二〇一九年
白石太一郎『古墳とヤマト政権―古代国家はいかに形成されたか―』文芸春秋、一九九九年
清家　章『埋葬からみた古墳時代―女性・親族・王権―』吉川弘文館、二〇一八年
都出比呂志『古代国家はいつ成立したか』岩波書店、二〇一一年
新納　泉「装飾付大刀と古墳時代後期の兵制」『考古学研究』三〇―三、一九八三年
福尾正彦「終末期古墳の墳形　八角形墳」『考古学ジャーナル』六五五、二〇一四年
和田晴吾「古墳文化論」歴史学研究会・日本史研究会編『日本史講座　第一巻　東アジアにおける国家の形成』東京大学出版会、二〇〇四年

3　氏姓制と部民制

中村友一

一　氏姓制とは、部民制とは

「氏姓制」と「部民制」と用語の問題　日本史の教科書で太字になっている氏姓制や部民《べみん》制は、「語句を覚えていても、今ひとつわからない」という方が多いのではないだろうか。また、両制度の模式図などをご覧になった方もいるだろう。

それは難解に思われることもあっただろう。それもそのはず、両制度だけでなく、王権の構造や階層差を含み込んで表現しているシンプルではない図となっているからである。

制度自体はいたって単純明快だが、まず語句を定義しておこう。人名から個人名を除いた部分が「氏姓」に当たる（加藤　一九七二）という理解は、共通認識となっている。この理解は部称の人名にも当てはまる。

ここでいう氏・姓という漢字の意味は、尾形勇によれば、先秦時代における「姓」字は血縁的氏族、「氏」字は領土的氏族を表していたという。しかし、漢代には漢字の意味が混同されるといい（尾形　一九七九）、中国ですでに混用されていた字義が、その流れで日本に伝来した。日本の史書では「姓」の字でウジ（ウヂ）やカバネ、もしくはその両方を含んだ概念（セイ）として混用されてしまっている。

「部」についても同様に、人名前半で、個人名を除いた部分であり、トモやトモノオと訓じられる。たとえば、日下部意卑麻呂《くさかべのおいまろ》ならば、日下部が部称で意卑麻呂が個人名となる。部民制は、朝鮮半島諸国の制度の影響が考えられるという見解もあるが、漢字の意味そのものでも「部」を当てることが想定され、制度的には職能者集団を編成したいわゆる「人制《ひとせい》」を発展的に解消して成立したと考えられている。

氏姓制とは　氏姓制を構成するのは氏族であり、この氏族という言葉が、古くはclan（クラン・血縁共同体）の訳語として「氏」が当てられ、西洋歴史学の氏族時代、氏族共同体時代などが概述されてきた。そもそも漢字も混用していたが、欧米の言語と対応させた言葉自体が誤りである。これが、古い概説書などの記述がよりわかりにくくなってしまった要因でもある。

そうではなく、「氏」が政治的な組織であることは、比較的早くに指摘された（直木　一九六四）。だが、その後も氏と姓により表される氏族が、朝廷に仕える制度といった意味合い程度でとらえられてきた。だが、石母田正により、天皇には氏姓がなく氏族との身分差が可視的に知られるところが注視され（石母田　一九七一）、政事制度としての氏姓制が日本独自の制度として知られるようになった。

『日本書紀』では神武東征に関わって猿女君《さるめのきみ》が氏姓を賜るのを初見として、允恭《いんぎょう》天皇代には氏姓の乱れを正す記事が見える。いずれも実年代は信を置けず、明確な成立などを物語る記事はない。ただし允恭天皇代の伝承は『古事記』などにも記されており、氏族の共通な歴史認識としては、奈良時代ごろには形成されていたことがうかがえる。

近年では、氏姓を与えられることで王権の政事に何らかの形で参画していることを示し（名負氏《なおいのうじ》・負名氏）、律令制導入前・官人制の初期形態としての側面など、政治的な意義が重要視されてきている（中村　二〇〇九）。

姓については、天武天皇十三年（六八四）に制定、以降、順次改賜姓された八色《やくさ》の姓《かばね》（真人《まひと》・朝臣《あそん》・宿禰《すくね》・忌寸《いみき》・道師《みちのし》・臣《おみ》・連《むらじ》・稲城《いなぎ》）により、それまで明確に序列がなかった姓が序列化された。ただし、制定以前の旧来の姓（君《きみ》〈公〉・直《あたい》・造《みやつこ》・首《おびと》・薬師《くすし》・吉士《きし》など）も依然として残存して用いられ、制度的には貫徹していないことが明らかである。

また、国造《くにのみやつこ》・県主《あがたぬし》・稲置《いなぎ》・神主・画師《えし》・薬師・日佐《おさ》・史《ふひと》などといった、職名に由来して姓に（一部には氏名にも）なった事例も多数存在した。

しかしながら、すべての氏族に姓が賜与されるわけではなかった。そのため、称号である、といった程度の理解が長らく続いている。たしかに敬称・尊称から始まっているとみられるので、称号としての性格があるのは確かである。

部民制（部制）とは　「部《べ》」とは、一般の民衆や職能者集団を編成して部称を付したことにより、仕事であったり所属を表す制度である。部についても創始を示す明確な記事はなく、名称は『日本書紀』神武天皇即位前紀の「来目部《くめべ》」など、何の設定記事もなく表れてくる。

部集団には、職業的部（平野　一九六九）や宗教的部（井上　一九八〇）などに細分されるような、職掌を負った集団も多い。前者には膳部《かしわでべ》・鍛冶部《かぬちべ》・玉作部《たまつくりべ》・鳥取部《ととりべ》・土師部《はじべ》・水部《もいとりべ》・物部《もののべ》・山部《やまべ》などがあり、後者には忌部《いんべ》・卜部《うらべ》・神麻績部《かんおみべ》・中臣部《なかとみべ》・神部《かんべ》などがあり、諸説あるが日奉部《ひまつりべ》・日置部《ひおきべ》も後者の事例に当たると考えられる。

部の集団もしくは代表が職能をもって奉仕するのが、一般的にいわれる部民制の基本である。部集団の管掌者は、物部連氏や物部首氏、忌部連氏・山部連氏・鳥取造氏といった伴造《とものみやつこ》氏族として、氏姓制の中に位置づけられてもいる。

他方、王や皇子・后などの名を残すために設置された子代《こしろ》・名代《なしろ》（御名入部《みなのいりべ》）の事例もまた多数存在する。これには、穴穂《あなほ》（孔王）部《べ》・他田部《おさだべ》・金刺部《かなさしべ》・日下部《くさかべ》・長谷部《はせべ》・檜前部《ひのくまべ》などがあるが、子代が概念としては主となるものであると見なされる（狩野　二〇一〇）。

加えて、飛鳥戸《あすかべ》などといった「戸」の字を用いていても同様である。旧説には、帰化渡来系の集団を編成する事例が多いといわれるが、通用していることもあり、明確な区分はないようである。

上記したような氏姓や部称がない人を「無姓《むせい》（無氏姓）」と呼称するが、身分制が確立すると、無姓なのは皇族と賤身分だけとなり、身分制の指標ともなった（中村　二〇〇九）。

これら二つの制度により、令制前において人的に編成・把握された王権に奉仕する構造を形作っていた。また、律令制下においては氏姓や氏上（氏宗）という長は、治部省《じぶしょう》（古くは理官《りかん》）により管理されることが知られる（中村　二〇〇九）。

また、氏姓・部のある程度の管理を続けたが、出自がさまざまに変更されていったことを受けて、再定姓の意味を含めて『新撰姓氏録《しんせんしょうじろく》』という、いわば氏姓台帳というべき書が弘仁六年（八一五）に完成・奏上された（佐伯　一九六三、中村　二〇〇九）。

二　氏姓制・部民制の論点と研究

両制度研究の論点　個別の論点や研究については、多岐にわたり、多数の蓄積があって、難解な説明になってしまう恐れがある。ここでは、簡単に大枠とおもな研究を紹介することにとどめておくことにしたい。

第一の論点として、氏姓制・部民制それぞれの成立時期についてがあげられる。

神武天皇即位前紀では、猿女君の賜氏姓記事が見え、允恭天皇代の記紀説話には、氏姓を盟神探湯《くかたち》により正したことが記されている。もとより記紀の年代観は、実年代に即応するものではない。しかしながら、戦後から昭和時代を通じてはそれぞれ五世紀代に成立して機能したとする説が一般的であった。

一九八〇年代からは、氏姓制度の確立や法的整備を重視して、成立時期を七世紀や八世紀代に降らせる見解も散見するようになる（湊　一九八九、山尾　一九九八、義江　一九八六）。

天武天皇十三年（六八四）に制定された八色の姓の重要性は、それ自体も論点の一つとなる重要な政策であった。だが九〇年代以降、このような成文法的な成立ではなく、六世紀初頭とする見解が増え始める（中村　二〇〇四）。

近年では、埼玉県稲荷山《いなりやま》古墳出土鉄剣銘文・熊本県江田船山《えたふなやま》古墳出土大刀《たち》銘に氏姓や部称がなく、和歌山県隅《す》田八幡《だはちまん》神社蔵人物画像鏡銘に氏姓とみられる称、また島根県岡田山《おかだやま》一号墳出土大刀銘に「額田部臣《ぬかたべのおみ》」が記銘され、それらの年代観から六世紀代には成立したという見解がほぼ通説となっている（中村　二〇〇九）。部民制についてもほぼ同時期を想定されるが、名称や支配の浸透度からみて、部のほうが少し遅れると見なされる（中村　二〇一三）。

第二の論点は、各氏族や部の性格や名義・地域性など個別のものである。それぞれの研究の蓄積は膨大で、優に数千を数える。氏族については蘇我《そが》・物部・大伴《おおとも》・中臣《なかとみ》・大神《おおみわ》・土師《はじ》など、史上に多数見られる事例をはじめ、ほぼ無名な氏族にまで研究がおよぶが、なかには我田引水であったり牽強付会の説も散見するので注意が必要である。

また氏族の実態に関しても検討は細分化する。氏族は、血縁集団がそれぞれ中心にあり、祖先の神や人物を共有する同祖関係に基づいて、血縁がなくても同族と認定される擬制的同族関係の集団をも含みこんだ政治的な組織であり、各氏族ごとに差が見られる。

個別の氏族検討の水準もかなり高まってきている。在来系の氏族はもとより、帰化渡来系氏族についても、いくつかの存在形態がある（中村　二〇〇九）。存在形態に限らず、職掌なども含めて日本在来の氏族とも異なるうえに、秦氏《はたうじ》や東漢氏《やまとのあやうじ》など各氏族に特徴がある。それらの基礎的な研究は、加藤謙吉による一連の研究が大きな道筋をつけている（加藤　一九九一）。

また、上述のように多数の氏族研究があるが、水準の低いものや想像を中心とした小説もどきのものまであり、研究に資する著作かどうかを見極めながら参考としなければならない。それらのなかでも、雄山閣出版の日本古代氏族研究叢書のシリーズが、それぞれの氏族の研究水準の到達点を示している。

また、個別の部に関しても、一部の部の名称や職掌については、今なお議論の分かれるところとなっている。

第三の論点は姓に関わる諸論点である。八色の姓の制度的な性格・意義などの法制的な検討については研究の蓄積があるが、近年では停滞している。八色の姓より前の姓の序列や、通時代的に姓の上下関係を析出しようとする見解や、個別の姓の追究といった検討は多い（岡森　二〇〇九）。だが、姓は氏族の性格や、王権に奉仕する形態などにより与えられた称号のようなものであり、臣・連さらには君が相対的に地位・立場の高い氏族に与えられたといった性格しか析出できないことが明らかである（中村　二〇一五）。

その他、八色の姓に見える姓や、それ以外の造や直といった姓の語義・由来や、それぞれの姓に相当する氏族のレベル・賜与対象といった細かな論点がある（中村　二〇一五）。

氏族研究と系譜研究　氏姓制の主要素である氏族の研究には、氏族の継続的な検討も必要であり、系譜研究もまた重要な検討素材となってきている。日本古代史学の研究史上で、系譜を用いて、もしくは系譜そのものを検討する手法の先鞭を付けたのは溝口睦子の一連の研究である（溝口　一九八二・一九八七）。

また、系譜の様式については独自な見解を示す義江明子の研究（義江　二〇〇〇）や、系譜を由来や写本系統にまで立ち返る、史料学的な分析をする鈴木正信の研究（鈴木　二〇一二）も見られ、この分野の水準も高められてきている。

三　古代における両制度の意義

最後に簡単に氏姓制・部民制の本質と、その意義についてまとめておこう。

① 皇室・王族は氏姓を持たない。律令制前に、天皇と諸臣との地位だけでなく身分も隔絶化して、天皇が氏姓・部を賜与する側に立ったことによる。ほかに氏姓・部称を持たないのは、例外的に漏れていた人を除けば賤身分だけであった。氏姓を持つ臣と部称を持つ民とをあわせた百姓《ひやくせい》層の身分標識となる。このうち、現在も皇室は名字がなく、古代以来の身分をあらわし続けているのである。

② 「氏」は天皇によって賜与されるものであり、自由には称せなかった。これが天皇大権の一つとして機能していたが、律令制下においても氏上の任命が養老継嗣令《ようろうけいしりよう》に「勅を聴け」とあるように、法を超えた権能を維持しており、諸制度の中でも日本独自の特徴を示している。

職能者集団や一般民衆は「某部」称を称する、いわゆる部民制により把握される。

③ 「氏」、その母集団である氏族は、名負氏として地名や職掌名を負い、それに由来する仕奉や貢納を王権に果たすことで政治・行政に参画し、納税・人的奉仕を行った。部集団と、その管掌氏族も同様な意義を有していた。

④ 天皇は、とりわけ文武《もんむ》天皇代以降、氏族の氏姓を賜与貶奪して改める「改賜氏姓」によって管掌するとい

う、氏族政策の手段として多用していくことになる。位階制・律令官人制が確立した後も存続し、氏族を管掌する意義があった。

⑤　律令制下には、とりわけ『延喜式』に多数の規定が見られるように、水部・殿部・物部・神部・馬部などに、特定の氏族や部の者を任用する「名負入色者《なおいにつしきしゃ》」の制度が整備されていた。これにより特定の部については、その出身母体が優先され、また、名負氏そのものも神祇祭祀を中心に多数残存していた（中村　二〇〇九）。

平安中期以降には似たような「家職《かしょく》」という慣例が形成されていくが、こちらは職を世襲していったうえで認識されていくものであって、貴族ならざる官人層の生き残り手段といった歴史的意義の違いがある。

⑥　日本古代の「氏」は家族（family）・親族を中心としつつも、その周縁などに擬制的同祖同族関係の氏族も結びついて構成される政治集団である。いわゆる、親族・血縁集団の集合で構成される西洋歴史学の概念である「氏族（clan）」とは異なるものである。

このように、氏姓制と部民制は、名字の一部として残るだけではなく、天皇制とも関わって、日本人における上下の人格的関係の形成に密接に関わり、さらには観念的な影響も濃厚に引き継いでいると考えられよう。

参考文献

狩野　久『発掘文字が語る 古代王権と列島社会』吉川弘文館、二〇一〇年
・部民制については、講座の再録だが、オーソドックスに部民制と国造制が概述されており有益である。
中村友一『日本古代の氏姓制』八木書店、二〇〇九年
・氏姓制度の制度的な成立・意義・展開までを一書に論じているものは少なく、自家撞着になってしまっているかもしれないが、

拙著が一番まとまったものだといえよう。
中村英重『古代氏族と宗教祭祀』吉川弘文館、二〇〇四年

・氏姓制の基をなす氏族について、その氏上（氏宗《うじのそう》・氏長者《うじのちょうじゃ》）についての論考や、氏族による氏神祭祀などがていねいに、着実に論じられている。
石母田正『日本の古代国家』岩波書店、一九七一年
井上辰雄『古代王権と宗教的部民』柏書房、一九八〇年
尾形　勇『中国古代の「家」と国家』岩波書店、一九七九年
岡森福彦『八色の姓と古代氏族』岡森福彦君遺稿集刊行委員会、二〇〇九年
加藤　晃「我が国における姓の成立について」坂本太郎博士古稀記念会編『続日本古代史論集』上、吉川弘文館、一九七二年
加藤謙吉『大和政権と古代氏族』吉川弘文館、一九九一年
佐伯有清『新撰姓氏録の研究　研究篇』吉川弘文館、一九六三年
志田諄一『古代氏族の性格と伝承』雄山閣、一九七一年
鈴木正信『日本古代氏族系譜の基礎的研究』東京堂出版、二〇一二年
高島正人『奈良時代諸氏族の研究』吉川弘文館、一九八三年
直木孝次郎『日本古代の氏族と天皇』塙書房、一九六四年
中村友一「人・部制の成立と展開―氏姓制と名称との視点から―」『駿台史学』一四八、二〇一三年
中村友一「地方豪族の姓と仕奉形態」加藤謙吉編『日本古代の王権と地方』大和書房、二〇一五年
平野邦雄『大化前代社会組織の研究』吉川弘文館、一九六九年
溝口睦子『日本古代氏族系譜の成立』学習院大学、一九八二年
溝口睦子『古代氏族の系図』吉川弘文館、一九八七年
湊　敏郎『姓と日本古代国家』吉川弘文館、一九八九年

山尾幸久『カバネの成立と天皇』吉川弘文館、一九九八年
義江明子『日本古代の氏の構造』吉川弘文館、一九八六年
義江明子『日本古代系譜様式論』吉川弘文館、二〇〇〇年
吉村武彦『日本古代の社会と国家』岩波書店、一九九六年

4　大化以前の地域支配制度
―国造制・県主制・ミヤケ―

堀川　徹

一　国造制研究の現在

国造制研究の意義と論点　国造《くにのみやつこ／こくぞう》制とは、大化以前において倭王権が列島内の首長層と支配隷属関係を結ぶことにより構築された地域支配制度である。倭王権は列島内の首長層を国造に任じ、彼らを介することによって、列島内の人々を間接的に支配することを可能にした。この国造制を研究することは、倭王権にベクトルを向ければその支配構造を、地域社会にベクトルをむければ倭王権を支える基盤となる社会構造や地域史を明らかにしうる。

これまでの日本古代史研究では、（現在ではその当否について議論があるものの）国家形成の議論においてエンゲルスが提示した指標や石母田正が提示した在地首長制論を理論的基地として進められてきた。エンゲルスは国家成立の指標の一つに「地域による人民の区分」を提示しており、これは地域支配制度のあり方、とりわけ行政区画のあり方と深く関連する。また、石母田は国造について、「生産関係すなわち社会の下部構造と、国家という政治的上部構造とのあいだを結ぶ結節点をなす地位にあって、両者が歴史的にいかなる相互関係にあるか、国家とは具体的にはいかなる過程をとって社会から独立してくるかをしめすほとんど唯一の事例」と表現し、エンゲルスとは異なる視点から国家形成との関連を説いている（石母田　二〇一七）。すなわち国造制研究は大化以前の支配構造や社会構造の検討を通じて地域支配の様相を明らかにするにとどまらず、国家形成過程の一端を明らかにすることが可能であり、そこに国造制研究の意義があるともいえよう。

その意味で国造制研究において大きな論点となるのは国造制の成立と実態である。前者は倭王権がいかに各地の勢力を取り込んだのかという問題に通じ、後者は地域社会において国造の担った役割や社会構造という問題に通じ、国家形成を論じるうえでともに重要な論点となる。まずはその二つの論点について、到達点と課題を示すこととしたい。

国造制の成立　国造制の成立に関する研究は戦後、井上光貞と上田正昭の研究によって大きく進展した。井上は国造が支配する国を国家の支配体制の整備・強化にともなって、国家の行政目的のために二次的に編成された行政体とし、それが七世紀初頭には成立していたことを論じた（井上　一九八五）。一方、上田は国造制の成立について共同体の内部構造の変化を取り上げ、県主《あがたぬし》制（後述）の解体過程という視角から論じた（上田　一九九八）。両者はそれまでの国造制とは何かという議論をふまえて、国造制を国家形成史に位置づけて成立の意義を論じたことに特徴があり、この視点はその後の議論に継承されていくこととなる。七〇年代には先に述べた在地首長制論との関連、すなわち共同体首長の階級的支配への展開とその組織化という視点から論じられ、八〇年代にはこれも先に述べた「地域による人民の区分」と結びついて行政区画の成立という視点から論じられることになる。

その後は七〇年代の議論をふまえて、八〇年代の議論を批判的に継承する形で進められる。とりわけ篠川賢は、国という行政区分は倭王権による強権的な地域区分、すなわち「地域による人民の区分」に基づくのではなく、国造となる豪族の支配領域（各地にすでに形成され、存在していた区画）に基づくのであって、その画定が国造制の成立基準とする（篠川　一九九六）。これに対し近年では領域に力点をおいた研究を現象的な側面の検討に終始しているとして、国造の支配内容・他制度との関係性を含めて検討すべきで、ミヤケの設置とウヂ名・カバネが基準となるとする理解が出されている（大川原　二〇〇九）。すなわち王権と首長層の支配隷属関係の変化に力点をおく理解である。

篠川・大川原の議論は六世紀前半（磐井の乱）を国造制成立の画期とする点では共通し、共通理解が得られている。しかし、成立過程という点では、現在も井上・上田の議論が形を変えて（アップデートされて）続いているともいえ、国家形成を念頭においたうえでどこに力点をおいて国造制の成立を理解するかということが論点となる。またこれに加えて今後の課題を示すならば、上田が提起した内容、すなわち国造制はなぜ成立したのかという点を検討する必要がある。現在は対外関係の影響として説明されることが多いが、上田のいう国内的視点からもあらためて問われるべきであろう。

国造制の実態　現在に至るまで、国造は地域社会における首長であるという理解は共通している。では国造はいかに地域社会を支配したのであろうか。具体像を明らかにするため、これまで二つの視点から論じられてきた。一つは国造自身の地域社会における具体像、いま一つは他の制度との関連をふまえた地域社会の具体像である。

一つ目の視点について、かつて石母田が「国造法」という概念を用いて国造の支配内容を示した。国造法は裁判権、刑罰権、徴税権、行政権、祭祀権をおもな内容とし、それは領内すべての人々に及んだとするものである。これは一定の理解は得られたものの、近年ではこれらの権限の保有者は必ずしも国造に限らず首長層であれば当然に有しているという批判も出されており、現在では首長と国造の権限は分けて考える理解が広まってきた。今後は国造の役割について、制度的側面と首長的側面に切り分け、制度的側面からとらえなおすことで国造の特質

(＝国造に任じられる意義)を考える必要があろう。

大化以前の地域支配は国造制・部民《べみん》制・ミヤケが深く関連する。これらの関連性を通じて、地域社会構造を明らかにするのがもう一つの視点である。部民制との関連でいえば、国造に対して部民の設置要求がなされている例もあるように、国造制は部民制も含む、国内部を一元的に支配する存在であったという理解がある。この理解が妥当か否かを考える必要がある。これは大化以前の地域支配制度について、国造制と部民制、どちらを基幹的制度とみるのかによって理解が異なってくる。そしてその枠組みのなかにミヤケをどのように位置づけるかということも論点の一つとなる。これらは国造制のみならず、部民制・ミヤケに関する理解も深める必要があり、それぞれの特質を見出したうえで、地域史も含めて総合的に検討する必要があろう。

国造制研究の課題　個々の論点における到達点と課題についてはそれぞれの個所で示したとおりである。ここでは今後の国造制研究全体に通じる課題を一つあげておく。それは概念規定の問題である。これまでは使用される用語の概念規定があいまいなまま研究がすすめられきた。しかし研究がすすむにつれ、抽象的な概念規定では国造制を理解するには不十分な箇所が出てきている。代表的なものに国造の国がある。これまで国造制では、国造が国を治めるものとして理解されてきた。しかしその国とは何であろうか。一定の領域を基準としたものであるのか、あるいは人間集団を基準としたもので領域は副次的なものであるのか。これは国造制の成立に関わるとともに、実態にも迫る論点であり、国家形成の問題にも通じる。ほかにも国造制研究においては抽象的な語が用いられて議論されてきたものもあり、概念規定をはっきりさせることで進展するだろう。

国造制研究は多くの研究の蓄積があるが、いまだに未解明の部分も少なくない。ここでは紙幅の関係上限られた論点しか提示することができなかったが、ほかにも国造制研究の論点は多岐にわたる。国造制を明らかにするにはまだまだ長い道のりが必要である。

二　県主制研究の現在

国県制論争と県主制研究　県・県主関係史料は記紀などに幾分みることができるが、国造制やこの後に述べるミヤケに比して非常に少ない。そのためそれに比例してこれまでの研究も多くはない。少ない先行研究においては、カモ県主のように県主を冠する氏族の存在からとらえる氏族研究の側面もあるが、多くは地域支配制度のなかに位置づけられて研究がなされてきた。その起点となるのは先にもあげた井上・上田の論争である。

彼らの論争は国造制と県主制の関係性に主眼がおかれている（そのためこの論争は国県制論争とも呼ばれる）。ここではその論争のなかでも県主制に関する部分に焦点をしぼってみていきたい。井上は、県を国の下級組織であるとし、七世紀初頭の整然とした地方制度の存在を指摘した。それに対して上田は、県主制は国造制に先行して三世紀後半から五世紀にかけて展開した、初期倭政権の地方支配体制と理解した。すなわち井上は国造制と県主制を上下関係で、上田は前後関係で理解した。その後国造制との関連は上田の理解が継承されることになるが、県を地域支配のために設置された組織で、県主をその組織における首長としてとらえる両者に共通した理解はその後の研究の前提となる。そのため県主制は地域支配制度の枠組みでとらえる前提のうえで議論が展開することになり、国造制以前の地域支配の様相を明らかにするとともに、国家形成史上どのように位置づけられるかという議論がなされてきた。

県主制研究の問題点　県主制研究は、この二〇年ほとんど進展がないといっても過言ではない。それは史料数の少なさに起因することはもちろん、一定の共通理解が得られていることにもよろう。しかし課題がないわけではない。それは国県制論争以降の研究で前提とされてきた、地域支配制度としての位置づけである。これまでの研究において県主の具体像は、県における支配者層であることやその支配の祭祀的側面が論じられてきたが、これでは首長の役割と県主の役割が同一視されてしまう。すなわち先に国造制の実態について示した課題と同じ課題が突き付けられる。県主の役割について、制度的側面と首長的側面に切り分け、制度的側面から県主の特質を考える必要があろう。その作業を経ない限り、地域支配制度としての位置づけを与えることはできない。

なお、県主の位置づけが上記の作業を経ずに地域支配制度としての位置づけを確定させたのは、国県制論争を経て石母田による在地首長制論に県・県主が接合されたことによる。在地首長制論という仮説・概念は地域社会の内部構造を射程におき、内部構造の発展とそれを覆う地域支配制度を関連づけ、地域支配制度を通じて実体化させることでその証明を目指した。しかしそれは在地首長制論という仮説・概念を説明しやすくする一方で、県主に関する議論が置き去りにされてしまったきらいがある。その意味で国県制論争や在地首長制論に引きずられる形で県・県主を地域支配制度としてきた前提はあらためて問い直される必要がある。そのため今後はこれまで通説となっていた理解についても再検討を求められる段階にきているといえる。

最近の県主制の理解と展望　最近、筆者はそういった課題をふまえて県主制を地域支配制度とする理解について再検討を行った（堀川　二〇一八）。拙稿では上記のような課題意識に基づき、三嶋竹村屯倉《みやけ》設置説話について検討した。そこでは労働力の徴発のあり方について、倭王権は県主を介して民衆を徴発したのではなく、国造を介して行ったことを指摘した。これは倭王権は国造を介して民衆を支配することが可能だった一方で、県主配下の民衆は王権にとって支配の対象外の存在であったことを示す。県主に求められていたのは、生産物の貢納であったとみられ、国造のように上部構造と下部構造の結節点としての位置づけは与えられない。県主が民衆を支配していたのは県主個有の役割ではなく首長的側面によるものであって、そこには倭王権による地域支配制度としての性格はみられないことになる。そのように理解すれば、県は地域支配のために設定された組織・地域社会の単位とすることも誤りで、直轄領のような位置づけになる。そのため県主制は地域支配制度には位置づけられないことを示した。これは県主制と同時期とみられる人制《ひとせい》とも通じる。人制も地域支配制度とはみられないことから、国造制・部民制にいたって地域支配制度が成立すると指摘した。

県主制を地域支配制度との関連で論じることは国造制の相対化につながり、大化以前の地域支配制度を俯瞰《ふかん》することを可能にする。その意味で今後も県主制にも目を向ける必要があり、議論されるべき対象であろう。

三　ミヤケ研究の現在

ミヤケに関する通説の形成　ミヤケとは何か。実はこのきわめて基本的な問いこそが現在まで通じる問題でもある。それはミヤケの表記が「屯倉」「官家」など史料により異なること、諸史料のミヤケに関する記述が具体像にかけることがミヤケ理解の困難さを生んでいるためである。現在ではある程度共通理解が得られつつあるが、ここでは共通理解が得られるまでの研究史を概観し、今後の課題を示したい。

ミヤケに関する研究は戦前から行われてきた。戦前には中世や近世の理解を基準に、ミヤケは朝廷の直轄領ととらえられてきた。すなわち土地所有の問題とすることが前提であった。そのためミヤケの面的展開＝国家の経済基礎の確立・進展＝国家の発展とする理解につながり、戦後の国家形成史の議論ともリンクしながら発展することになる。

戦後のミヤケ研究では国家形成史の議論とも相まって、面的展開とともに時間軸上で発展的にとらえられるようになる。六世紀を境に前期ミヤケと後期ミヤケに分類され、前期ミヤケは王権による開墾や地域首長による貢進により主に畿内に設置されたミヤケで、後期ミヤケはそれが畿外に拡大し、中央官人による支配が行われるようになるとする理解である。その展開過程に支配体制の分析から迫る研究や共同体の内部構造の変化の分析から迫る研究がなされてきた。

その後、戦前からのミヤケ＝土地支配に関するという立場の研究における一つの到達点として、ミヤケはタ（田）を基礎とし、一定領域を朝廷が排他的に占有するために設定されたもので、土地に密着した概念という定義がなされる。そして六世紀を境に畿内から畿外へ拡大し、その後の評《ひょう》制や郡《ぐん》制の前提と位置づけた（平野　一九八五）。

通説以降のミヤケ研究　一つの到達点へと達した一方で、それまでの研究は記紀批判が十分でないとの批判がなされ、それを乗り越えた新たな理解がうまれる。とりわけ崇神《すじん》・仁徳《にんとく》朝の開発記事を批判的にとらえることにより、前期ミヤケも否定的にとらえられるようになる。また、ミヤケに田地をともなうものもあることは認めつつも、経済的なものを一義的に理解することはできず、土地所有の問題ととらえられないという理解がなされるようになる（舘野　一九七八）。これまで自明の前提とされてきた土地所有との関連性が否定され、この理解は現在にいたるまで継承されている。そして経済体としての役割・本質が相対化されることになる。

この理解によって国家形成との関連から説かれた発展論も否定されたため、六世紀以降のいわゆる後期ミヤケに焦点がしぼられ、あらためてミヤケとは何かという本質論に立ち返ることになる。近年では国造らによって献上されたミヤケと開発にともなうミヤケの二種類を並列的にとらえ、ミヤケの定義については、政治的軍事的拠点や貢納奉仕の拠点といった、従来理解されてきた多義性を含んだ定義がなされることになる（仁藤　二〇一二）。

ミヤケ研究の課題と射程　ミヤケの本質については共通理解が得られてきたが、課題はいまだに残されている。一点目はミヤケを「ミヤケ制」という制度としてとらえることの当否である。本章がここまで従来いわれてきた「ミヤケ制」ではなく「ミヤケ」としているのもこれに基づく。通説では列島支配のための独立した制度としてとらえられ、国造制や部民制と並んで大化以前の地域支配制度の柱とされてきた。しかし政治的軍事的拠点や貢納奉仕の拠点ととらえる以上、国造制や部民制に本来的にともなうもので、国造制や部民制に解消されてしまい、制度としてとらえる必要がないという指摘がある（鎌田　二〇〇一）。近年では記紀批判の進展により発展論ではなく本質論に議論が向けられてきたのは先に述べた通りである。本質論は新たな展開をみせたものの、ミヤケが大化以前の地域支配制度においてどのように位置づけられるかという議論がなされておらず（なされていたとしても非常に抽象的で）、先に示した指摘への解答が必要となろう。また、それとも深くかかわるが、土地支配としての位置づけが否定されるならば、土地支配としての位置づけに基づく国家形成との関連も再検討しなければならない。ミヤケが土地支配に位置づけられていた段階では部民制と対置されて国家形成まで射程におかれていた。ミヤケの本質論が展開したいま、ミヤケ研究が射程におく対象もあらためて検討する必要がある。

二点目は考古学の発掘調査成果との関連である。たとえば、福岡県の比恵《ひえ》遺跡や和歌山県の鳴滝《なるたき》遺跡である。前者では六世紀から七世紀の大型建物跡などが見つかっており、『日本書紀』記載の「那津官家」とも考えられている。後者では五世紀前半にさかのぼる大型倉庫群が見つかっており、こちらもミヤケとの関連が指摘されている。これらの遺跡は、遺構や出土遺物の時期からミヤケとの関連を否定的に見る向きもあり、いまだその評価は定まっていない。今後、ミヤケの本質や具体像を考えるうえで重要な検討対象となるだろう。

三点目の課題は評制との関係である。近年、ミヤケが評制への前提として、さらには律令化の前提として位置づけられてきた。さらにいえば、ミヤケが基準となって評制が施行されたと理解されてきた。はたしてそのような理解は正しいだろうか。この点は七世紀後半の評制の理解にもかかわるものである。ミヤケ研究はまだまだ発展途上にある。

参考文献

石母田正『日本の古代国家』岩波書店、二〇一七年、初出一九七一年
・国家形成についてあらゆる論点が提示されており、古代国家を論じるうえでの必読の書。在地首長制の提起は以降の古代史研究に深い影響を与える。
篠川　賢・大川原竜一・鈴木正信編『国造制の研究―史料編・論考編―』八木書店古書出版部、二〇一三年
・現在の国造制研究の到達点。国造関係史料が網羅されているうえ、研究文献目録も付されており有益。
堀川　徹「ミヤケ制研究の射程―研究史の到達点と課題―」『史叢』九二、二〇一五年
・ミヤケに関する研究史を詳細にまとめ、現在の到達点と課題を示した。本章の内容をさらに詳しくしたもの。
井上光貞「国造制の成立」『井上光貞著作集　第三巻　古代国家の形成』岩波書店、一九八五年、初出一九五一年
上田正昭「国県制の実態とその本質」『上田正昭著作集1　古代国家論』角川書店、一九九八年、初出一九五九年
大川原竜一「国造制の成立とその歴史的背景」『駿台史学』一三七、二〇〇九年
鎌田元一「屯倉制の展開」『律令公民制の研究』塙書房、二〇〇一年、初出一九九三年
篠川　賢『日本古代国造制の研究』吉川弘文館、一九九六年
舘野和己「屯倉制の成立―その本質と時期―」『日本史研究』一九〇、一九七八年
仁藤敦史「古代王権と「後期ミヤケ」」『古代王権と支配構造』吉川弘文館、二〇一二年、初出二〇〇九年
平野邦雄『大化前代政治過程の研究』（日本史学研究叢書）吉川弘文館、一九八五年
堀川　徹「県・県主小考―三嶋竹村屯倉設置説話の事例から―」加藤謙吉編『日本古代の氏族と政治・宗教』上、雄山閣、二〇一八年

5　推古朝と聖徳太子

森　公章

一　推古朝の権力構造

推古女帝の即位　推古《すいこ》天皇（五五四～六二八、在位五九二～六二八）は幼名を額田部《ぬかたべ》皇女、和風諡号《しごう》を豊御食炊屋《とよみかけしきや》姫《ひめ》といい、最初の確実な女帝である。当初、異母兄の敏達《びだつ》天皇の皇后になり、竹田皇子などを生んでいた。母系で五世紀の王統につながる欽明《きんめい》の皇統が確立するなか、男子の敏達、用明《ようめい》、崇峻《すしゅん》が即位するが、用明は二年、崇峻は五年と治世が短く、崇峻五年（五九二）十一月に崇峻が蘇我馬子《そがのうまこ》に弑殺されると、十二月に群臣の嘱請で推古が即位する。

六・七世紀の天皇位は兄弟継承が多く、男性優位ながら、王族の世代、政治・経済力、群臣の支持などを勘案して、男女の別なく、倭王権を統率する能力のある人物が即位したと考えられる。推古は時に三九歳、こうした条件を具備するには四〇歳前後の年齢がふさわしく、実際に敏達の皇后として用明・崇峻即位時の政局を主導し、私部《きさいべ》という部民や額田宮などの王宮を保持する政治・経済力を誇り、蘇我系王族として群臣の代表者である蘇我馬子との関係も良好であった。推古朝政治の中心にはまず推古天皇を考えねばならない。

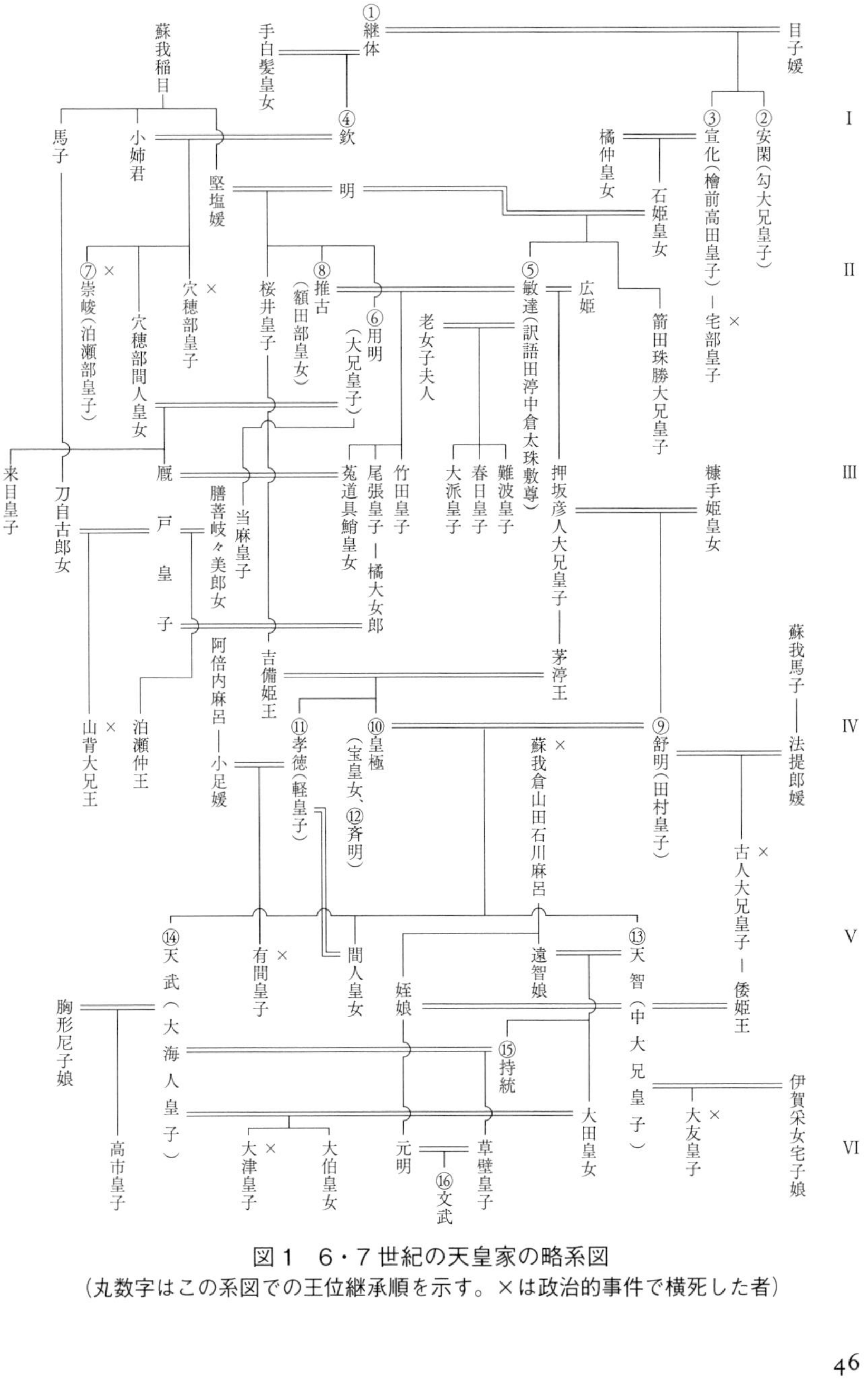

図1　6・7世紀の天皇家の略系図
(丸数字はこの系図での王位継承順を示す。×は政治的事件で横死した者)

聖徳太子の位置づけ　聖徳太子は死後の諡号で、本名は厩戸皇子《うまやとのおうじ》（五七四〜六二二）、両親ともに蘇我系王族である。推古元年（五九三）に二〇歳で皇太子、摂政になったといい、女性の推古ではなく、厩戸こそが推古朝政治の中心で、天皇を中心とする古代国家の構想を樹立したとされてきた。しかし、当時は皇太子制は未確立で、『日本書紀』には「政を録《と》り摂《ふさ》ねしむ」とあるので、後代の職名から想起される摂政の役割も疑わしい。

実際に厩戸が主体と描かれているのは、推古十一年十一月是月条の大盾・靫《ゆき》・旗幟の製作、同十二年四月戊辰条の憲法十七条、そして法華経《ほけきょう》・勝鬘経《しょうまんぎょう》の講説と維摩経《ゆいまぎょう》を加えた三経義疏《さんぎょうぎそ》の作製などであり、対隋《ずい》外交に携わった明証はなく、儀礼の整備や仏教の研鑽に努めた人物像が浮かんでくる。勝鬘経義疏と酷似する注釈書として敦煌《とんこう》本『勝鬘義疏本義』（五七〇〜九〇年ごろの写本）が知られ、他の二義疏も中国南朝系の学僧の注釈書の系譜を引き隋代に完成したものをもとにしたもので、独創的な内容ではない。太子の伝記『上宮聖徳法王帝説《じょうぐうしょうとくほうおうていせつ》』に仏教の師高句麗《こうくり》僧恵慈《えじ》が製疏に参加したとある点に鑑みて、三経義疏は厩戸をある種の指導者とし、実際には当時の学僧の学問的活動の成果とみるのがよい。

新たな基盤形成　厩戸は推古九年（六〇一）斑鳩宮《いかるがのみや》造営を開始、同十三年に遷居しており、現在の法隆寺の前身である斑鳩寺を建立するなど、斑鳩地域の開発に尽力している。これは蘇我氏が開発した飛鳥《あすか》の都から離脱し、自由な立場で政治を行うためとする説もあるが、斑鳩は推古の額田宮に近在するので、当時政治の中枢からはずれていた敏達系王族の広瀬郡域への進出に対抗して、難波と飛鳥を結ぶ経路、物部守屋《もののべのもりや》滅亡（五八七年）後の空白地帯に、蘇我系王族の新たな展開を図るためとみることもできる。

厩戸はまた、皇位継承候補者のために創設された壬生部《みぶべ》を与えられており、壬生部は彼の子女たち、上宮王家に伝領され、皇極二年（六四三）上宮王家滅亡の際には蘇我本宗家に対抗しうる兵力の供給源として期待されるほどであった。この時期の王族の名前に注目すると、厩戸の系統だけに部民制的名称をもつ皇子女が集中してお

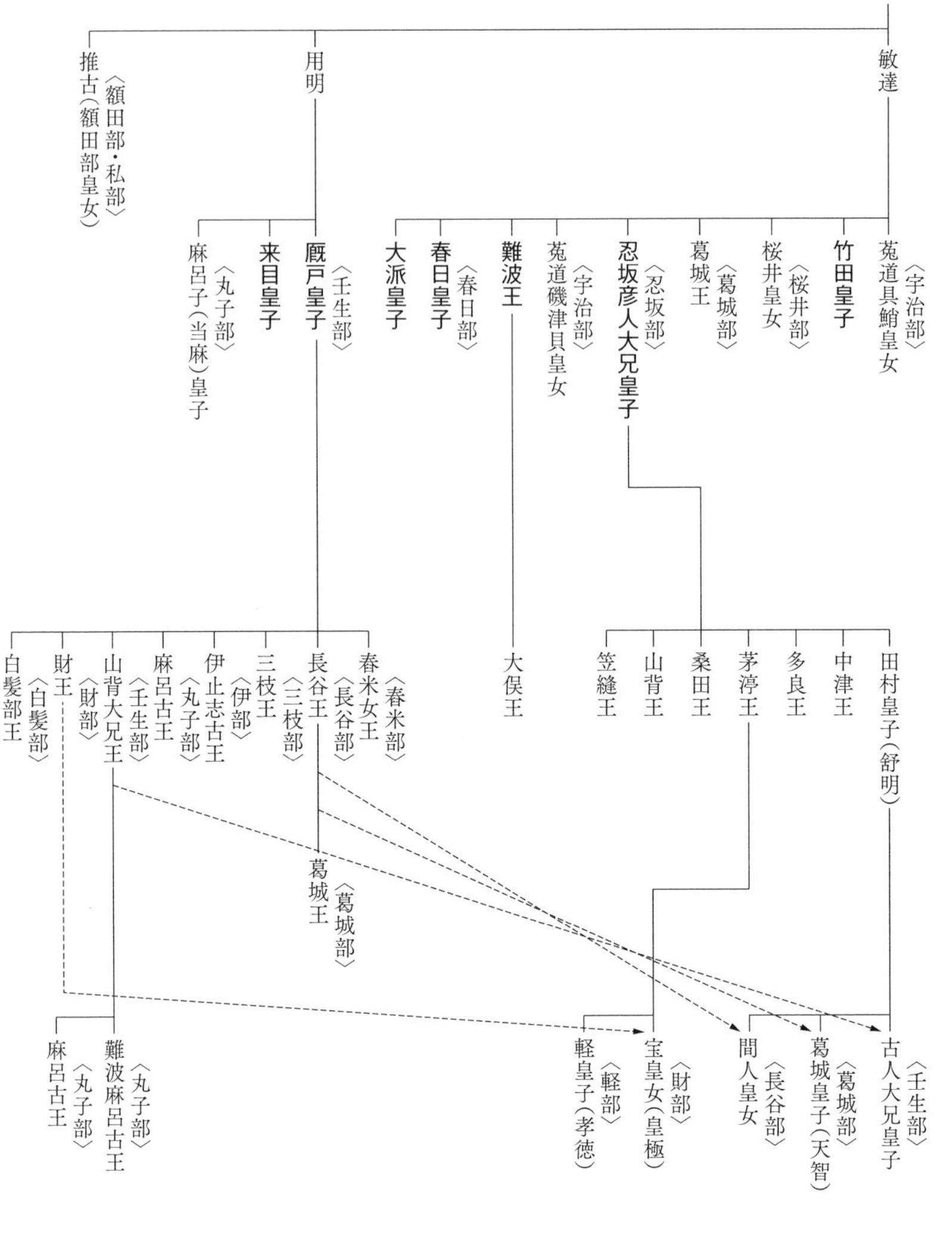

〈　〉の中に皇族が保有する名代を示し厩戸皇子と同世代の有力皇族はゴチック体とし、山背大兄王ら滅亡後の名代の伝来を--▸で示した。

図２　王族部民の所有動向

り、ここには蘇我系の上宮王家に王族内の財力・権力を集中する企図があり、厩戸の意外なしたたかさがかいまみられる。後代の聖徳太子信仰に彩られた側面はそれとして、実際の厩戸の活動を弁別して考察する方法を深化することは、さらなる課題である。

大臣蘇我馬子　蘇我馬子は稲目《いなめ》の子で、欽明朝ころから大きく台頭する蘇我氏の権勢を代表する人物である。敏達朝には吉備白猪屯倉《きびしらいのみやけ》を増益するなど財政面でも活躍し、物部守屋、崇峻天皇などとの政治抗争をくぐり抜け、蘇我系の推古天皇の下、やはり蘇我系王族の代表者である厩戸とともに、群臣を代表して政治に参画した。『上宮聖徳法王帝説』には「上宮厩戸豊聡耳命、島大臣（馬子のこと）と共に天下の政を輔《たす》けて三宝を興隆したまひき。元興・四天皇等の寺を起て、位十二級を制《つく》る」とあり、これが実情としてふさわしい。

『日本書紀』でも推古二十八年（六二〇）に厩戸とともに「天皇記及国記、臣・連・伴造・国造・百八十部并公民等本記」の編纂に着手したとあり、乙巳《いつし》の変（六四五年）で蘇我本宗家が滅亡する時に、天皇記・国記は蘇我蝦夷《えみし》の邸宅に所在、焼失するなかから渡来系の船史《ふねのふひと》恵尺《えさか》が国記を取り出したというから、事業の中心がどちらにあったかが察せられる。なお、推古三十二年には蘇我氏の本居と称して葛城県《かずらきのあがた》を賜与を申請するが、推古に道理を説かれており、推古朝の権力主体のあり方や輔佐の関係を看取することができる。

二　遣隋使と国制改革

六〇〇年の遣隋使　女王卑弥呼の倭国の時代から分裂状態にあった中国では、北朝から出た隋（五八一～六一八）が崇峻二年（五八九）に南北朝を統一する。抗争を続けていた朝鮮三国は相次いで隋に入貢するが、倭国は崇峻朝末に新羅《しらぎ》に軍事的圧力をかけていたため、推古二年（五九四）の新羅の入隋をうけて、翌年にようやくこの方

【大徳】	境部臣雄摩侶，小野臣妹子*，大伴連咋子
【小徳】	中臣連国・御食子，河辺臣禰受，物部依網連乙等，波多臣広庭，近江脚身臣飯蓋，平群臣宇志・神手，大宅臣軍，巨勢臣徳太・大海，粟田臣細目，秦造川勝*，高向史黒麻呂，大伴連馬飼・某，阿輩台（大河内直糠手ヵ）
【大仁】	鞍作鳥，犬上君三田耜*，薬師恵日，阿曇連比羅夫，秦造川勝*，土師娑婆連，上毛野君形名，矢田部御嬬連公，船首王後，膳臣清国，神主久遅良
【小仁】	物部連兄麻呂
【大礼】	小野臣妹子*，吉士雄成，犬上君御田鍬*，忌部首宇都庭麿，哥多毗（額田部連比羅夫）
【小礼】	鞍作福利
【大信】	大部屋栖野古連公
【大義】	坂上首名連，大三輪君弟隈
【大智】	和迩部臣稚子
【小智】	伊福部臣久遅良・都牟自

＊＝複数の冠位に見える人物。昇叙したものと推定される。

図３　冠位十二階の授与者

策を停止しており、遣隋使派遣は推古八年と、東アジア諸国ではもっとも遅くなった。

『隋書』《ずいしょ》倭国伝には、倭国の君主はオホキミ（大王）アメタリシヒコと名乗り、使者は天が兄、日が弟という独自の天の観念や日の出前の政務（神事か）と日の出後の弟への委任（俗事か）などを得々と説明したところ、文帝《ぶんてい》に「太《はなは》だ義理なし」と一蹴され、中国流に改めるように訓導されたとある。以下の国制改革は今回の遣使を契機としており、第一回遣隋使は倭国が六世紀代に独自に展開した自国のあり方を改変するうえで意義深いものとなった。ちなみに、この経緯を恥としたのか、『日本書紀』にはこの遣使の記載はない。

冠位十二階　遣隋使が帰朝すると、早速に改革が進められたようで、推古十一年（六〇三）十二月に冠位《かんい》十《じゅう》二《に》階《かい》が施行される。『隋書』には「隋に至りて、其の王始めて冠を制す」とみえ、倭国最初の冠位制度で、冠に応じた服色があり、元日・五月五日の薬猟《くすりがり》・隋使来朝など特別の儀式の際にはさらに装飾が加えられ、可視性が重視されている。冠位は個人に与えられ、昇叙も可能であったから、出身氏族や伝統的職務に基づくカバネにとらわれず、才用に応じた人材の登用と官僚機構の構築をめざしたものといえる。

儒教に基づく観念的な徳目の冠名や位階的性格には百済《くだら》制に倣った様相が看取され、後代の大化三年冠位制以降と比べると、中国の一〜三品に相当する冠位がない点も、中国王朝の冊封下にある朝鮮三国の冠位構造を継受している。授与者の実例をみると、施行範囲は畿内とその周辺地域が主で、地方豪族の序列化・官僚化はまだ視野に入っていない。また蘇我本宗家は冠位授与の形跡がなく、『上宮聖徳法王帝説』では馬子も制定者側と解されるので、天皇家・蘇我本宗家による朝廷の組織化の第一歩と位置づけることができる。

翌年九月には朝礼を改定し、宮門出入の際に両手をつく跪伏礼《きふくれい》をとり、その後は立って進む方式がとられた。これは一部中国式を取り入れたもので、採用可能な部分には中国的要素を導入し、独自の礼的秩序を形成する方策であろう。

憲法十七条と官司制　この礼式の改定と同年に、厩戸の親作とされる憲法十七条が発布されている。「和」の重視、三宝崇敬、絶対的な君主への服属などを説く内容であるが、第十二条の「国司」は七世紀は「宰」（ミコトモチ）と表記され、当時国単位で行政を支配する中央派遣官人の存在は考えがたいこと、また君・臣・民の三階級に基づく中央集権的官僚制の理念は、蘇我本宗家の力が強かった推古朝の国家段階とは合致しないことなど、後代の仮託作とする疑念もある。ただ、官吏に対する道徳的規範を示したもので、むしろこの時期の制法としてふさわしいとする評価も根強い。

憲法十七条の公布状況は検証できないが、当該期には馬官《うまのつかさ》、祭官《まつりのつかさ》、大椋官《おおくらのつかさ》などの官司名が知られ、部民制的奉仕に基づく朝廷の職務分担を官司として整備しようとしていたことがわかる。ちなみに、「辛巳年」（六二一）の文字がみえる法隆寺釈迦三尊像台座墨書銘には尻官《しろのつかさ》という上宮王家の職名が記されており、諸王宮でも「官」という名称が用いられているので、朝廷だけが超絶した存在ではなかったともいえる。

統治基盤の整備　推古十五年（六〇七）には倭《やまと》・山背《やましろ》・河内《かわち》で池溝開発が行われ、国ごとに屯倉（官家）を置いたといい、畿内における直轄地の確立を物語る。同二十一年（六一三）には倭で池溝開発を実施、難波《なにわ》から飛鳥に至る大道を設置する。大道は竹内街道—横大路のルートと推定され、その敷設時期には異論もあるが、上ツ道・中ツ道・下ツ道や太子道《たいしみち》（筋違《すじかい》道）など大和盆地の主要幹線道路を整備し、朝廷が交通体系を掌握する方策が推進される。

『隋書』には一二〇人の軍尼《くに》がそれぞれ一〇人の伊尼冀《いなぎ》を配下に置き、伊尼冀が八〇戸を管理する整然とした統治組織が倭国に存したと記されているが、これが国造—県主（稲置）の全国的組織なのか、一方で倭国は竹斯《ちくし》国以下小国の連合体と認識されているので、掛け合わせると畿内ヤマトの戸数一〇万戸に近似する点に鑑みて、冠位十二階の施行範囲と同様、畿内など一部地域に限定される理念的な組織なのかは、なお検討が必要である。

六〇七年の遣隋使　こうした成果をふまえて、推古十五年（六〇七）に小野妹子《おののいもこ》らが隋に派遣される。『隋書』には「日出る処の天子、書を日没する処の天子に致す、恙《つつが》なきや云々」の国書（外交文書）を呈したとあり、煬《よう》帝《だい》は「蛮夷の書、無礼なるものあらば、復た以て聞する勿れ」と不快であったという。これは倭国の対等外交志向を示すとする評価も根強いが、「日出る処」・「日没する処」は仏典『大智度論《だいちどろん》』などに典拠があり、方角の東・西を示すだけで、「致書」（書を致す）は君臣関係がない場合にも用いる書式、「天子」もアメタリシヒコの漢訳（『翰苑《かんえん》』に「華言は天児なり」）、あるいは仏教的な諸天であれば、複数存在が可能とする指摘もあり、必ずしも上下関係や対等姿勢を強調するものではなかったという解釈もできる。

なお、この国書は倭国を「日出る処」、隋を「日没する処」と鳥瞰しうる高句麗僧恵慈が起草したもので、隋に対峙しつつあった高句麗の外交意図をふまえたものとする指摘もあり、そうした要素も考慮せねばならない（李一九九八）。

隋は高句麗征討発動を控えていたので、倭国を訓導、隋の秩序に留めるべく裴世清《はいせいせい》を妹子帰国に同行させる。

妹子は帰途百済で百済人に隋皇帝の「書」を掠取《りゃくしゅ》されたと報告し、群臣は「大国の書」を紛失したことを問責して流罪にしようとしたが、推古は隋使がそれを知ると問題がさらに大きくなるので、妹子を宥免《ゆうめん》したという（推古十六年六月丙辰条）。この「書」は長らく国書と誤解されてきたが、隋の国書は裴世清が持参し、倭国の朝廷に捧呈、『日本書紀』にもその全文が掲載されている（八月壬午条）。皇帝から諸蕃王に下す慰労制書の書式で、倭国からの遣使到来を述べるだけで、特段問題となる記述はない。

倭国の対応　妹子が紛失したとする「書」は、煬帝の無礼問責を告げるものであり（川本 二〇一五）、これが公表されると、隋との関係確立に困難が生じるので、百済人云々を理由に握りつぶし、推古もそれを了解したうえでの事態収拾であったと考えられる。『日本書紀』に記された隋使賓待《ひんたい》の様子は朝鮮三国に対するものとは異なる配慮がみられ（飾船の数、拝礼方式など）、『隋書』でも倭王は「夷人」と称し、隋に朝貢する姿勢を示し、「大国維新の化」を学びたいと述べたとある。この年、妹子は留学者を随伴して、再度の入隋を遂げた。

なお、『日本書紀』では国書奉呈の場面には推古や馬子の姿はみえず、『隋書』にも倭王と謁見した旨はあるが、女性とは記されていないので、卑弥呼以来の「見えない王」の呪術性を残していたと思われる。隋使には何者かが応対しており、厩戸の可能性も含めて、検討すべき課題である。また『日本書紀』には「東天皇、敬んで西皇帝に白す」云々の返書を付託したとあるが、上長に奉ずる書状形式の可否、天皇号始用時期の問題、隋また次の唐に対して天皇号を使用したか否か、天皇と皇帝の関係なども探究すべき事柄である。

三　達成と課題

等距離外交の行方　『隋書』には「新羅・百済、皆倭を大国と為し、珍物多きを以て竝《なら》びに敬仰し、恒《つね》に使を通じて往来す」と評されており、今回の遣隋使派遣により倭国が隋を中心とする国際秩序に加わったためか、推古十九年（六一一）には新羅・「任那《みまな》」使が到来するという効果があった。また新羅との対抗上、百済や高句麗の来貢も頻繁になり、東アジアの動乱のなかで倭国は隋とも朝鮮三国とも通交するという等距離外交を展開することになる。

文化面でも果実があり、百済からは僧観勒《かんろく》が渡来し、暦本・天文・地理・遁甲《とんこう》・方術を伝習、路子工《みちのこのたくみ》が須弥山《しゅみせん》を造立、味摩之《みましき》が伎楽《ぎがく》を伝え、高句麗僧曇徴《どんちょう》は紙・墨・碾磑《みずうす》の製法を伝えるという具合に、文物の獲得がなされた。こうした基盤の上に飛鳥文化が開花する。

隋は高句麗征討の失敗や民衆反乱によって短期で滅亡するが、次に興起する唐（六一八〜九〇七）は長らく東アジア・東部ユーラシアの中心になる強大な帝国であった。推古三十一年（六二三）に新羅経由で帰朝した遣隋留学者たちは、「其の大唐国は法式備り定れる珍《たから》の国なり。常に達《かよ》ふべし」と奏言していたが、推古朝には遣唐使を派遣することができなかった。朝鮮三国の抗争は激化し、新羅は唐に救援を求め、唐が直接介入する時期が来るので、その際に倭国の等距離外交が機能するかどうか、次の段階での課題となる。

天皇と王族・群臣の関係　推古三十年（六二二）、厩戸が死去する（年次は『上宮聖徳法王帝説』に依拠）。皇極《こうぎょく》元年（六四二）に馬子の子蝦夷が自らと子入鹿《いるか》の墓造営のために壬生部などを徴発しようとしたところ、厩戸の女《むすめ》上宮大娘姫王は「封民」を天皇以外が使役することに抗議したといい、国制の分節的掌握形態は続き、上宮王家も「封民」を死守する意識が強い。こうした王族の権益を排して、どのようにして中央集権的なしくみを作るかはなお課題であった。

また厩戸が死去すると、王族と群臣による政務輔佐のバランスが崩れ、唯一の権臣となった馬子は上述の葛城県の件など、権勢を誇示する様相も現れてくる。推古三十一年には新羅への軍事的圧力発動の可否をめぐって群臣の意見が分かれる案件があり、馬子は強硬派に幻惑されて、等距離外交の原則に外れる選択を示し、失敗する出来事もあった。こうした群臣の対立や稲目―馬子―蝦夷―入鹿と珍しく直系で継承される蘇我本宗家の力をどのように制御するかも重要事であり、実際に推古崩御後の舒明《じょめい》即位時には紛擾が起きる。

仏教の統制　推古三十二年（六二四）にある僧侶が斧で祖父を殴打するという事件があり、これを機に倭国でも仏教統制機関の設置が検討され、飛鳥寺に止住する百済僧観勒を僧正《そうじょう》、出家者や仏師を輩出する一族の鞍部徳《くらつくりのとく》積《しゃく》を僧都《そうず》、蘇我本宗家に近い阿曇連《あずみのむらじ》某を法頭《ほうず》に任じたという。当時寺は四六所、僧尼は一三八五人であり、寺院数は考古学的知見とも合致するものである。

これに対して『扶桑略記《ふそうりやっき》』持統六年（六九二）九月条には五四五寺とあり、七世紀後半の白鳳《はくほう》期には中央・地方で多くの寺院が建立されることになる。ますます広がりをみせる仏教にどのように臨むか、天皇家の寺院建立の方向も含めて、政策的整備が必要であった。

参考文献

氣賀澤保規編『遣隋使がみた風景』八木書店、二〇一二年
・遣隋使をめぐる諸問題や東アジア情勢を知るうえでまとまった整理がなされている。
東野治之『聖徳太子　ほんとうの姿を求めて』岩波書店、二〇一七年
・ジュニア新書で平易な叙述だが、高度な内容を考察する。大山誠一『〈聖徳太子〉の誕生』（吉川弘文館、一九九九年）、吉村武彦『聖徳太子』（岩波書店、二〇〇二年）なども読み比べたい。
森公章編『日本の時代史3　倭国から日本へ』吉川弘文館、二〇〇二年
・推古朝を含む飛鳥時代史の概要を知る通史的叙述。熊谷公男『日本の歴史03　大王から天皇へ』（講談社、二〇〇一年）、篠川賢『日本古代の歴史3　飛鳥と古代国家』（吉川弘文館、二〇一三年）なども参照。

李　成　市「高句麗と日隋外交」『古代東アジアの民族と国家』岩波書店、一九九八年
川本芳昭「隋書倭国伝と日本書紀推古紀の記述をめぐって」『東アジア古代における諸民族と国家』汲古書院、二〇一五年
木下正史・佐藤信編『古代の都1　飛鳥から藤原宮へ』吉川弘文館、二〇一〇年
倉本一宏「大王の朝廷と推古朝」『岩波講座日本歴史2　古代2』岩波書店、二〇一四年
佐藤長門『日本古代王権の構造と展開』吉川弘文館、二〇〇九年
黛　弘道「冠位十二階考」『律令国家成立史の研究』吉川弘文館、一九八二年
森　公章『東アジアの動乱と倭国』吉川弘文館、二〇〇六年
義江明子『日本古代女帝論』塙書房、二〇一七年

6 大化改新

市　大樹

一　大化改新をめぐる議論

乙巳の変と大化改新　皇極《こうぎょく》四年（六四五）六月十二日、皇極天皇が出御した飛鳥板蓋宮《あすかのいたぶきのみや》の大極殿の前庭で、蘇《そ》我倉山田石川麻呂《がのくらのやまだのいしかわのまろ》が三韓《みつのからひと》の表文《ふみ》を読唱するなか、蘇我入鹿《そがのいるか》が中大兄皇子《なかのおおえのみこ》・中臣鎌足《なかとみのかまたり》らによって斬り殺された。その場にいた古人大兄皇子《ふるひとのおおえ》は私宅へ走り去り、「韓人《からひと》、鞍作臣《くらつくりのおみ》（蘇我入鹿）を殺しつ。吾が心痛し」と述べた。中大兄は、諸の皇子・諸王・諸卿大夫《まえつきみ》・臣《おみ》・連《むらじ》・伴造《とものみやつこ》・国造《くにのみやつこ》を従え、飛鳥寺に陣を構え、入鹿の屍を父蝦夷《えみし》のもとへ届けた。蘇我側の漢直《あやのあたい》らは一戦を交えんとするが、思いとどまった。翌日、蝦夷は邸宅に火を放って自害。翌十四日、皇極は同母弟の軽《かる》皇子（孝徳《こうとく》天皇）に皇位を譲り、中大兄は皇太子となった。その際、皇極は中大兄に皇位を譲ろうとしたが、中大兄は鎌足の助言に従って軽を推した。軽は古人を推したが、古人が出家したため、やむを得ず即位したという。この日、阿倍内倉梯麻呂《あべのうちのくらはしのまろ》は左大臣、蘇我倉山田石川麻呂は右大臣、中臣鎌足は内臣に任じられ、隋・唐に長年滞在した経験をもつ僧旻《みん》・高向玄理は国博士《くにはかせ》となった。こうして新政権が発足して五日後、孝徳天皇らは飛鳥寺西の大槻《おおつき》の樹の下で天神地祇に誓約をおこない、「大化」の年号を建てた。

その後、中央集権国家の構築に向けた諸改革を矢継ぎ早に実行していった。

以上の記述は、養老四年（七二〇）に成立した『日本書紀』による。現在、蘇我本宗家滅亡に関わる政変を「乙巳《いっし》の変」、孝徳朝における一連の政治改革を「大化改新」と呼び慣わしている。「乙巳」は西暦六四五年の干支年。「大化改新」は、翌年正月元日に宣布された「改新之詔」の「改新」に、新年号「大化」を冠した造語である。ともに膨大な研究が出されているので、ひとまずは野村忠夫『研究史　大化改新（増補版）』（吉川弘文館、一九七八年）や、各時代ごとの岩波講座の該当論文に目を通すことをお奨めしたい。また最近、『日本史研究』六六二号（二〇一七年）、『歴史評論』八二一号（二〇一八年）が大化改新の特集号となっているので、これらもぜひ一読してほしい。そのうえで、参考文献などを手がかりに勉強を進めていただければと思う。

乙巳の変の評価　乙巳の変の直接の要因としては、緊迫した朝鮮半島情勢をめぐる外交方針の対立や、王位継承をめぐる諸勢力の対立を想定するのが一般的である。

六二八年に中国大陸を統一した唐《とう》は、周辺諸国を次々と飲み込み、六四〇年にトルファン盆地の高昌国《こうしょうこく》を滅ぼすと、朝鮮半島へ目を向けた。これに対処するため朝鮮三国は権力集中をはかる。六四二年、高句麗《こうくり》では大臣の泉蓋蘇文《せんがいそぶん》が栄留王《えいりゅうおう》および貴族ら約一八〇人を殺害し、宝蔵王《ほうぞうおう》を擁立した。同年に百済《くだら》でも、前年に即位した義慈王《ぎじおう》が、子の余豊璋《よほうしょう》や大佐平の沙宅智積《さたくちしゃく》など約四〇名を倭国へ追放し、自ら新羅へ侵攻していった。新羅は高句麗へ援助を求めるが拒否され、六四三年に唐に支援を求めたが、唐軍の進駐、善徳女王《ぜんとくじょうおう》の廃位、唐王族の即位の三案を提示され、苦境に立たされた。六四七年、唐依存派の毗曇《びどん》が善徳女王の廃位を求めて挙兵したが、親唐自立派の金春秋《きんしゅんじゅう》・金庾信《きんゆしん》に鎮圧され、真徳《しんとく》女王が擁立された。

こうしたなか倭国でも、皇極二年（六四三）に山背大兄王《やましろのおおえのおう》が滅ぼされる事件がおきた。山背は厩戸《うまやど》皇子の子であり、推古三十六年（六二八）に推古天皇が死去した際、田村皇子（舒明天皇）と皇位継承をめぐって争った。

舒明十三年（六四一）に舒明天皇が死去した際にも、その子であり蘇我本宗家の血も流れる古人大兄皇子と並んで、山背が有力な皇位継承候補者となったはずであるが、結局は舒明キサキの宝皇女《たからのひめみこ》が翌年に即位した。つまり、山背は二度も皇位継承のチャンスを逃し、そして滅ぼされたのである。『日本書紀』は「蘇我臣入鹿、独り謀《はか》りて、上宮王《かみつみやのみこ》（山背大兄王）等を廃《す》てて、古人大兄を立てて天皇とせむとす」と記すが、『藤氏家伝《とうしかでん》』上巻「鎌足伝」は「宗我入鹿、諸王子と共に謀りて上宮太子《かみつみやのひつぎのみこ》の男、山背大兄らを害さんと欲して」とし、『上宮聖《じょうぐうしょう》徳太子伝補闕記《とくたいしでんほけつき》』は軽王（軽皇子）も加わっていたとする。

皇極四年、唐と高句麗が戦火を交えるなか、乙巳の変が勃発した。蘇我本宗家は旧来の親百済・高句麗路線をとったが、唐・新羅との関係を重視すべきとする主張も強まり、外交方針をめぐる対立があったと推測されている。先述した古人の発言「韓人、鞍作臣を殺しつ」に対して、『日本書紀』編者は「韓政《からひとのまつりごと》に因《よ》りて誅《つみ》せらるを謂ふ」と注釈しており、朝鮮半島をめぐる政治によって入鹿が殺害されたかのような書きぶりである。蘇我本宗家の後ろ盾を失った古人は、皇位継承放棄の意志を明確化するために出家して吉野にこもるが、謀反の嫌疑をかけられ滅ぼされた。

大化改新の評価　一方、大化改新については、大化二年（六四六）正月一日に宣布されたとされる「改新の詔」（以下、改新詔）を避けて通ることはできない。これは全四ヵ条からなり、四つの主文と一三の副文からなる。第一条は主文のみで、子代《こしろ》の民《おおみたから》・屯倉《みやけ》や部曲《かき》の民・田荘《たどころ》をやめ、その代償に食封《じきふ》や布帛《ふはく》を支給することを規定する。第二条は、主文で京師を修め、畿内・国司・郡司・関塞《せきそこ》・斥候《うかみ》・防人《さきもり》・駅馬・伝馬を置き、鈴契《すずしるし》を造り、山河を定めるとし、五つの副文で坊長・坊令・里長の設置・任用、畿内四至《しいし》の設定、郡の規模と郡司の任用、駅馬・伝馬の利用、鈴契の支給法を規定する。第三条は、主文で戸籍・計帳・班田収授法を初めて造ることを述べ、二つの副文で五十戸一里制、町段歩の田積と田租を定める。第四条は、主文で旧来の賦役をやめて田調を実施することを述べ、六つの副文で戸別の調・調副物・官馬・武器・仕丁《しちょう》・采女《うねめ》の負担を定める。

この改新詔は、中央官僚機構に関わる規定がほぼ完全に欠落しており、その眼目が公民制の創出にあったことを示す。改新詔は『日本書紀』孝徳紀の諸詔のなかでもよく整い、特に副文は大宝令の条文（七〇一年施行）と酷似するものが少なくない。一九五一年（昭和二十六）、井上光貞は「大化改新詔の信憑性」と題する学会報告において、改新詔は「郡」字を使用するが、金石文《きんせきぶん》などでは「評」字になっており、「郡」字は大宝令で修飾された可能性が高いと主張した。これを契機に巻き起こった「郡評論争」は、単なる用字の問題にとどまらず、改新詔全体の信憑性や日本古代国家の形成過程像を鋭く問いかけた。京都に基盤をもつ日本史研究会の古代史部会も、個別分散的な研究状況を克服するために、一九六〇年代から大化改新の共同研究に取り組み、改新否定論を強力に牽引していった（原　一九八〇、門脇　一九九一など）。

一九六七年、藤原宮跡から「己亥《きがい》年十月上球国《かずさのくに》阿波評《あわのこおり》松里《まつのさと》」と記載された荷札木簡が出土した。「己亥年」は文武三年（六九九）で、大宝令の施行直前まで「評」字が使用されていたことが実証された。その後、改新詔に登場する「国司」「庸」などの語も、大宝令が施行される直前まで「国宰」「養」と表記されたことが判明した。「町段歩」も「代《しろ》」であった可能性が高まった。代は一束の稲が収穫される地積を意味する。

こうして、明治維新にもなぞらえられた大化改新の評価は急低下していった。以後、大化改新は『日本書紀』が記すほど画期的なものではなく、白村江《はくそんこう》での敗戦（六六三年）と壬申の乱（六七二年）を経て、律令体制の構築に向けた諸改革が本格化する、という見方が一般化していく。

ところが二〇〇〇年前後から、大化改新を再評価する動きが出てくる（吉川　二〇〇四）。その契機となったのが、難波宮跡の発掘調査の進展、七世紀木簡の大量出土である。

二　大化改新の再評価

前期難波宮の発掘調査成果　一九五四年（昭和二十九）以来の発掘調査によって、四方が六五〇㍍以上もある壮大な前期難波宮が姿を現した。その造営時期を天武朝とする見方もあったが、「戊申年」（大化四年、六四八）木簡や、大量の七世紀中葉土器群の出土もあって、『日本書紀』白雉三年（六五二）九月条が「其の宮殿の状、殫《ことごとく》に論《い》ふべからず」と語る難波長柄豊碕宮《なにわのながらのとよさきのみや》（以下、豊碕宮）に比定するのが現在の通説である（中尾・栄原　二〇一四など）。

前期難波宮（豊碕宮）は、内裏・朝堂院などからなる中枢部と、その東西に広がる官衙域に大別できる。朝堂《ちょうどう》院《いん》は南北約二六三㍍、東西約二三三㍍もあり、内側の朝庭を囲むように一四棟以上（一六棟か）の朝堂が配された。朝堂院と内裏本体との間には内裏前殿区画が設けられており、その中央北寄りにはのちの大極殿に相当する内裏前殿が建ち、内裏本体にある内裏後殿と軒廊《こんろう》で連結されていた。内裏前殿区画には巨大な南門があり、その東西には平面八角形の楼閣建物が取り付いた。また、朝堂院の南方には朝集殿が東西対称に一棟ずつ並び、朝堂院南門と同一規模の宮城南門が開いた。

この異例ともいえる大きさについて、増加した官人を儀式などの際に朝庭に参列させ、口頭で発せられた命令を聞かせたり、地方から参上する豪族たちを威圧したりする狙いがあったと理解されている（早川　一九八三）また、一四棟以上も建ち並んだ朝堂は官司ごとに座が定まっており、口頭決裁を中心としたが、政務の場としての機能もあった。さらに内裏前殿区画にも二棟の長殿《ながとの》があり、こちらも朝堂であった可能性がある。朝堂の本質は五位以上官人の侍候《じこう》空間であり、それがより端的な形で現れたのが内裏前殿区画の朝堂であったのではないか。

ではなぜ、朝堂院に一四棟以上もの朝堂を設けたのか。それは、王族や群臣・豪族の居宅でなされた諸々の政務（外廷的職務）を、新たに王宮に集約させるためである（吉川　一九九七）。いわゆる内廷と外廷の統一である。現業的な職務の担われる官衙域（曹司）の設定も、これと一連の動きである。東方官衙では、建物が整然と配置された複数の小区画があり、建て替えも確認されている。内裏西方官衙では、複数の倉庫と一棟の管理棟、中心の庭からなる空間があり、大蔵省の前身官衙と理解されている。朝堂と曹司は機能と起源を異にしており、豊碕宮の新しさは曹司を宮内に取り込んだ点にあるが、一方で朝堂の数を大幅に増やすことで口頭政務の場を多数確保した点も評価すべきである。

孝徳朝における難波諸宮の展開　このように豊碕宮は画期的な王宮であったが、孝徳天皇が最初から居所としていたわけではなく、次のような経緯をたどったと考えられる（市　二〇一九）。

乙巳の変から半年後の大化元年（六四五）十二月九日、孝徳は難波の子代離宮《こしろのかりみや》に向かい、翌年の二月二十二日まで滞在した。子代離宮は難波《なにわの》狭屋部邑《さやべのむら》の子代屯倉（難波屯倉）を改作したものである。子代屯倉は難波宮下層遺跡（前期難波宮跡の下層）と考えられる。孝徳の子代離宮への滞在は短期間にとどまったが、①元日朝《がんじつのちょう》賀《が》、②改新詔の宣布、③兵庫《ひょうご》修造の使者派遣、④鍾匱《かねひつ》の制の有効性をアピールした詔の宣布、⑤高句麗・百済・任《みま》那《な》・新羅の使節による調の貢献など、重要な出来事が多くみられる。なかでも、天皇に拝礼して君臣関係を確認する①、大化改新の大綱を示す②、意見徴集の意欲を示す④は、大化改新の根幹に関わっている。年の瀬が迫るなか子代離宮へわざわざ向かったのは、新年最初の日に新宮（豊碕宮）の造営予定地である当地において、①元日朝賀を実施したうえで、②改新詔を宣布して、大化改新に向けての意気込みを示すためであった。

孝徳が飛鳥へ一時帰還すると、豊碕宮建設のため子代離宮の解体撤去が始まる。それは孝徳が改新詔第一条を自ら実践してみせる意味合いをもつ。三月二十日、先に孝徳から部民・屯倉の存置に関する意見を求められていた中大兄皇子は、自らの所有する皇祖大兄御名入部《すめみおやのおおえのみなのいりべ》五二四口とその屯倉一八一所を献上した。八月十四日、部民制の全廃を求めた「品部《しなべ》」廃止の詔が出された。これは改新詔の第一条と同趣旨であるため、改新詔を否定する素材とされることもある。しかし、子代離宮の解体撤去に着目すれば、孝徳天皇が改新詔で部民・屯倉の廃止という基本方針を宣言し、それを自らが率先して実践し、そのうえで中大兄にも迫り、さらに対象範囲を拡大する、という一連の流れが浮かび上がり、むしろ改新詔は存在したと考えるほうが理解しやすい。

大化二年九月以降、孝徳は小郡宮《おごおりのみや》に拠点を置いた。小郡宮は難波小郡を改造したもので、難波堀江に面したことから、「蝦蟇行宮《かわずのかりみや》」（蝦蟇は川津の意）とも呼ばれた。小郡宮では大化三年に朝参の礼法が定められ、中央官人の結集する場としての性格を強めていった。同じ大化三年には冠位が一二階から一三階へ、同五年二月には一九階に拡大され、全官人がその授受の対象となった。また、大化五年二月には「八省・百官」、つまり新たな中央官司の設置も命じられた。

ただし、孝徳にとって本命の王宮は、あくまでも豊碕宮であった。先述したように、大化二年には造営工事が始まる。孝徳が豊碕宮に遷居するのは、それから五年以上が経過した白雉二年（六五一）十二月晦日《みそか》で、竣工は同三年九月までくだる。造営が長期に及んだのは、破格のスケールを誇る王宮であったこと、それが乗る上町台地は起伏に富んだ土地であり、大規模な土地造成が必要であったことなどがあげられる。しかし、元日朝賀・挙《こ》哀《あい》・白雉改元・晦日燃灯・仏教法会などの国家的儀礼を挙行する際には、遷居に先立って豊碕宮（味経宮《あじふのみや》、難波《なにわの》碕宮《さきのみや》とも）が利用された。

七世紀木簡からの問題提起　二〇〇二年（平成十四）、飛鳥の石神《いしがみ》遺跡から、「乙丑年十二月三野国《みののくに》ム下評《むげのこおり》／大《おお》山五十戸《やまのさと》造《のみやつこ》ム下部知ツ《むげべのちつ》／従人田部児安《たべのこやす》」と書かれた荷札木簡が出土した（市　二〇一〇）。「乙丑年」は天智四年（六六五）。「三野国ム（牟）下評」はのちの美濃国武芸《むぎ》郡。「五十戸《さと》」は「里」の前身表記で、基本的に天武十年（六八一）ごろまで使用された。サトが五〇の戸で構成されることにちなむ表記である。「五十戸造」はのちの里長に相当する。

この荷札木簡は、すでに天智四年の時点で国―評―五十戸という重層的な地方行政区分が成立していたことを明示している。天武十二年から同十四年にかけての国境画定事業を経ないと、こうした重層的な地方行政区分は成立しないという見方もあったが、そうではなかったのである。さらに、サトの名称である「大山」が地名とみられる点も重要である。それまでの有力な見解では、天武四年に部曲《かきべ》（豪族の私有民）が廃止されるまで、前代的な部民集団をそのまま編成したサトしかないと考えられていた。それは一九七六年（昭和五十一）に出土した「白髪部《しらかべ》五十戸皷《くわ》」と書かれた荷札木簡のインパクトが大きい。しかし、五十戸の木簡が増大した現在、地名五十戸のほうが圧倒的に多い。某部五十戸であっても、その構成員がサト名と同じ部民ばかりとは限らないこともわかってきた。国―評―五十戸という重層的な地方行政区分や、居住地による地域的な五十戸編成は、全国規模の初の戸籍である庚午年籍《こうごねんじゃく》が作成される天智九年までに一般化していたことはほぼ確実である。『日本書紀』孝徳紀には部民制の廃止を示す記事が複数ある。従来はこれらの記事を否定したり、実行力を疑問視したりするのが一般的であったが、再考する段階にきているといえよう。

改新詔の信憑性　それでは改新詔の信憑性はどうか。たしかに大宝令の知識が反映されていることは間違いないが、税制を定めた第四条のように独自性の強い規定もある。とりわけ、戸別の調・官馬・庸のように、戸別の賦課が目立つ点は興味深い。最も主要な税である田調についても、正丁《せいてい》を中心とする個別人身賦課の大宝令制下の調とは異なり、田地の耕作者すべてを対象としており、実質的には戸別賦課が想定されている可能性が高い。

そこで注目すべきは、仕丁とその庸は五〇戸、官馬の中馬・采女の庸は一〇〇戸、官馬の細馬は二〇〇戸を単位に課され、いずれも五〇の倍数となっている点である。五〇の戸を集めるとサト（五十戸）ができるように、戸は五十戸と密接な関係にある。五十戸編成の手順としては、戸を積み上げて五〇の戸にまとめる方法もあるが、ある集団をまず五十戸と把握したのち、五〇の戸に分割する方法も考えられる（ともに戸数は厳密に五〇になる必要は必ずしもなかろう）。実際には双方から落としどころを探ったのかもしれないが、戸と五十戸の不可分の関係が確認できればよい。そこで五十戸制の成立時期が問題になってくる。これについて、二〇一四年に重要な発見があった。難波宮跡宮城南門（朱雀門《すざくもん》）のすぐ南東から、「玉作《たまつくり》五十戸俵」と書かれた荷札木簡が出土したのである。出土層位が明確でないため、孝徳朝のものと断定できないが、その可能性を十分にもつ木簡である。

　このように改新詔第四条の独自性は十分に認められるが、用字に関しては大宝令に即して改変されている。その好例が「庸」であり、大宝令施行以前には「養」と表記された。大宝令制下の庸は歳役の代納物で、仕丁・采女らの食料に充て、残りを雇役夫の雇直・食料としたのに対し、養は仕丁・采女らの資養物そのものであった。改新詔の規定は養にふさわしい。『日本書紀』編者は用字は改変したが、内容には手を加えなかったのである。

　同様のことは、「郡」に関してもいえる。郡の規模に着目すると、改新詔は大郡（三一～四〇里）、中郡（四～三〇里）、小郡（三里。あるいは三里以下）の三区分であるが、大宝令は大郡（一六～二〇里）、上郡（一二～一五里）、中郡（八～一一里）、下郡（四～七里）、小郡（二～三里）の五区分で、大郡・中郡・小郡の里数もかなり違う。また、改新詔第二条の副文のなかで、名墾《なばり》の横河、紀伊の兄山《せのやま》、赤石《あかし》の櫛淵《くしふち》、近江狭狭波《ささなみ》の合坂山《おうさかやま》に囲まれた範囲を畿内とするが、これは大宝令にはない独自の内容である。

　もっとも、大宝令に依拠した改変が用字レベルにとどまった事例ばかりではない。大幅な手が加わったものとして、戸籍・計帳・班田収授に関する第三条があげられる。全国的戸籍は天智九年（六七〇）の庚午年籍に始まり、班田収授も持統六年（六九二）に始まる。改新詔は方針を示したにすぎないとしても、時期差は大きすぎる。第三条については、大化元年（六四五）八月に東国と倭国六県《やまとのくにのむつのあがた》に使者を派遣し、戸籍の作成と田畝の調査を命じたこと、九月にも諸国に使者を派遣し、民の元数を記録させたこと、そして翌年八月に前年の田畝の調査を受けて、田地を民に支給するように命じたこととの関連を考えるべきであろう。その実状は、人口・田地の現状を調査し、それを基本的に追認するものであったと考えられる。あわせて想起すべきは、独自性の強い改新詔第四条が田調を定めている点である。田調を収取するためには、戸と田地を国家が把握している必要がある。戸別に人口・田地の現状把握を目指すものであれば、原詔で言及されていたとしてもおかしくない。

したがって、旧来の部民制を廃止し、新たに国―評―五十戸という地方行政区分を設け、戸を単位に人民・田地を掌握し、新たな税を課す、という内容の原詔であれば、十分に認められよう。日本令は唐令と違って、戸《こ》令《りょう》・田令《でんりょう》・賦役令《ぶやくりょう》のセット関係を重視している。これは、戸籍をつくり、班田をおこない、賦役を課す、という公民制のシステムを反映するもので、その祖型は原詔まで遡る可能性が高い。その宣布されたタイミングについても、先述したように、大化二年正月朔日の元日朝賀の直後であった可能性がきわめて高い。

以上、大化改新の再評価につながる重要な論点にしぼって私見を中心に述べてみた。大化改新の意義を高く評価する見方を提示したが、はたして成り立つのか、今後の研究を見守りたい。なお、大化改新の評価をめぐっては、当時の社会に与えた影響（その有無も含めて）についても考える必要がある。これに関しては、近年刊行された吉村武彦『大化改新を考える』（岩波新書、二〇一八年）をお奨めし、擱筆することにしたい。

参考文献

石母田正『日本の古代国家』岩波書店、二〇一七年、初出一九七一年
・戦後の日本古代史を代表する著作で、国家成立史における国際的契機に注意を促し、大化改新についてもかなり踏みこんで叙述する。

坂本太郎『坂本太郎著作集6　大化改新』吉川弘文館、一九八八年
・スタンダードな研究であるだけに何かと批判の対象とされるが、『日本書紀』の着実な読解には依然として学ぶべき点が多い。
津田左右吉『津田左右吉全集3　日本上代史の研究』岩波書店、一九六三年、初出一九三三年
・改新詔の史料批判が著名であるが、大化改新を社会組織の改革とする見方に強く反対した意味にも注意したい。
市　大樹『飛鳥藤原木簡の研究』塙書房、二〇一〇年
市　大樹「子代離宮と小郡宮―難波長柄豊碕宮遷居への道程―」『辻尾榮市氏古稀記念　歴史・民族・考古学論攷（Ⅰ）』大阪・郵政考古学会、二〇一九年
門脇禎二『「大化改新」史論』上・下、思文閣出版、一九九一年
中尾芳治・栄原永遠男編『難波宮と都城制』吉川弘文館、二〇一四年
早川庄八「前期難波宮と古代官僚制」『日本古代官僚制の研究』岩波書店、一九八六年、初出一九八三年
原秀三郎『日本古代国家史研究―大化改新論批判―』東京大学出版会、一九八〇年
吉川真司「難波長柄豊碕宮の歴史的位置」『日本古代国家の史的特質　古代・中世』思文閣出版、一九九七年
吉川真司「律令体制の形成」『日本史講座1　東アジアにおける国家の形成』東京大学出版会、二〇〇四年

7　壬申の乱と天皇制の成立

早川万年

一　壬申の乱の記述

壬申の乱の推移　日本古代史を学ぶにあたって、七世紀の変動をどのように理解するかという問題はきわめて大きな意味をもつ。七世紀はじめの推古朝（聖徳太子の時代）をはじめ、いわゆる大化改新を、古代国家形成史の上でいかにとらえるか、律令法による地方支配は、どの時点で広がったとするかなど、見解の分かれる点は少なくない。そのなかで壬申《じんしん》の乱は、六七二年に起きた規模の大きな内乱であって、天武朝成立の直接的な契機となった。はじめにその概略を『日本書紀』の記述からみておきたい。

天智《てんじ》天皇十年（六七一）の秋、天皇が病の床に就いた時点で、東宮は弟である大海人皇子《おおあまのおうじ》、天智の子である大《おお》友皇子《とものおうじ》が太政大臣であったが、大海人皇子は、天皇の病床において、出家することと吉野《よしの》への退隠を申し出た。ところが年末に近江《おうみ》大津宮において天皇が亡くなってから、しだいに状況は緊迫し、翌年六月二十二日、大海人皇子は、従者三十人余とともに吉野を脱出し、伊賀《いが》を通り伊勢《いせ》に向かった。

それを知った大津宮の大友皇子側との戦いが始まるが、戦場はおもに奈良（大和《やまと》）盆地と近江であった。大海人皇子は美濃《みの》における当初の募兵に成功し、鈴鹿《すずか》・桑名《くわな》を経て、六月二十七日には美濃国の不破《ふわ》の地にいたり、やがて近江への進攻を開始する。大和方面では、大伴《おおとも》吹負《ふけい》を中心とする大海人皇子方と、近江から進攻した大友皇子方との戦いが繰り広げられた。美濃の不破から進攻した大海人皇子方は順調に琵琶湖東岸を制圧し、七月二十二日には瀬田《せた》の地において大友皇子方を破り、勝敗は決するにいたる。大和方面ではいったん大伴吹負は敗走するものの、援軍を得て反撃に転じ、やはり二十二日に大和を平定する。このような経緯を経て、大友皇子は自殺。大海人皇子は伊勢を経て飛鳥に戻り、冬には浄御《きよみ》原宮《はらのみや》を営み、翌年二月には即位する。

壬申紀の問題点　壬申の乱は『日本書紀』全三〇巻のうち、巻二十八の一巻が充てられ、他の古代の争乱に比べて格段に詳密な記述がみられる。その点で壬申の乱の経緯、関係者について、多くの情報をもたらしてくれるけれども、反面、その叙述には問題点もある。第一に『日本書紀』の記述の信頼性についてである。戦後古代史学の主要な特徴として記紀への批判的検討があげられるが、それは神武《じんむ》や崇神《すじん》といった歴代初期の天皇の事績に対してだけでなく、聖徳太子や大化改新をも対象とするものであった。かかる検討は、『古事記』『日本書紀』の記載の史実性を議論する以上、その書物全体の性格に及ぶ。つまり壬申の乱を論じるにあたっても、その記述が『日本書紀』であることにまず目が向けられなければならない（直木　一九九二）。

この点は、われわれがややもすれば、戦乱の個々の記述にとらわれがちになることへの警鐘でもある。たとえば、壬申紀にはしばしば双方の軍兵の数が記されるが、当初、伊賀を大海人皇子が通過したときは、郡司らが数百を率いて帰順し、美濃では三千の兵で不破を塞いだとする。尾張国守は二万を率いて大海人皇子側につき、近江側も数万の兵で不破に向かおうとしたとする。はたしてこの動員兵力の数は信頼に足るものであろうか。大海人皇子即位の正当性と必然性を物語るのが壬申紀であることは、われわれ読者はよく承知しているとしても、このような数値を疑わずに受け入れると、さも大きな戦いであるかのように思いこんでしまう。たしかに、壬申の乱の約一〇年前の百済《くだら》救援戦争の際も、数万の兵とあるので、壬申の乱においても、その程度の動員がなされた可能性は否定できない。けれども、この兵数の問題は、争乱が突発的なものであったか、事前準備がなされていたのかを考える好個の材料である。唐突に数万の兵を動員するのは困難だという、いわば合理的な推測からすれば、じっさいは挙兵が周到に用意されていたのかもしれない。

いかにも史実を伝えるかのような数字であっても（あるいはそうであるがゆえに）、作為的記載の可能性を考慮する必要があり、しかもそれが事件の性格を判断する鍵となる場合がある。ただし、明らかな文飾や造作のときでも、それがまったくの虚偽とは限らず、何らかの事実を前提としている場合もある。

壬申紀の記述にはたしかに誇張や文飾があるが、事件そのものがなかったわけではない。つまりわれわれは、たんなる読者から一歩進んで、記述と史実の微妙な関係に着目する、批判的な読み方が求められているのである（倉本　二〇〇七、加藤　二〇一一）。

二　三つの視点

政権中枢の変化　それではこの壬申の乱が古代史上の画期とみなされるのはなぜであろうか。壬申の乱によって政治はどのように変化したのであろうか。以下、三つの視点から検討していきたい。第一は、畿内政権中枢の質的変化である。しばしば、天武の時代は皇族中心の政治が行われたとされる。たしかに天武朝に大臣は置かれず、議政官に相当する者も確認できない。当時の官職制度が明確でないため、はっきりしたことはいえないが、天智朝に、内臣（内大臣）中臣鎌足《なかとみのかまたり》、左大臣蘇我赤兄臣《そがのあかえのおみ》、右大臣中臣金連《なかとみのかねのむらじ》、御史大夫蘇我果安臣《そがのはたやすのおみ》など（天智天皇紀十年正月条）がみえるのとは状況を異にする。壬申の乱が、いったん中央政権を離れた大海人皇子によって、

「朝廷」が打倒され、その際に、右大臣中臣連金が斬られ、蘇我臣果安は自殺、蘇我臣赤兄らは流罪となっている。つまり、政権を支えていた伝統的な豪族層は敗者となったのである。

その後、天武の政権においては、近江での戦いの主将であった村国《むらくに》連《のむらじ》男依《おより》が天武五年（六七六）に死没し、そのとき外官ながら小紫位《しょうしい》というかなりの高位を追贈されているが、乱後に国政に参与したかどうかは不明である。壬申紀に大和方面の将としてその活躍が描かれる大伴連吹負は天武十二年に没しており、やはり贈位され大錦中とあるけれども、乱後の職としては常陸守《ひたちのかみ》になった程度らしい（『続日本紀』宝亀八年八月・大伴古慈斐薨卒伝）。のちに有力となる中臣（藤原）氏は、中臣金が殺害され、鎌足の子、不比等《ふひと》は壬申の乱時にまだ十代前半であって、政界に登場するにいたっていない。旧来の豪族層の一員であった巨勢臣比等《こせのおみひと》は近江側高官として流罪に処せられている。敗者はもちろん、勝者の側の人物にしても、必ずしも権力中枢に参画したとはいえない。

そのような状況のなかで天武は官人統制策を強化する。たとえば天武四年には、天智三年（六六四）のいわゆる甲子《かっし》の宣《せん》において諸氏に認めた部曲《かきべ》（私有民）を停止し、翌年に食封《じきふ》の制を定め、同七年には、内外文武官の人事制度（考選制）を設けている。天武十年（六八一）二月には「朕今更《いままた》、律令を定め法式を改めんと欲す」とあり、飛鳥浄御原律令の選定が始められると同時に、草壁皇子《くさかべのおうじ》を皇太子に立てている。

ここで壬申の乱の「戦後経営」は一つの段階にいたった。

つまり、さまざまな経緯の上に成り立っていた体制を、その人的構成とともに更新したのである。制度的な面は、変化の明確な時点を指摘することは難しいけれども、右に指摘したように、天武朝においては天皇を中心とする支配体制が強化される状況にあった（虎尾　二〇〇九）。それが可能となったのは、旧来の中央豪族層が築きあげてきた地位が、近江朝廷の敗北とともに失墜したからである。

軍事動員体制　第二に、軍事動員体制をめぐる中央と地方の関係に目を向けたい。大海人皇子の兵力の中核となったのは、皇子に近侍する地方出身の舎人《とねり》たちであった。皇子が吉野を出発する直前に、美濃国安八磨郡《あはちま》（安《あん》八《ぱち》郡）の湯沐令《ゆのうながし》である多臣品治《おおのおみほんじ》に兵を集めるように伝えたのは、美濃国出身とみられる村国連男依・身毛君広《むげつのきみひろ》・和珥部臣君手《わにべのおみきみて》の三人であった。

大海人皇子は吉野出発に際して駅鈴《えきれい》の入手を図ったが成功せず、わずかな従者とともに伊賀・伊勢に向かった。伊賀を通過する際に郡司が来帰し、伊勢鈴鹿にいたって国司らが参じたとする。大和方面では、争乱の勃発以前に、病と称して「倭の家」に退去していた大伴連馬来田《まくだ》・吹負兄弟が大海人方に加わった。これに対して大津宮方は、東国・吉備・筑紫《つくし》、そして倭京へと兵を集める使者を出したが、東国への使者は不破の地で大海人皇子側に遮られ、筑紫でも失敗した。とくに美濃、東海地域の兵を呼集できなかったことが痛手となった。大津宮方はいくつかの軍事拠点に連絡し、諸国から兵を集めようとしたのであろう。大海人皇子にしてみれば、美濃出身の舎人たちが挙兵の中核になることをあらかじめ期待しており、まさしくそれが成功したのである。そしてじっさいに、鈴鹿・不破という交通の要衝を抑えることができた。自らが行動し、人的関係を生かしたことが勝利に結びついた。地方の実力でもって中央政府を打倒したのである。

法の支配・人の支配　以上のうえに、第三の視点として、法的支配と人的支配の問題を指摘しておきたい。いわゆる大化改新を契機として、制度優先の一律的支配が志向されつつあり、それは税物や労役の賦課のための住民把握に連結した。これが法的支配の基本的な見方であるが、じつはその実態が、さらなる問題となる。史書の記述の史実性にとどまらず、法や制度がじっさいに設けられたとしても、それがどれほど広く認知され、運用されていたのか。為政者にしても、徐々に配置されつつあった「官人」たちにしてみても、われわれが史料として読解している水準で、法令（詔勅など）の適用を図っていたのであろうか。

人的支配は単純なようでじつは複雑である。『日本書紀』の基本的な書き様は、有徳・神聖な天皇と、それを取り巻く人々によって構成されるできごとの羅列である。ここでいう人的支配とは、自身の判断や行動が前面に出る場合を想定する。前例や法令に応じた対処であっても、当然、選択の余地はあり、非常対応の場合は、いっそう、判断の振幅は大きくなる。大海人皇子の吉野退隠や東国出発などは、まさに政治的判断である。

天武紀の詳細な記述をみていくと、戦乱の記述は、波乱の状況が展開しつつも、運命的な勝利に到達するのに対し、即位してからは、支配体制の整備が着々と行われたかのようである。争乱は本来非常事態であり、平時の法令云々よりも、その時々に、生き延びること、勝利することが求められる。すなわち、「人」が前面に出るはずであるが、それは往々にして、回顧、記述される際に誇張を生み出す。先に指摘したように、壬申紀を読む際はその点に注意を要する。即位後の天武紀はかなり具体的、詳細であって、制度上の施策が次々に打ち出されていく。その点では、壬申の乱は、法的支配への転換点であったともいえそうである。

ところが事柄はそう簡単ではない。

法による支配のしくみを構築していくとき、「人」は組織内に位置づけられた職掌、役割に従属するよう求められる。律令制の場合、中国の法典を参照するとともに、実際に唐の行政を間近に見た者の体験も考慮されて、体制の整備が工夫されたであろう。いわば外部的要因である。すると、戦場の勇者たちは戦後どう遇されたのであろうか。この点からみてもわかるように、新たな制度を構築・運用するときには、何らかの摩擦が避けられない。「人」の問題は拡大するのである。

そのような状況のなかで、いかなる「君主」（体制の盟主）が立ち上げられていったのであろうか。

三　「天皇」の成立

天皇と支配体制　まず検討すべきは称号としての天皇についてであろう。従来の研究では、「天皇」の意味するところとともに、採用・使用開始時期が議論された。後者に関しては、推古朝あるいは天武朝などといった説が提示されており、現状では明確な決着にいたっていない。今後何らかの新資料が見出され、決着が図られるかもしれないが、考えておくべきことは、称号にとどまらず、何をもって「天皇の成立」とするかという問題である。外交使節、あるいは君主の側近によって、新たに天皇号が使用されたとしても、実態としての君主や王権に何らかの変動があったのかどうか。むろん称号も注意されなくてはならないが、国家成立論と同じく、古代政治社会における君主権の推移として考察する姿勢が求められる（河内　二〇一五）。

壬申の乱以前に目を向けると、斉明・天智朝において対外的な緊張が高まるなか、第一に必要とされたことは、「動員」規模の拡大とその迅速性である。兵士を確実に徴集するには、あらかじめ住民の把握ができており、徴兵のみならず訓練・移動等の実務が遂行できなくてはならない。同時に、指示が円滑に行われるためには、当事者間の関係や命令伝達のあり方、ときに利害も考慮される必要がある。権力行使のシステムとともに、それを起動させ、集団の行動を制御する人材が伴わなければならない。政治の権能・運用は、それに携わる人を介して相互に働きかけ、あるいは牽制しあう。

その際、「動員」の規模が大きければ大きいほど、行政の実質は強化されるのが一般的であるが、同時にそこには陥穽《かんせい》も存在し、権力の発動が、行政システムやその各所に携わる官人・当事者たちを毀損させる場合がある。さまざまな局面での権力行使を想定して法・制度が立案されるものの、それは本来、自らの組織の主体を安定的に維持できることを前提とする。ところが一方では、君主をはじめとする支配担当者によって、しばしば恣意的に大小の事業が始められる。それがどのように推移するかは、法や制度はもはや予測できない。つまるところ「人」の思考や判断が問われる。このように、当然のことながら法と人の支配は関連し、そのなかで君主についても、判断を生み出す個性の問題が避けられない。

『日本書紀』の斉明から天武の時期の記述をみていくと、それぞれの天皇の代において注目すべき事柄が盛り込まれている。いくつか例をあげると、斉明紀には「時に事を興すを好みたまい……舟二百隻をもって石上山の石を載み、流れに順じて宮の東の山に控引し、石をかさねて垣となす」(二年是歳条)、「阿陪臣〈闕名〉船師一百八十艘を率いて蝦夷を伐つ」(同四年四月ほか)、その後は「前将軍上毛野君稚子……を遣わして二万七千人を率いて新羅を打たしむ」(天智二年三月条)、「城を長門国に築かしむ……大野及び椽の二城を築かしむ」(天智四年八月条)などとあり、土木や軍事に多大の国力を傾注している様子が知られる。それが天皇の地位にある者の意欲とみることも可能であるが、たんに意志と命令だけで事業が行われることはなく、それを実現する組織的な動きが必要となる。この点で、国家体制と君主の関係も、やはり互いに依存しあうとともに、時には制御し、反発する場面もあったと思われる。

伝統的支配の軋轢　六世紀、ヤマトの政権は、列島において広範囲に命令伝達を可能にするだけの動員力を有していたと思われるが、それは多分に中央と地方の有力者間のつながり、権益関係において作動していたとみられる。それを、中央においては「君主」の命令として定立させ、文面に表示した統治手法にそくして実現させていったのが律令国家の形成であり、律令国家における天皇制であった。

成文法典が作られると、後世のわれわれはそれを指標として国家支配のしくみを理解することになる。しかしながら現実政治において、制度に拘束される実態はあるにせよ、つねに法に基づき忠実に職務が遂行されるわけではなく、むしろ慣行や、多様な圧力が作用し、同時に迎合や抵抗、それに欺瞞も横行する。そのなかでも、君主を頂点とする国家権力の発動が顕著に示されるのが軍事動員である。国家の存亡を賭すほどでない程度にそれを繰り返せば、多くの場合、体制は強化される。兵士の徴発もより効果的に実現できる。

このように考えてみれば、白村江戦の約一〇年後に壬申の乱が生じたことはきわめて示唆的である。対外戦争・敗戦からの立ち直りが中途の状況下、大海人皇子は自らの姿を伊勢・美濃に示すとともに、直属の従者たちを東国に派遣した。天皇が、従属する者たちとともに姿を現す点では、繰り返された行幸がそうであって、規模の違いはあるものの、官人たちの動員を確認する機会ともなった。すると、土木工事や造船、対外戦争によって全国的な動員体制が形成されつつあり、その号令者としての君主（天皇）の実在はこのころには広く知られるようになったとみられる。また同時に、その号令者たる自らをよく認識していたのは天武天皇にほかならなかった。

天武は法と歴史記述を整え、氏姓を含め官人の序列化を図り、さらには新宮・複都の構想まで掲げた。即位十三年（六八四）閏四月には「凡そ政の要は軍事なり」で始まる詔のもと、中央政府官人の武装化を宣言するなど、まさに新しい段階の国家体制を志向した（義江　二〇一四）。つまり、朝鮮半島での敗戦や壬申の乱を体験し、非常事態の過酷さをよく理解していたからこそ、持続的な体制整備の上に「天皇」を樹立しようとしたのである。

ところが「天皇」は、天武の危惧のとおり安泰とはいえず、天武の死の直後に大津皇子の事件が惹起し、さらには皇太子草壁皇子の死という事態に直面する。持統朝にはじつに多くの行幸がみられ、藤原宮の造営等、「天皇」の意志と行動が示されるが、それはまさしく皇位の不安定さと表裏の関係にあった。

その後、皇位継承という統治の根幹を、不改常典《ふかいじょうてん》の名称で表明したのが、元明天皇の即位宣命である。ここに天皇位の継承原理が表明されるにいたる。しかしながら、皇位継承は言葉によって安泰となるものではなく、現実の候補者たち、支持（不支持）者たちとの軋轢のもとで揺れ動いた（水林　二〇〇六）。伝統的な支配は、七世紀のさまざまな試練の上に、律令制という新たな装いを凝らしたけれども、権力をめぐるせめぎ合いが、その後も長く政治史として積み重ねられることになる。

参考文献

倉本一宏『戦争の日本史2　壬申の乱』吉川弘文館、二〇〇七年
・従来の研究史を踏まえながら著者の新見解も盛り込んでいる。著者には実地踏査に基づく『歴史の旅　壬申の乱を歩く』(吉川弘文館、二〇〇七年)もある。
河内春人『日本古代君主号の研究─倭国王・天子・天皇─』八木書店、二〇一五年
・近年の学術書。関係史料とともに主要な先行研究が取り上げられており、現段階の研究状況がわかる。
義江明子『天武天皇と持統天皇─律令国家を確立した二人の君主─』山川出版社、二〇一四年
・律令体制の整備と王権の確立の双方に目配りをして、平易かつ説得力ある概説がなされている。
大津　透『古代の天皇制』岩波書店、一九九九年
加藤謙吉「『日本書紀』と壬申の乱」新川登亀男・早川万年編『史料としての『日本書紀』─津田左右吉を読みなおす─』勉誠出版、二〇一一年
虎尾達哉「天武天皇」鎌田元一編『古代の人物1　日出づる国の誕生』清文堂出版、二〇〇九年
直木孝次郎『壬申の乱 増補版』塙書房、一九九二年
早川万年『壬申の乱を読み解く』吉川弘文館、二〇〇九年
水林　彪『天皇制史論─本質・起源・展開─』岩波書店、二〇〇六年
吉村武彦『古代天皇の誕生』角川書店、一九九八年

コラム1　倭の五王

河内春人

倭王権形成をめぐる視座

倭《わ》王権の形成は日本古代史における大きなテーマの一つである。この問題について文献史学の立場では、三世紀前半の状況に関しては中国史料である『魏志《ぎし》』倭人伝《わじんでん》が列島の状況を記す史料として重んじられている。ところが三世紀後半以降中国と列島の外交が途絶えると列島に対する中国の関心も急速に衰え、倭に対する記録が見えなくなる。四世紀は文献史料の空白期間となり、この期間の様子をうかがうことが困難である。そのため八世紀に政治的意図をもって編纂された記紀を中心としてその検討を進めざるを得なかった。これに対して五世紀は、倭王権からの外交使節の派遣とそれに伴う記録が復活することで分析が可能である。それは記紀の歴史叙述を相対化し、五世紀の倭国史の実態に迫ることを可能とするものである。

戦後の古代史研究は、戦前の皇国史観《こうこくしかん》に基づく研究の反省という立場から記紀批判およびその叙述の影響からの脱却が試みられた。文献史学における水野祐の王朝交替説、江上波夫の騎馬民族征服説、倭の五王でいえば藤間生大の「二つの王家」論などが代表的なものとしてあげられる。それらの研究には当時の学問的な限界があるものの、そうした時代的な趨勢が背景にあることを理解しなければならない。

王統譜をめぐる問題

六世紀初頭に継体《けいたい》大王が登場すると王権内で近親間における世襲が成立するようになる。それはいいかえれば、王位は親子や兄弟間で継承されるはずという思い込みは五世紀以前においては当てはまらないということを意味する。確かに記紀では神武《じんむ》以来、『古事記《こじき》』では推古《すいこ》、『日本書《にほんしょ》紀《き》』では持統《じとう》に至るまでの系譜関係について近親間での継承（いわゆる「万世一系《ばんせいいっけい》」）が成立していたかのように見える。

しかし、王位継承は六・七世紀段階では同世代継承が基軸であり、七世紀末に至って直系継承への指向を強める。ところが、神武から応神《おうじん》までの継承はほぼ父子関係であり、唯一の例外はヤマトタケルの子である仲哀《ちゅうあい》が叔父の成務《せいむ》から継承するとされる部分である。しかも、これは王権におけるヤマトタケルの特殊性を考慮しなければならない。このように、その系譜に重大な問題があることは疑う余地がない。結論からいえば、神武～応神における父子継承の一貫性は直系継承を目指した七世紀末以降の王権の意向を反映したものであり、事実を記したものとは考えがたい。そもそも『古事記』と『日本書紀』において王権系譜がまったく一致していること自体が問題である。たとえば文字による記録が古くから発達した中国において、司馬遷《しばせん》の『史《し》記《き》』が記す殷《いん》の王系譜と、甲骨文字《こうこつもじ》研究の成果から導き出された王系譜には齟齬がある。王の系譜であれ、というよりは、だからこそそれは後代において政治的に改変されるのである。記紀の一致は、その編纂において強力な作為が働いていることを示唆する。

このように見たときに、五世紀の王権について同時代の中国史料である『宋書《そうじょ》』が倭国の王位継承に記録を残したことは、当時の倭王権の実態を考えるうえで大きな手がかりとなる。宋の皇帝と倭の五王は冊封《さくほう》関係にあり、それは中国において倭国の王位継承の動向が知っておくべき情報として扱われていたことを意味する。そこに記されている内容を、外国の史料だから信頼性が低いと安易に切り捨てるべきではない。

倭の五王研究の意義

坂元義種は中国史料における東アジア諸国の動向を詳細に分析し、高句麗《こうくり》・百済《くだら》・倭国の各王権が中国に対して国名・民族名を姓として名のっているということを明らかにした。

この問題を倭王権にひきつけてみよう。五世紀の列島では稲荷山鉄剣《いなりやまてっけん》の作製主体である乎獲居《をわけ》に氏姓が記されていないように、当時の社会には氏姓が成立していない。ところが、倭王権は宋に対して姓を名のった。つまり、六世紀以降の列島では、王権が豪族以下に氏姓を授与する一方で自らはそれをもたないことで特権化したのに対して、五世紀には豪族らが氏姓をもたず王権が氏姓を名のるという逆の構造だったことがうかがわれる。五世紀から六世紀にかけて王権を中心とした大きな政治的変革があったことがわかる。

このようにみると、倭の五王研究の意義を次のようにまとめることができる。記紀は六世紀に形成された政治体制を、氏姓制度は允恭《いんぎょう》朝、国造《くにのみやつこ》制は成務朝などのようにさかのぼって成立したと位置づけた。王権の世襲に至っては神武までさかのぼらせている。しかし、五世紀と六世紀の間には大きな断絶があることは上述の通りである。倭の五王を研究することとは、継体以後の世襲王権が成立する以前の倭王権の実体を問い直すことなのである。

参考文献

河内春人『倭の五王—王位継承と五世紀の東アジア—』中央公論新社、二〇一八年
坂元義種『倭の五王—空白の五世紀—』教育社、一九八一年
藤間生大『倭の五王』岩波書店、一九六八年
森　公章『倭の五王—五世紀の東アジアと倭王群像—』山川出版社、二〇一〇年

II

律令制度の成立

1　律令

服部一隆

一　律令の概要

なぜ律令を研究するか　前近代の日本は中国を中心とする東アジア世界に属していた。東アジア世界は、中国を中心とした朝鮮・日本・ベトナム・河西回廊以東を範囲とし、①漢字文化・②儒教・③律令制・④仏教を指標とする（西嶋　二〇〇〇）。長い歴史をもつ中国法のなかで律令の成立は三世紀後半であり、日本では隋唐律令を参考にして七世紀後半から本格的なその編纂が始まった。その他の指標が六世紀には受容されたのに対し、支配のしくみとしての律令制は、最後に伝わっている。それにともない東アジア諸国では国家も成立しており、基本法である律令の検討は各国の比較のために必須の要件である。

また、律令は国のかたちをつくったという意味で重要である。日本最初の本格的な律令は大宝律令《たいほうりつりょう》であり、この前後に官僚制（官位相当・二官八省など）・公民制（戸籍による班田・租税制度）という支配のしくみや最初の宮都（藤原京）や郡家《ぐうけ》という地方支配の役所が完成し、それにともなって文字使用も広がっている。中国律令が長時間をかけて形成されたのに対し、日本列島では七世紀後半の短期間で継受したことが特徴である。近年では律令の実効性が考古資料などにより検証されており、より豊かな歴史像も提供されるようになってきている。

さらに、律令は日本文化にも影響を与えている。日本の文字普及は徴税など行政の都合によって始まっているため、仏教関係以外の史料のほとんどは何らかの形で律令と関係しているとみてよく、最初の史書である『日本書紀』も大宝律令の強い影響のもとに編纂されている。つまり外国文化受容の最初に律令があり思想史的な意味も大きい。その後律令は実情に合わせて改変され、平安時代には格式《きゃくしき》も編纂された。さらに、令外官《りょうげのかん》として摂政・関白や征夷大将軍などが整備されるなど、中世以後も残存した。明治維新は王政復古を旗印とし、太政官制などの新制度に採用され、戦後も大蔵省などの官庁名として使用されるなど、現代政治にも影響を与えている。

日本律令の概要と伝来　日本の古代国家は律令を基本法としていた。律《りつ》には刑罰、令《りょう》には公務のための役人への命令（行政法）が規定されており、それぞれ編目に分かれている。現存する養老《ようろう》律令によれば、律には五刑《ごけい》（笞《ち》杖《じょう》徒《ず》流《る》死《し》）や八虐《はちぎゃく》（国家反逆罪ほか）などの総則を規定した名例律《みょうれいりつ》など一二編目、令には官僚制に関する官位令《かんいりょう》（官位相当）・職員令《しきいんりょう》（役人の定員と職務）・考課令《こうかりょう》（役人の成績判定）などや、公民制を規定した戸令《こりょう》（戸籍・家族・身分）・田令《でんりょう》（土地制度）・賦役令《ぶやくりょう》（租税・労役）などの三〇編目があり、相互に関連している体系的法典である。律は唐律と編目が同一で内容も類似しているのに対し、令は編目とその配列も異なり内容も日本の独自性が強いとされている（井上ほか　一九七三。律令条文については以下同書による）。日本最初の体系的法典である大宝律令は、唐永徽律令《えいきりつれい》を手本として継受した

養老律編目

1	名例
2	衛禁
3	職制
4	戸婚
5	厩庫
6	擅興
7	賊盗
8	闘訟
9	詐偽
10	雑
11	捕亡
12	断獄

養老令編目

1	官位	16	宮衛
2	職員	17	軍防
3	後宮職員	18	儀制
4	東宮職員	19	衣服
5	家令職員	20	営繕
6	神祇	21	公式
7	僧尼	22	倉庫
8	戸	23	厩牧
9	田	24	医疾
10	賦	25	仮寧
11	学	26	喪葬
12	選叙	27	関市
13	継嗣	28	捕亡
14	考課	29	獄
15	禄	30	雑

ものであり、道僧格《どうそうかく》（道教の道士と仏教の僧尼に関する格）を参考にして僧尼令を作成するなど、一部格の内容も取り入れている。

日本律令は「養老令」の大部分がその注釈書である『令義解《りょうのぎげ》』『令集解《りょうのしゅうげ》』のかたちで残存しており、大宝令はその注釈である『令集解』古記を中心として研究が進められている（仁井田ほか　一九九七）。それに対して、「養老律」は名例律の前半など五編目しか残存しておらず、全文が現存する唐律とその逸文を比較する形で研究されている（律令研究会　一九七五）。

中国律令の概要・伝来と天聖令の発見　中国法は、君主の意思により定められたもので、皇帝ごとに法典が編纂された。西晋の泰始律令（二六七年成立）で律・令が成立し、唐の永徽二年（六五一）に、律《りつ》（刑罰）・令《れい》（行政法）・格《かく》（編纂された単行法）・式《しき》（施行細則）の四者が備わった形で完成し、律疏《りつそ》（律の注釈）も作成され、日本律令に大きな影響を与えている（滋賀　二〇〇三）。中国では律の注釈書『唐律疏議《とうりつそぎ》』（律と律疏を合わせて宋元時代に成立した書で正式には『故唐律疏議』という）が現存していたのに対し、令が残存せず、『唐令拾遺』（諸書から「令」と書かれた唐令逸文を収集し、養老令の順に配列したもの）『唐令拾遺補』（第二部　唐令拾遺補訂）などの唐令逸文によるしかなく、研究の妨げになっていた。ところが一九九九年に中国の令である天聖令《てんせいれい》が発見され、状況が変化した。

二　日唐律令の比較と天聖令の発見

天聖令の発見とその影響　近年発見された天聖令は、北宋時代の天聖七年（一〇二九）に成立し、全体の三分の一編目（全四冊分の一冊）が明代の写本として残存している。前半に現行法の宋令が、後半に現行法でない唐令

（不行唐令）が規定されている。この唐令は開元二十五年令（七三七年成立）であり、前半の宋令は唐令に対応しており、唐令の配列を変更していないという傾向がある。したがって、従来の研究によって宋令から唐令を復原し、元の場所に入れれば、今までとは比較にならない精度の開元二十五年令を復原することができるようになった（天一閣博物館ほか 二〇〇六）。ただし各唐令と天聖令の変化がどの程度あるのかは課題として残っている。

天聖令および復原唐令と養老令を比較すると、唐日令は条文配列および字句が想定より類似していることが判明した。したがって、天聖令残存編目については、①唐令を継受した部分（内容が同一）、②唐令を改変した部分（内容が相違）、③日本令で新たに作成した部分（唐令に存在しない）が具体的にわかる。

編目ごとに比較すると、①条文数・内容ともに類似しているもの、②条文数は減少しているが内容が類似するもの、③条文が減少し内容も相違するものに分類できる。従来日本令では、公民制などの実態に合わせた部分と未整備の制度を先取りした部分（「青写真」と呼ばれる「設計図」のこと）があるとされていたが（吉田 一九八三）、前者が③、後者が①②にあたると考えられ、具体的な検討が可能になったのである（服部 二〇一四）。

律令の具体例 それでは養老律令によりいくつか条文を見てみよう。最初に律については、総則である名例律を例とする（〈 〉内は注 《 》内は疏（注の注））。

名例律6八虐 謀反条

①一曰、謀反。〈謂、謀レ危二国家一。〉②《謂、臣下将レ図二逆節一。而有二無レ君之心一。不三敢指二斥尊号一。故託云二国家一。》

①一に曰はく、謀《む》反《へん》。〈謂ふこころは、国家を危うくせむと謀る。〉②《謂ふこころは、臣下逆節を図らんとす。而して君を無くするの心有り。敢へて尊号を指斥せず。故に託して国家と云ふ。》

①は唐律、②は唐律疏として別にあったものを一つにまとめている。律疏にあった古典の典拠などを省き、簡

賦役令の条文配列（左:租税 右:労役）

1 調絹絁	22 雇役丁
2 調皆随近	23 差科
3 調庸物	24 丁匠賦役
4 歳役	25 有事故
5 計帳	26 役丁匠
6 義倉	27 営造
7 土毛	28 丁匠在役遭父母喪
8 封戸	29 藁藍
9 水旱	30 斟酌功力
10 辺遠国	31 丁匠往来
11 蠲符	32 赴役身死
12 春季	33 昼作夜止
13 口及給侍	34 車牛人力
14 人在狭郷	35 貢献物
15 没落外蕃	36 調物
16 外蕃還	37 雑徭
17 孝子順孫	38 仕丁
18 三位以上	39 斐陀国
19 舎人史生	
20 除名未叙	
21 免朞年徭役	

略化したことは日本律の特徴であり、『唐律疏議』を先取りするかのような編纂の工夫である（高塩　一九八七）。

次に令について。類似した条文をまとめて配列する（条文配列。配列の意味を重視する場合は、条文構成という）傾向があることはすでに指摘されていた。天聖令発見後、唐令にない新条文を規定する際には編目の末尾に配置し（末尾条文群）、公民制関連条文では唐令の大幅な改変は冒頭に多い傾向があるという指摘がある（冒頭条文）。その典型例として、天聖令が残存する賦役令を検討する（服部　二〇一八）。同令は、前半が租税（賦）、後半が労役（役）の規定である。まず、前半部分のうち改変の多い数条を紹介する（編目に付した数字は条文番号であり、区切りの記号を補記した）。

賦役令1①a凡調絹絁糸綿布、並随二郷土所出一。正丁一人、絹絁八尺五寸、六丁成レ疋。〈長五丈一尺、広二尺二寸。〉b美濃絁、六尺五寸、八丁成レ匹。〈長五丈二尺、広同二絹絁一。〉糸八両、綿一斤、布二丈六尺、並二丁成二絇屯端一。〈端長五丈二尺、広二尺四寸。〉其望陀布、四丁成レ端。〈長五丈二尺、広二尺八寸。〉②若輸二雑物一者、鉄十斤、鍬三口、〈毎レ口三斤。〉塩三斗、鰒十八斤。（海産物三〇品目略）次丁二人、中男四人、並准二正丁一人一。③其調副物、正丁一人、紫三両、紅三両、茜二斤（三五品目略）④京及畿内、皆正丁一人、調布一丈三尺。次丁二人、中男四人、各同二一正丁一。

凡そ調の絹・絁《あしぎぬ》・糸・綿・布は、並に郷土の所出に随へ。正丁一人に、絹・絁八尺五寸、六丁に疋成せ〈長さ五丈一尺、広さ二尺二寸〉。美濃絁は六尺五寸、八丁匹成せ。〈長さ五丈二尺、広さ絹絁に同じ。〉糸八両、綿一斤、布二丈六尺。並に二丁に絇《く》・屯《とん》・端《たん》成せ〈端の長さ五丈二尺、広さ二尺四寸〉。其れ望陀《もうだ》布、四丁に端成せ。〈長さ五丈二尺、広さ二尺八寸。〉（②以降、略）

賦役令2凡調、皆随レ近合成。絹絁布両頭及糸綿嚢、具注二国郡里戸主姓名年月日一。各以二国印一印レ之。

凡調は、皆近きに随ひて合せ成せ。絹・絁・布の両頭及び糸・綿の嚢《つつみ》には、具に国郡里戸主姓名年月日を注し、各国印を以て印せ。

1条には調の規定があり、①正調《せいちょう》（繊維製品）、②調雑物《ちょうぞうもつ》・③調副物《ちょうそわつもの》（特産物）、④京畿内調《きょうきないちょう》に分類され、2条には調への記銘と切りのいい長さ・数にする合成《ごうせい》規定がある。

このうち1条の①正調a（繊維製品）と2条の記銘・合成規定は唐令にもあり、合わせて一条という簡略な規定だったと想定されている。それに対し、①bの地名を記した美濃絁・望陀布（上総国望陀郡〈大宝令では馬来田郡〉、千葉県木更津市付近）、特産物である②調雑物・③調副物、④京畿内調は日本で新たに加えられた部分である。②③（特産物）と①b（地名布）は貢ぎ物としての調であり、京畿内の布一丈三尺は常布《じょうふ》として流通しており、ともに七世紀から存在したとされる。唐令は繊維製品とその合成規定のみであったのに対し、日本令では実態に合わせて特産物などを追加したのである。唐令を簡略化することが多い日本令で、これだけの大量の規定を加え、条文を分割することは珍しい。なお、絹・絁・綿は蚕糸《さんし》により、布は麻布である。

賦役令3凡調庸物、毎年八月中旬起輸。近国十月卅日、中国十一月卅日、遠国十二月卅日以前納訖。其調糸七月卅日以前輸訖。若調庸未レ発二本国一間、有二身死一者、其物却還。其運脚均出二庸調之家一、皆国司領送、不レ得二僦勾随レ便羅輸一。

調庸の納入について京からの遠近で期限を定めている。唐令には州から各地へ送る外配《がいはい》の規定があるが、日本令にその規定はなく、京に送るもののみが調庸とされている。

賦役令4凡正丁歳役十日。若須レ収レ庸者、布二丈六尺。〈一日二尺六寸。〉須二留役一者、満二卅日一、租調俱免。〈役日少者、計二見役日一折免。〉通二正役一、並不レ得レ過二卅日一。次丁二人同二一正丁一。中男及京畿内、不レ在二収レ庸之例一。其丁赴レ役之日、長官親自点検、并閲二衣粮一周備、然後発遣。若欲下雇二当国郡人一、及遣二家人一代役上者聴之。劣弱者不レ合、即於二送簿名下一、具注二代人貫属姓名一。其匠欲下当色雇二巧人一代役上者、亦聴之。

凡そ正丁の歳役は十日。若し庸収《と》るべくは、布二丈六尺〈一日に二尺六寸〉。（中略）次丁二人は一正丁に同じ。中男及び京・畿内は、庸収る例に在らず。（後略）

唐賦役令で庸は労役を規定する後半にあるが、日本令では租税を規定する前半に位置していることから、本来「庸」を収《と》るための制度だった可能性が高い（当初から歳役を認める説もある）。

次に日本令で新たに作成された末尾条文群をあげる。37雑徭《ぞうよう》・38仕丁《しちょう》・39斐陀《ひだ》国条がそれにあたる。とくに雑徭が唐令になかったことは意外であり、唐式から採ったと考えられている。ここでは固有法的性格が明確な仕丁・斐陀国について検討してみる。

賦役令38凡仕丁者、毎二五十戸一二人、〈以二一人一充二廝丁一。〉三年一替。若本司籍二其才用一、仍自不レ願レ替者聴。其女丁者、大国四人、上国三人、中国二人、下国一人。

凡そ仕丁は、五十戸毎に二人、〈一人を以て廝丁に充てよ。〉三年に一たび替へよ。若し本司其才用に籍りて、仍りて自ら替はるを願はずは聴せ。其れ女丁《にょちょう》は、大国に四人、上国に三人、中国に二人、下国に一人。

五十戸ごとに二人の仕丁を出し、一人を廝丁《しちょう》（炊事係）に充て、国の等級により女丁を出す規定である。仕丁・女丁は都での労働力となる。

賦役令5凡毎レ年八月卅日以前、計帳至付二民部一、主計計二庸多少一、充二衛士・仕丁・采女・女丁等食一。以外皆支三配役民雇直及食一。九月上旬以前申レ官。

凡そ年毎に、八月卅日以前、計帳至らば民部に付けよ。主計庸の多少を計へて、衛士・仕丁・采女・女丁等の食に充てよ。以外は皆役民の雇直及び食に支配せよ。九月上旬以前に官に申せ。

庸を衛士《えじ》・仕丁・采女《うねめ》・女丁らの食糧に充て、その他は役民の対価と食糧に分配せよという規定である。仕丁・女丁は前述のとおりで、衛士は宮城の警備員（職員令59衛門府条・61左右衛士府条）、采女は後宮の労働力（後宮職員令12水司条・13膳司条）として、すべて地方から上京した人たちで、その食糧が庸とされるのである。これに関する大化改新詔第四条には、以下の条文が付されている。

凡仕丁者、改下旧毎二卅戸一一人上、〈以二一人一充レ廝也。〉而毎二五十戸一一人、〈以二一人一充レ廝。〉以充二諸司一。以二五十戸一、充二仕丁一人之粮一。一戸庸布一丈二尺、庸米五斗。

凡そ仕丁は、旧の卅戸毎一人を改め、〈一人を以て廝に充つ。〉而して五十戸毎に一人、〈一人を以て廝に充つ。〉以て諸司に充てよ。五十戸を以て、仕丁一人の粮に充てよ。一戸の庸布一丈二尺、庸米五斗。

地方から労働者（仕丁）と滞在費（庸布）・食料（庸米）を送るしくみが一連のものとして明確に規定されている。これが仕丁制の本来の意味で、大宝令編纂時に前半を租税、後半を労役とする唐令の配列に対応させるよう賦役令の各条文（4歳役条・5計帳条・38仕丁条）に振り分けられたとみるべきだろう。

賦役令39凡斐陀国、庸調倶免。毎レ里点二匠丁十人一。〈毎二四丁一、給二廝丁一人一。〉一年一替。余丁輸レ米、充二匠丁食一。〈正丁六斗、次丁三斗、中男一斗五升。〉

凡そ斐陀国は、庸調倶に免せ。里毎に匠丁《しょうちょう》十人を点ぜよ。〈四丁毎に、廝丁一人を給へ。〉一年に一たび替へよ。余丁は米を輸し、匠丁の食に充てよ。〈正丁六斗、次丁三斗、中男一斗五升。〉

ここでは斐陀国から匠丁と廝丁およびその食糧を負担することが明確に規定されている。唐令に関連条文がなかったので対応させる必要がなく、固有法がそのまま一条に規定されたと考えられる。

　賦役令では、このように冒頭条文では手本にした唐令の配列に合わせて調に繊維製品だけでなく特産物などを増補し、末尾条文群では唐令に対応しない仕丁・斐陀国の条文を新たに規定したのである。以上は七世紀の固有法を唐令の枠組みの中に巧みに入れ込んであるといえよう。その他の編目についても明確な方針があって日本令が作成されたと考えられよう。

三　律令の形成過程とその展開

大宝律令の画期性　律令の成立過程について、弘仁格式序には、推古天皇十二年（六〇四）に上宮太子（聖徳太子）が憲法十七条を親作し、天智天皇元年（六六二）に近江朝庭の令二十二巻を制するとあり（『類聚三代格』巻一序事）、この「令」が近江令とされる。『日本書紀』には、「朕今より更に、律令を定め、法式を改めんと欲す」（天武十年二月甲子条）、「諸司に令一部二十二巻を班賜す」（持統三年六月庚戌条）、「凡そ戸籍を造るは、戸令に依れ」（持統四年九月乙亥条）とあり、これが浄御原令《きよみはらりょう》で、「戸令」という編目があったとされる。近江令と浄御原令のどちらを画期とするかという議論があったが、大宝令について「大略、浄御原朝庭を以て准正と為す」（『続日本紀』大宝元年八月癸卯条）とあることから、大宝令と浄御原令はかなり類似しており、最初の体系的法典は浄御原令とする説が有力であった（青木　一九九二）。
　ここで、天聖令によって日唐比較をすると、唐令の逐条的な継受は大宝令段階であることがわかる（大隅　二〇〇八）。それは、田令によれば大宝令が唐令の条文配列に近く、養老令によってその修正が実施されているからである。このことは字句の改変などからもいえる（服部　二〇一四）。前述のとおり大宝令は浄御原令に准じて作成されているが、並行して唐令を継受することも十分可能であるので、大宝令と浄御原令の形式にはかなりの相違があるとすべきだろう。また大宝律令は写本を作成して全国に配布しているが（『続日本紀』大宝二年十月戊申条）、浄御原令は「諸司」に配布しただけで中央官司に留められ、浄御原律の存在にも疑問がもたれている。したがって体系的法典としての律令は大宝律令で完成し、それ以前は単行法の集成に留まるとみるべきである。ただし、これは法典編纂上の画期で、歴史的位置づけとは区別する必要がある。

律令の施行と展開　大宝律令の施行については、『続日本紀』の大宝元年（七〇一）から二年にかけて、講義や施行の記事が多くあり、大宝元年正月元旦の元日朝賀の記事に「文物の儀、是に備はる」とあるのは、大宝律令を意識したものであろう。『続日本紀』に多くの施行関連記事があること、『日本書紀』が大宝律令によって書き換えられていることなどにより、古代国家が大宝律令を重要視していたことは明らかである。

大宝律令の次に編纂された律令は養老律令であり、大宝律令の不備を修正したものとするのが通説である。大宝令は『令集解』古記の引用から復原が可能であり、賦役令でいえば、仕丁の「廝」（大宝令）を「廝丁」（養老令）としたり（38仕丁条）〔古記云「毎五十戸二人、注以一人充廝」謂…とあり「　」内が大宝令文〕、斐陀国の「免課役」（大宝令）を「免庸調」（養老令）とする（39斐陀国条）〔古記云、問「斐陀国免課役輸米」未知とあり「　」内が大宝令文〕類いである（大宝令の復原条文については『唐令拾遺補』〈第三章 唐日両令対照一覧〉を参照）。

養老律令に実質的な変更があったとする説もあるが、今後の検討課題である。律令はこれ以後全体的な編纂はなされていないが、廃止されてもいない。平安初期には『令義解』『令集解』という官撰・私撰の注釈書が完成し、これらによって養老令の本文は伝来している。

なお、大宝律令施行後には、格（律令の改訂・増補）や式（施行細則）も出されたが、奈良時代までは単行法しかなく、編纂された格式は平安初期の弘仁格式によってはじめて成立する。

律令と実態　近年の律令研究の傾向として、その実施を一次資料から確認するということがある。前述の賦役令については、宮都出土の荷札木簡によって七世紀末から調・庸（養）・仕丁および令にない贄《にえ》などが確認されている。公民制では、戸籍の作成と班田、租税の徴収が従来一環のものとされていたが、最初の全国的戸籍である庚午年籍以前の荷札木簡も発見されており、その前提からの検討が必要である。たとえば調の布について、近年の考古学的研究によれば、規格品の製織は郡家付属の工房で実施されており、各戸でできるのはせいぜい製糸作業のみである。換言すれば調布の作成は郡家を管理している郡司が請け負っているといえ、各戸で機織りをしているというイメージは誤っていることが明らかになってきている（東村　二〇一一）。また、糸づくりに必要な紡錘車が近辺では使用できないほど大量に出土した例もあり（群馬県高崎市矢田遺跡）、国単位での調整も考えられる。その他、絹製品や塩・鉄なども同様に生産の地域的な偏りがある。つまり調を成人男性が負担するというのは律令の記載であって、生産の実態とは乖離している可能性があるということであり、今後の律令研究では、規定の内容と実態は区別して検討する必要がある。具体的には、共同労働による生産および郡司（首長）による請負やとりまとめなどの実態を想定する必要があるのではないだろうか（七世紀以後における首長の想定には賛否がある）。

以上のように律令はただの法律ではなく、古代の国家・社会を解明するために必須の重要史料である。理屈が多く、取っつきにくい点はあるが、読みこんでいくと大変おもしろい。皆さんも興味のある編目を読んでみてはいかがだろうか。

参考文献

井上光貞ほか『日本思想大系3　律令』岩波書店、一九七六年

・養老令読解のための基本図書。訓読と注釈を参考にして原文を理解することができる。本書を手引きとして『令義解』『令集解』（新訂増補国史大系、吉川弘文館）を読解すると効率がよい。

大津　透『律令制とはなにか』山川出版社、二〇一三年

・律令研究の入門書。律令制の通説とその考え方が平易に説明してある。これを手引きとして先行研究を読み進めるとよい。

天一閣博物館ほか『天一閣蔵明鈔本天聖令校証 附唐令復原研究』中華書局、二〇〇六年

・天聖令の影印（写真）・校録本（校訂）・清本（清書）および唐令復原研究がある基本図書。繁体字（旧字）で書かれており、論考部分も『50音引き中国語辞典』（講談社）を使用すれば日本語の知識だけで読める。

青木和夫『日本律令国家論攷』岩波書店、一九九二年
大隅清陽「大宝律令の歴史的位相」大津透編『日唐律令比較研究の新段階』山川出版社、二〇〇八年
大津透編『律令制研究入門』名著刊行会、二〇一一年
滋賀秀三「法典編纂の歴史」『中国法制史論集―法典と刑罰―』創文社、二〇〇三年
高塩　博『日本律の基礎的研究』汲古書院、一九八七年
仁井田陞『唐令拾遺』東京大学出版会、一九六四年、初版一九三三年
仁井田陞著・池田温編集代表『唐令拾遺補』東京大学出版会、一九九七年
西嶋定生『古代東アジア世界と日本』岩波書店、二〇〇〇年
服部一隆「日唐令の比較と大宝令」『唐代史研究』一七、二〇一四年
服部一隆「大宝令にみえる公民制の日本独自規定―戸令・田令・賦役令の冒頭条文―」『日本歴史』八三八、二〇一八年
東村純子『考古学からみた古代日本の紡織』六一書房、二〇一一年
吉田　孝『律令国家と古代の社会』岩波書店、一九八三年
律令研究会編『訳註日本律令　律本文篇』上・下、東京堂出版、一九七五年

2　律令官制の成立

相曽貴志

一　近江令と浄御原令

近江令の存否をめぐって　律令官制の成立を考えるうえで、その背景にある近江令《おうみりょう》の存否や浄御原令《きよみはらりょう》の評価は避けて通れない問題である。

一九五〇年代半ばまで、『日本書紀』天智天皇十年（六七一）正月甲辰条（以下、注記のないもの以外は『日本書紀』）の「冠位・法度の事を施行す」の「法度」を近江令と理解することが通説になっていた。しかし、一九五四年（昭和二十九）に近江令の施行を否定する説が出され（青木　一九五四）、当時の学会で大きな話題となった。それは天智天皇十年正月の記事が、天智天皇三年二月丁亥条の「天皇、大皇弟に命じて、冠位の階名を増し換えること、及び氏上《このかみ》・民部《かきべ》・家部《やかべ》等の事を宣す」の重出であり、天智天皇三年が本来の記事であったとし、天智天皇十年正月の「法度」を、天智天皇三年記事にみえる「氏上・民部・家部等の事」についての単行法令と理解するというものであった。

こうした近江令否定説に対して、代表的な反論として田中卓によるものがあげられよう（田中　一九六〇）。それは浄御原令や大宝《たいほう》令の施行の際に、新冠位制の施行や官名位号の改制が行われていることを手がかりにして、天智天皇十年の記事にみえる「冠位・法度」は、近江令施行に際して行われたもので、これに先だっての太政大臣・左右大臣・御史大夫《ぎょしたいふ》といった枢要な官職への任命も、「冠位・法度」と無関係ではないとし、この記事を天智天皇三年の重出ではないとして、近江令は天智天皇七年に制定され、同十年に公布施行されたとするものである。

このように近江令否定説は、日本律令の成立の研究を活性化させた。最近では天智朝の公民政策のなかで庚午《こうご》年籍《ねんじゃく》を重視し、公民制の確立が近江令の施行と関係しているとする説（吉川　二〇〇四）や、冠位や造籍規定など数条から数十条程度の法令が一括して施行された可能性は否定できないとして、そうしたものが天武朝において、先行する「令」と認識されていたと理解するような考え方も示されてきている（坂上　二〇一四）。

浄御原令の評価　持統天皇三年（六八九）六月庚戌に浄御原令が諸司に班賜され、また同四年四月庚申条には考《こう》仕令《じりょう》、同年九月乙亥条には戸令《こりょう》と浄御原令の篇目がみえている。

こうした浄御原令について、青木は天武朝で一応まとめられたまま数年後、政治的情勢の必要に応じて、不備ではあるが、一時しのぎに施行されたものとし、律に関しては、単行法令ではない狭義の律は存しなかったとした（青木　一九五四）。さらに最近では、北宋天聖令《ほくそうてんせいれい》の発見による日唐律令の比較研究をふまえて、浄御原令は、それ以前から個別に発布されてきた詔《みことのり》などの単行法の集成としての性格をもったものであったので、その編纂に際しては、唐令の条文の選択的・個別的な継受は行われても、篇目としての体系的な継受は行われなかったとし、その施行直後から、補充法としての単行法と併存し、この両者がともに大宝令の淵源となったとして、青木説より、さらに不完全なものであったとするような考え方も出されている（大隅　二〇一〇）。

以上、近江令に関しては、批判はあるものの、依然として否定説が根強く支持されており、存否については、現在でも充分な結論が出たとはいえない状態である。一方、浄御原令に関しては、その施行は認めるものの、令の法令としての完成度に関しては、以前よりさらに否定的な見解が出されている。

二　律令官制の成立

太政大臣、左右大臣、御史大夫　官制に関しては、諸司の設置や任官といった断片的な記事が多いため、養老令にみえる諸司の職掌等を手がかりに考察が進められてきた。

天智天皇十年（六七一）正月癸卯に大友《おおとも》皇子が太政大臣、蘇我赤兄《そがのあかえ》が左大臣、中臣金《なかとみのかね》が右大臣、蘇我果安《はたやす》・巨勢人《こせのひと》・紀大人《きのうし》が御史大夫にそれぞれ任じられた。この記事では、御史大夫について、「御史は蓋《けだ》し今の大納言か」と注が付されており、のちに御史大夫が納言《ものもうすつかさ》に改められたことがわかる。

近江令を認める立場からは、これらの官はいずれも近江令で設置されたが、このうち御史大夫はそれ以前の議政官たる大夫に由来するもので、それは蘇我、巨勢、紀といった氏族が任じられていることからもうかがえるとし、彼らは大臣とともに議政官の一員であったとする（井上　一九六七）。

これに対して、近江令否定説をとる立場からは、この官制は天智天皇の出した単行法令によるものであり、こののちも太政大臣・左右大臣は制度的には継続したが、現実的には浄御原令官制の施行まで一人も任命されなかったことを指摘する。そして、御史大夫は執政官ないし宰相の権能を有する官であったが、天武朝において納言と改称されることにより、侍奉官としての性格が強いものに変化したとみる。すなわち天武朝において、太政大臣・左右大臣は事実上廃絶し、侍奉官的性格に変化した納言のみによって太政官が構成されたとする（早川　一九七二）。

納言と大弁官　天武天皇七年（六七八）十月己酉条の詔に、大弁官《おおともいのつかさ》へ法官《のりのつかさ》の校定を受けた考選《こうせん》の公文を送れとある。この記事より法官の職掌の一端がうかがえるのみならず、大弁官と法官の関係についてもふれられていることから、大弁官の位置づけを考えるうえで、さまざまな解釈が試みられた。

近江令を認める立場からは、近江令において、のちの弁官《べんかん》局にあたる大弁官が置かれたとし、大弁官が太政大臣・左右大臣・御史人夫で構成される狭義の太政官の下に位置し、この記事の法官との関係にみられるように、大弁官が六官（法官、理官《おさむるつかさ》、大蔵《おおくら》、兵政官《つわものつかさ》、刑官《うたえのつかさ》、民官《かきのつかさ》）を統轄していたとする（井上　一九六七）。荊木美行は、この考え方を継承して、天智天皇十年（六七一）正月癸卯の太政大臣以下の任命や同月是月条に法官大輔《おおすけ》・学職頭《ふみのつかさのかみ》がみえていることからも、近江令段階で太政大臣・左右大臣・御史大夫と六官をつなぐ大弁官が存在していてもおかしくないとする（荊木　一九九〇）。

大弁官の位置づけに関して、天武天皇七年十月己酉条と養老選叙令《せんじょりょう》1応叙条を比較し、浄御原令以前では、大弁官と狭義の太政官が併存する状態を想定し、大弁官は六官を統轄したという説がみえる（八木　一九六二）。これを受けて、早川は、大宝令にはみえるものの、養老令で削除された勅符（養老公式令《くしきりょう》13符式条古記《こき》）に注目し、これは弁官が専当して勅命を在外諸司に下達する場合に用いられる公文の様式で、浄御原令以前における大弁官と在外諸司との関係に由来するものであるとして、この大弁官と狭義の太政官（早川の場合は、御史大夫が改称された納言を指す）の併存説を支持する。ただしその一方で大弁官と六官の関係については、八木とは異なり、大弁官は行政事務の単なる受理伝達機関ないし集約機関にすぎず、事実上の審議権は六官に分有されていたとする（早川　一九七二）。

早川説に対して、吉川は、天武天皇七年十月己酉条と養老選叙令1応叙条からみた八世紀の文書の動きは、単純に比較できないとするとともに、選関係文書は天皇に奏上されるべきもので、それを行うのは、奏宣《そうせん》を職掌とする納言が最もふさわしいとし、大弁官と納言は並立していたのではなく、大弁官と天皇の間に納言が入るべきで、従来のように六官↓大弁官↓納言↓天皇とすべきであるとした（吉川　一九八八）。さらに、養老公式令13符式条古記を再検討して、勅符は、狭義の太政官から弁官局へという通常の太政官符の命令伝達のうえに、天皇から狭義の太政官という経路が付加されたものであり、天皇と弁官が直結し、議政官と没交渉に命令を発する文書様式ではないとする。したがって、勅符をもって、弁官と納言が並立していた根拠にはならないとした（吉川　一九九四）。

浄御原令における太政官制　天武朝で納言と大弁官が併存する形を想定した早川は、浄御原令において、太政官に太政大臣・左大臣・右大臣が置かれ、旧納言が制度の上で大納言・中納言・小（少）納言となり、弁官が左右に分かれて、それぞれに大弁・中弁・少弁が所属していたとし、それまで太政官（納言）と大弁官にそれぞれ独立していた官司を一司に統合して、新設の三大臣（太政大臣・左右大臣）を大弁官の上位に位置づけて、あわせて太政官と称するようになったとする。ここで納言の大納言・中納言・小（少）納言の分化について、これらはいずれも天皇側近に侍して奏宣の任にあたるものであるが、上位の大納言は国政を参議する立場であり、下位の小（少）納言は秘書官的な性格が強かった可能性を示唆した。その結果、大宝令では職掌の分化を明確化するために、大納言と小（少）納言の中間に位置する中納言は、その職掌の曖昧さから廃止されたのではないかとした（早川　一九七二）。

この説で左右大弁の根拠となっている左大弁は、『続日本紀』大宝元年（七〇一）正月丁酉条の遣唐使任命記事のなかで、大使の高橋笠間《かさま》の官職に見えるものである。しかし、この時、副使以下に任じられた他の官人の官名が浄御原令のそれとは見なしがたいとし、左大弁も浄御原令の官職名であるか否かを疑うべきとする説も出されている（荊木　一九九〇）。

天武天皇の殯宮における誄　朱鳥元年（六八六）九月丙午に天武天皇が死に、殯宮《もがりのみや》が設けられ、同月甲子から諸司に関する誄《しのびごと》が奉られた。誄は故人の魂を慰めるための儀礼であるが、この時は新たな皇位継承者への服属を誓う儀礼としての性格が強いものであったとされている。これらは諸司の長官ないし長官相当者によって行われたと考えられているが（青木　一九五四）、彼らは諸司の長官等ではなく、その上に各官司の統轄者として皇親が置かれていたと想定する説もみられる（倉本　一九九四）。

初日に壬生《みぶ》事、諸王《おおきみたち》事、総宮内《みやのうち》事、左右大舎人事、左右兵衛事、内命婦《ひめまえつきみ》事、膳職《かしわでのつかさ》事、翌日には大政官事、法官事、理官事、大蔵事、兵政官事、さらにその翌日には刑官事、民官事、諸国司事等の順で誄を奉った。

まず、第一日は天皇の身辺に直結する内廷官司とみられている。ここで問題になってくるのは、総宮内がいかなるものであったかということと、総宮内とそれに続く左右大舎人、左右兵衛、内命婦、膳職との関係である。総宮内については、内廷を統轄する官として宮内官が近江令段階で存していたとする説（井上　一九六七）や、ここで総宮内とあることから、いまだ官としてはまとまっていなかったのではないかとする説（青木　一九五四）が存している。後者に関しては、さらに発展させて、「総」が付してあることを、のちに宮内省の被管となった群小諸官司を代表したものとする説（福原　一九七七）がみられる。早川や福原のように「総」を理解するならば、左右舎人以下は、総宮内とは別に独立したものと考えるべきであろう。

第二日・第三日は太政官とその下の六官ほかの誄が行われた。この六官のうち法官は、天武天皇七年（六七八）十月己酉条に考選の公文のことがあり、これはのちの式部省の職掌である「考課《こうか》」にあたるとみられることから、その名称は、礼儀法式を掌った百済の官制の内法佐平《ないほうさへい》の法の字を取ったものと考えられている。また理官は、天武天皇十年九月甲辰条に「凡そ諸氏の氏上未だ定まらざること有らば、各氏上を定めて理官に申し送れ」とあることが、のちの治部省の職掌である「本姓《ほんしょう》」にあたるとみられることから、その名称は、唐六部《りくぶ》の礼部《れいぶ》の礼の字を理に置き換えたものと考えられている（内藤　一九五七）。このほかの兵政官、刑官、民官に関しても、名称は唐六部から受け継がれたもので、大宝令における兵部省、刑部省、民部省の前身とみられている。一方、大蔵の名称は日本古来の古い沿革を受け継ぐものとみられている。

　これらの官司の起源について、天智天皇十年（六七一）正月是月条に法官大輔がみえ、これは近江令制定直後であることから、この時すでに法官は存在したはずであり、それを含む六官は近江令で定まったとみるべきだとする説（井上　一九六七）や、天武朝末期までに成立していたとする説（青木　一九五四）が存している。一方で、これら六官は天智朝末年には設置されていたとしても矛盾はないとするが、その後、『日本書紀』をみてみると、御史大夫が納言に名称が改められたり、宮内卿《みやのうちのつかさのかみ》（天武天皇九年七月戊戌条）と宮内官大夫《みやのうちのつかさのかみ》（天武天皇十一年三月甲午朔条）というようにポスト名の表記がまちまちであることから、これらの背後に官の定員や職掌を定めた職員令のようなものを想定することは難しいとして、これらを近江令官制とみることはできないとする説（坂上　二〇一四）もみられる。

浄御原令官制と中務省　天武天皇の殯宮の誄にはみえなかった中務に関しては、持統天皇四年（六九〇）七月丙子朔に太政大臣・右大臣が任じられ、さらに「八省・百寮皆遷任す」とあることから、この時に六官に宮内とともに加わり（中務の前身は中官《なかつかさ》と称されたと推定）、八官になったとする（青木　一九五四）。このことは、浄御原令官制において、これまで独立していた宮内が太政官の管轄下に入ったり、中務省の前身官司が組織されたことを意味するが、早川は、中務省の前身官司については、大宝令官制にみえる品官《ほんかん》が、同令で設置されたものがほとんどであることから、浄御原令官制における組織や職掌については不明確、不確定であったとした。また、中務省の前身官司の名称として青木が推測した中官については、藤原宮出土木簡に「中務務」とあるものに注目し、これを「中務」と天武十四年（六八五）正月丁卯条にみえる冠制の務冠と解釈するほか、職員令集解3中務省条に引く跡記に「中務省〔奈賀乃司《なかのつかさ》〕」とみえるなど根拠を補強した（早川　一九七二）。しかし、中官という官司名については、中官がもともと青木による仮称であることや、木簡の解釈や跡記の訓を遡らせることに疑問をもつ考え方もある（福原　一九七七、荊木　一九九〇）。

　中務省の成立については、大宝令制定時にそれまで独立していた官司や官職あるいは新設の官をまとめたとする説（福原　一九七七）がみられる。それによれば、侍奉官的な性格であった中納言は、大宝令官制において、新たに成立した中務省の職掌のなかに侍奉官としての性格をもつことによって、中納言のそれを受け継ぐことになり、その結果、中納言が廃されたとする。さらにこの中務省大宝令成立説を継承する荊木は、宮内官のみが太政官に含まれ七官となるのは不自然だとし、先に紹介した左大弁の存在を疑う立場とあわせて、浄御原令でも近江令同様に六官であった可能性を想定する（荊木　一九九〇）。

　以上、律令官制の成立について研究史を概観してきたが、最近、律令制研究のなかで、朝鮮半島経由で継受した部分と唐令の体系に準拠した部分がある点が指摘されている（大隅　二〇一〇）。今後は、こうした視点も官制の問題を考えるうえで必要になってくるのではあるまいか。

　一方、本章でくわしくふれる余裕がなかったが、律令や律令官制の成立過程を論ずるうえで重要な史料である『日本書紀』の史料批判も重要になってくる。特に官制の場合、たとえば大宝令官制にみえる官司名等によって記事が修飾された可能性があるようなものを、いかに整合性をもって合理的に理解していくかということも大きな課題となってくると思われる。

参考文献

青木和夫「浄御原令と古代官僚制」『日本律令国家論攷』岩波書店、一九九二年、初出一九五四年

・近江令否定説を世に問うた画期的論文を収め、そのなかで官制の成立に関しても論究する。著者による発表当時の回顧とあわせて読みたい。

早川庄八「律令太政官制の成立」『日本古代官僚制の研究』岩波書店、一九八六年、初出一九七二年

・律令官制の成立だけでなく、古代古文書学にも問題を提起した。

吉川真司「律令太政官制と合議制」『律令官僚制の研究』塙書房、一九九八年、初出一九八八年

吉川真司「勅符論」同書、初出一九九四年

・早川説の批判のみならず、これ以降の律令官僚制や古代古文書学の研究に影響を与えた。

井上光貞「太政官成立過程における唐制と固有法との交渉」『井上光貞著作集二　日本古代思想史の研究』岩波書店、一九八六年、初出一九六七年

荊木美行「浄御原令官制から大宝令官制へ―弁官局の成立を中心として―」『律令官制成立史の研究』国書刊行会、一九九五年、初出一九九〇年

大隅清陽「これからの律令制研究―その課題と展望―」『九州史学』一五四、二〇一〇年

倉本一宏「天武天皇殯宮に誄した官人」『日本古代国家成立期の政権構造』吉川弘文館、一九九七年、初出一九九四年

坂上康俊「律令制の形成」『岩波講座日本歴史3　古代3』岩波書店、二〇一四年

田中　卓「天智天皇と近江令」『田中卓著作集六　律令制の諸問題』国書刊行会、一九八六年、初出一九六〇年

内藤乾吉「近江令の法官・理官について」『中国法制史考証』有斐閣、一九六三年、初出一九五七年

福原栄太郎「「中務省の成立」をめぐって」『ヒストリア』七七、一九七七年

八木　充「太政官制の成立」『律令国家成立過程の研究』塙書房、一九六八年、初出一九六三年

吉川真司「律令体制の形成」『日本史講座1　東アジアにおける国家の形成』東京大学出版会、二〇〇四年

3　貴族と奈良時代の政変

十川陽一

一　奈良時代の政変

政　変　政治権力の変動を引き起こす政変は、古今東西を問わず人々の関心を集めやすい。奈良時代においても種々の政変がたびたび発生しており、古代史上主要なテーマの一つといってよい。このように主要なテーマであるがゆえに、岩波講座などのシリーズにおいても奈良時代の政治史については必ず一章が設けられ、比較的頻繁に研究史の整理や総括がなされてきた。その一方で、この一〇年ほどの『史学雑誌』の「回顧と展望」をみてみると、年によって分類や取り上げ方にトーンの違いはあるとはいえ、奈良時代の政治史として取り上げられる論文が一年に数本という年もざらであることからすれば、現在の研究状況はけっして活発とはいいがたい状況といえる。

政変の論点　政治史的な観点からは、政治的権力・組織の形成や歴史的展開などに多くの関心が寄せられる。そのため、天皇・貴族をめぐる人々の動向はもちろんのこと、制度や時代背景、さらには人間関係や権力基盤を形成するための場や文物についての文化史的な観点など、多方面への目配りが必要である。たとえば藤原仲麻呂《ふじわらのなかまろ》については近年、仲麻呂や仲麻呂の変をめぐる諸論考が収められた論集（木本編　二〇一三）が刊行されたが、そのなかで展開される議論が多彩であるように、一人の人物・一つの政変をめぐる論点はきわめて多い。

こうした状況にあって、限られた分量での全体的な研究史の紹介は不可能である。そこで本章では、意図的にいくつかの論点を強調して政変のあり方を概観しつつ、今後の研究の目指すべき方向性について考えてみたい。

奈良時代における主要な政変としては、①長屋王《ながやおう》の変（天平元年〈七二九〉）、②藤原広嗣《ひろつぐ》の乱（天平十二年）、③橘奈良麻呂《たちばなのならまろ》の変（天平宝字元年〈七五七〉）、④藤原仲麻呂の乱（天平宝字八年）、⑤宇佐八幡《うさはちまん》神託事件（神護景雲三年〈七六九〉）、⑥井上《いのうえ》内親王廃后事件（宝亀三年〈七七二〉）などがあげられる。もちろんこれら①〜⑥の政変は、奈良時代に発生した政変のすべてではない。また、それぞれの政変は複数の要因が絡み合って生じたものであるため、政変の構図を単純化しすぎることには誤解を生じる危険も伴うことはいうまでもない。その点は十分に承知しつつも、ここではあえて政変の性格を、皇位継承をめぐるもの（⑤、⑥）、太上天皇と天皇の軋轢によるもの（④）、貴族層内部の抗争（①、②、③）と分類し、政変研究の主要な論点として提示したい。以下、これらの論点を軸に、律令国家の支配・行政の制度や機構、支配者や支配者集団としての天皇や貴族の性格などに目配りしながら、奈良時代の政変研究の成果と課題について整理を試みたい。

二　皇位継承と太上天皇

皇位継承をめぐる争い　皇位継承をめぐる争いは七世紀以前から定期的に発生している。七世紀以前の皇位継承の不安定さは、皇太子制が未成立であったことも一つの要因と考えられるが、皇太子がいても天皇や太上天皇の崩御によって皇位継承者が変わることもありえたように（岸　一九六五など）、奈良時代であっても必ずしも安定的に皇位が受け継がれていったとはいえない。そうしたなか、皇位継承をめぐる試行錯誤がなされていた様子もうかがえる。たとえば、天智が定めたとされ、奈良時代以後の宣命でたびたび取り上げられる不改常典《ふかいじょうてん》は、その性格をめぐる諸説のうち、嫡系の皇位継承を定めたものとする見解もある。また、国家珍宝帳《こっかちんぽうちょう》に記載された黒《くろ》作懸佩刀《づくりかけはきのたち》の伝領経緯から読み取られる、藤原不比等《ふひと》による草壁《くさかべ》―文武《もんむ》―聖武《しょうむ》の直系皇統の後見などは顕著な例であろう。

奈良時代の皇太子　さて、奈良時代前半の皇位は、天武の皇子である草壁皇子の直系による継承が目指されたものであり、首皇子《おびとのおうじ》（聖武）即位への道を筋立てるものと理解される。首皇子の即位までに時間がかかることについては、首の個人的資質や、皇太子制の不安定さなどから説明が試みられている（荒木　一九八五）。そして聖武朝になっても光明《こうみょう》皇后所生の皇子（基王または某王）の夭折によって不安定さは解消されず、長屋王や安積親《あさかしん》王《のう》などは皇位と関わって死に追いやられたとする見解もある。最終的に聖武の皇太子には、聖武と光明の娘である阿倍《あべ》内親王が立てられ即位するが（孝謙《こうけん》）、孝謙朝にも道祖王《ふなどおう》の廃太子事件が起きている。さらに孝謙は、退位を経て重祚《ちょうそ》するが（称徳《しょうとく》）、ふさわしい人物が現れるまで皇太子を定めないとしてそのまま崩御した。そのこともあって、称徳の後を継ぐ光仁《こうにん》の即位にあたっては、偽の遺詔が作成されたとの逸話が残るなど（『日本紀略』宝亀元年八月癸巳条）一筋縄ではいかず、その光仁朝においても皇后井上内親王と皇太子他戸《おさべ》親王の廃后・廃太子事件が発生するなど、奈良時代を通じて皇位継承と絡んだ政変が続いてゆくこととなる。一般的に皇位継承は国家的な重大問題であるがゆえに、政変の引き金になりやすい。奈良時代の政情の不安定さもまた、皇位継承に起因する部分が大きいと考えられる。

ところで一般論として、皇位継承と絡む政変にあっては、皇太子の周囲を固める官人が関係者となりがちである。古代の日本でも八世紀末の藤原種継《たねつぐ》暗殺事件以降、皇太子とともに春宮坊《とうぐうぼう》官人が捕らえられた例は多々見受けられる。しかし奈良時代では、聖武の諒闇《りょうあん》中に素行不良で廃太子となった道祖王や、巫蠱《ふこ》によって廃后された母・井上内親王に連坐して廃太子となった他戸親王など皇太子が関わるような変事では、東宮関係官人への処罰があった形跡はない。これは日本の律令制において、東宮に政治的な基盤を作らせないような制度設計がなされていたためと考えられている（坂上　一九九〇）。このように、異なる時代には頻繁に起こりうる構図の政変であっても、制度のあり方によっては生じえないこともあり、政変の構造が制度に左右される側面もあることには注意しておきたい。

ところで、称徳朝の宇佐八幡神託事件は、称徳から道鏡《どうきょう》への譲位の可否が神託に寄せて取りざたされた事件であり、臣下が皇位に就く可能性があった例である。ただ、よく知られているように、この譲位計画は宇佐へ遣使された和気清麻呂《わけのきよまろ》の復命報告により排除され、道鏡の即位は阻まれることになった。皇族ではない道鏡への譲位に対する抵抗感は貴族社会全体に存在したと考えられているが、そうした抵抗感の帰結が清麻呂の復命報告だったのだろう。また時代は前後するが、藤原仲麻呂は自らの子息に品位を与えて親王待遇としつつも、仲麻呂の乱で敗走した際には、塩焼王《しおやきおう》を新たな天皇に擬して態勢の立て直しを図ろうとするように、自らが天皇の地位を狙うということはなかった。奈良時代の皇親たちは、本人の望まないなかで政変に引っぱり出されたとの指摘もあるが（倉本　一九九八）、皇位継承と関わる政変は、あくまでも天皇家の後嗣問題が本質であり、そこに臣下がさまざまな形で関わりあう、という構図であることは忘れてはならないだろう。

太上天皇と天皇の軋轢　古代国家の基本法典たる律令は、天皇の手足となって支配を実行する官人たちのマニュアルという性格をもった法典である。それゆえに天皇そのものを直接に規制する条文は、原則として存在しない。同様に、退位した天皇である太上天皇についても、その存在や権限を明確に規定する律令条文は設けられていなかった。そのため、両者の権限や権威の上下などについては曖昧な状態で放置されることとなり、奈良時代には、新天皇だけではなく太上天皇も天皇大権を掌握していた可能性が高いと考えられている（春名　一九九〇）。

さきに述べたように、奈良時代前半の皇位は、首皇子すなわち聖武の即位を目指したものとする見解が強い。しかしその一方で、聖武による恭仁《くに》京などへのたび重なる遷都事業においては、聖武天皇と元正《げんしょう》太上天皇との対立を想定する向きもある。またそのこととの関係はおくが、恭仁京においては内裏的な施設が二つ存在していることから、天皇宮とは別に太上天皇宮が自立的な活動を展開していたことが指摘されている（橋本　二〇〇一）。政治権力のあり方は、都城の構造論などもふまえて考えてゆく必要があるのだろう。その後、淳仁《じゅんにん》朝には、淳仁天皇に対して孝謙太上天皇が天下の大事は自らが行う、と宣言し、最終的には国家権力の制度的な発動手段である鈴印《れいいん》の争奪戦へと発展する。近年ではこうした点にも注目しながら、太上天皇がもつ権威を天皇大権と同様に扱ってよいか否か、再検討も加えられている（中野渡　二〇〇四）。律令という成文法に基づいた正当性の確保が、政変での勝利や政権確保における重要なキーであることは、あらためて重視されるべきであろう。

三　奈良時代の権力中枢と貴族層

藤原氏と政変　続いて、貴族層内部の抗争という論点について考えてみたい。

古代を通じた政変について、かつては学界においても世間一般においても、藤原氏による他氏排斥や陰謀と評価されることも多かった。しかし、一口に藤原氏といっても、不比等の四子によって分かれた四家をベースに多様な流れに分岐してゆく。また藤原氏内部での利害も多様であり、藤原氏という単独の存在による陰謀、という理解は成り立たない。加えてそうした理解においては、たとえば長屋王は不比等の政敵と目されがちであるが、不比等は娘を長屋王の室に入れており、単純な対立関係でもないことは明らかである。こうしたこともあって、藤原氏と長屋王の対立ではなく、自らの子孫の皇位継承をおびやかす長屋王・吉備内親王およびその男子に対する聖武の危機感を重視する見解もある（河内　二〇一四）。文武天皇の夫人で聖武の母であった藤原宮子《みやこ》の称号をめぐっては、長屋王が聖武天皇の勅に対し再考を促したために藤原氏や聖武の反感を買ったとの見方もあるが、『続日本紀』による限り、勅に従えば律令の規定に反し、律令を遵守すれば天皇生母への敬意を損なう、という実直な官僚としての態度しか読み取りようがない（神亀元年三月辛巳条）。このように、さまざまな対立関係を想定してそこから政変を論じることは容易ではない。

そもそも、奈良時代の国家の構造を、天皇が絶対的な権力を有した専制国家とみるか、貴族の地位を高く見積もって天皇とのある種の対抗関係のような形で存在していた畿内政権国家とみるか、という点についても膨大な議論が積み重ねられている（一連の議論については、〈仁藤　二〇〇二〉などを参照）。すなわち、あらためて指摘するまでもないが、畿内の貴族層全体をいかに国家のなかで位置づけるかが、この時代の政変への理解を大きく左右するのであり、藤原氏のみならず当時の貴族層全体に目配りして検討してゆく必要がある。

奈良時代の貴族と政変の構造　藤原氏の他氏排斥という理解が成り立たないにせよ、奈良時代の政変において、藤原氏と他の氏族の対立という構図はたびたび立ち現れる。特に長屋王の変の後に光明子《こうみょうし》の立后が成り、長屋王邸の跡地に光明皇后の皇后宮が置かれた可能性が高いように（渡辺　二〇〇一）、藤原氏が大きく躍進する。特に、不比等の息子である武智麻呂《むちまろ》・房前《ふささき》・宇合《うまかい》・麻呂《まろ》の四兄弟が同時に議政官《ぎせいかん》となるなど、その勢力拡大は顕著であり、これ以後の政変は藤原氏とそれ以外の氏族、という対立構造を取って現れることが多くなる。

武智麻呂ら四兄弟が天平九年（七三七）の天然痘でいっせいに亡くなると、橘諸兄《たちばなのもろえ》が中心となって政権を運営する。この諸兄政権下では、玄昉《げんぼう》や吉備真備《きびのまきび》らを重用する政権に不満をもった藤原広嗣が九州で挙兵し、滅ぼされるという事件も発生しており、藤原氏の権勢には影がさしている。その後、諸兄が亡くなって藤原仲麻呂が太政官の中枢となると、仲麻呂家に権力が集中したことが各方面からの反発を招いた。天平宝字七年（七六三）には藤原宿奈麻呂《すくなまろ》・石上宅嗣《いそのかみのやかつぐ》・佐伯今毛人《さえきのいまえみし》らによる仲麻呂暗殺計画が露見しているように、南家《なんけ》の仲麻呂に対して式家《しきけ》の宿奈麻呂（のちの良継《よしつぐ》）も不満をもっていた様子がうかがえる。これらの例からすれば、政権外部にいる貴族が政権中枢に対して反発することによって政変が引き起こされるというのが基本的な構図の一つであった。律令国家の成立と展開に大きな役割を果たした藤原氏が大きな力をつけ、相対的に力を落としてゆく旧来の畿内貴族たちという大まかな傾向のなかで、藤原氏と他氏という対立構造を取って現れる背景には、このような構図が存在したものと理解されよう。仲麻呂暗殺計画に石上氏や佐伯氏が加わっていること、また同様に仲麻呂への反発から発生する橘奈良麻呂の乱においても、大伴《おおとも》氏や多治比《たじひ》氏といった伝統的に朝廷を支えてきた豪族が加わっている。こうした構図は、長岡京遷都直後に発生し、大伴氏や佐伯氏が致命的なダメージを受けることになる藤原種継暗殺事件へとつながってゆく。

近年の論点と政変研究の課題　このような権力争いは、当然ながら貴族層内部だけで完結するものではなく、天皇、太上天皇、皇太子をはじめとする有力王族など、さまざまな権力核と結びつきながら展開してゆくものであり、そのなかでどのように政治的権力を獲得するか、という視点も不可欠である。

律令国家の支配のあり方や政治的権力獲得の背景に関しては、近年、天皇家産との関係が注意されている（古尾谷　二〇〇六、鷺森　二〇一八など）ことについて紹介したい。天皇の公的な側面と私的な側面が未整理な奈良時代にあって、国家事業を動かす天皇家産との関わりをもつことによって内廷の枢要にあずかることが、権力確保の一つの手段であった可能性が高い。たとえば、藤原房前が任ぜられた内臣という立場は、その後藤原仲麻呂が整備した紫微中台《しびちゅうだい》や紫微内相《ないしょう》などへと継承されたとみられるが、これらはいずれも光明子を介して藤原氏の家産、天皇の家産とつながるものとして、議論が始まっている（十川　二〇一七、上村　二〇一八など）。さきにふれた橘諸兄政権においては、藤原武智麻呂の嫡男である豊成《とよなり》が議政官となって藤原氏をリードしていた。広嗣の乱を経てしばらく経つと、豊成の弟である仲麻呂が、房前の息子である八束《やつか》・清河《きよかわ》が、それぞれ議政官に入って、少しずつ藤原氏は勢力を回復してゆく。仲麻呂はもちろんのこと、八束や清河も父である房前の存在をふまえれば、いずれも光明子ゆかりの人物であった可能性が考えられる。すなわち奈良時代半ばの政治情勢において、光明子の存在、そしてそれを核に結集した藤原氏が天皇家産との関わりをもつことによって、政界における力を確保してゆく様子を描ける可能性が高い。

天皇家産については、あくまでも近年の論点の一つを例示したものであるが、このように天皇の権威に臣下がいかにして近づくかを理解するためには、天皇や太上天皇の存在だけではなく、皇后（皇太后）なども含めた権威の多極的な構造もふまえて理解する必要がある。個々の人格的関係と政治機構の複雑な関係性のなかで政変を理解してゆくことが、今後の奈良時代史の理解にいっそう不可欠なものとなってゆくだろう。

以上、表面的な整理に留まったが、奈良時代の政変について論点と今後の課題について素描した。本章でふれた論点はそもそも限定的であることに加え、個別の見解についてあげきれなかった出典も多々ある。下記の参考文献はもとより、それぞれの参考文献に附された参考文献に芋づる式に当たるなどして、理解を深めていただきたいと思う。

参考文献

木本好信編『藤原仲麻呂政権とその時代』岩田書院、二〇一三年
・奈良時代の政治史研究を推し進めてきた編者によって編まれた、藤原仲麻呂をめぐる論集。一四名の研究者による多様な切り口からの論考が掲載され、人物や政変をめぐる研究の広がりが示されている。

虎尾達哉「奈良時代の政治過程」『岩波講座日本歴史3　古代3』岩波書店、二〇一四年
・奈良時代の政治史に関する概論。これまでの諸研究の知見もふまえながら、時代順に政治過程や構造を概観する内容となっている。テーマ別の切り口である本章と合わせて読んでいただければ、より理解が深まるものと思う。
渡辺晃宏『日本の歴史04　平城京と木簡の世紀』講談社、二〇〇一年
・長屋王家木簡や二条大路木簡をはじめとする出土文字資料や発掘成果の知見をふまえた奈良時代の通史である。考古学的な成果も取り入れる必要のある古代史にあって、分量・内容ともに充実した、奈良時代史必読の入門書といえる。
荒木敏夫『日本古代の皇太子』吉川弘文館、一九八五年
上村正裕「奈良時代の内臣と藤原永手」『古代文化』七〇―三、二〇一八年
岸　俊男「元明太上天皇の崩御―八世紀における皇権の所在―」『日本古代政治史研究』塙書房、一九六六年、初出一九六五年
倉本一宏『奈良朝の政変劇―皇親たちの悲劇―』吉川弘文館、一九九八年
河内祥輔『古代政治史における天皇制の論理　増訂版』吉川弘文館、二〇一四年、初出一九八六年
坂上康俊「東宮機構と皇太子」九州大学国史学研究室編『古代中世史論集』吉川弘文館、一九九〇年
鷺森浩幸『天皇と貴族の古代政治史』塙書房、二〇一八年
十川陽一『天皇側近たちの奈良時代』吉川弘文館、二〇一七年
中野渡俊治「八世紀太上天皇の存在意義」『古代太上天皇の研究』思文閣出版、二〇一七年
仁藤敦史「律令国家の王権と儀礼」佐藤信編『日本の時代史4　律令国家と天平文化』吉川弘文館、二〇〇二年
橋本義則「恭仁宮の二つの「内裏」」『日本古代宮都史の研究』青史出版、二〇一八年、初出二〇〇一年
春名宏昭「太上天皇制の成立」『史学雑誌』九九―二、一九九〇年
古尾谷知浩『律令国家と天皇家産機構』塙書房、二〇〇六年

4　女帝と王位継承

佐藤長門

一　日本史上の女帝

日本の歴史上、女性の天皇（以下、女帝と表記）は古代の推古《すいこ》天皇・皇極《こうぎょく》天皇・斉明《さいめい》天皇（皇極が重祚《ちょうそ》）・持統《じとう》天皇・元明《げんめい》天皇・元正《げんしょう》天皇・孝謙《こうけん》天皇・称徳《しょうとく》天皇（孝謙が重祚）と、近世の明正《めいしょう》天皇・後桜町《ごさくらまち》天皇の合計一〇代八名を数えることができる。この数字は、実在が不確かな五世紀以前の天皇も含めると、全一二六代中の一〇代、約八％弱ということになる。これを多いとみるか少ないとみるかは論者の自由であるが、彼女たちが古代と近世のごく限られた時期にしか存在しなかったのはまぎれもない事実であり、その理由を明らかにすべきなのは言をまたない。

戦後の女帝研究は井上光貞にはじまり、七世紀の女帝を「皇太后が皇嗣即位の困難なとき、いわば仮に即位したもの」で、八世紀の女帝もそれに準ずるとする女帝〝中継ぎ〟論を提唱した（井上　一九六四）。これに対し、女帝を例外とみなさずに、大王・天皇という権力の最中枢に位置する存在として検討すべきとする荒木敏夫（荒木　一九九九）、女帝は男帝の妻や母から即位したのではなく、性差にかかわらず正統な王だったとする義江明子

（義江　二〇一七ａ）、ミオヤ（＝系譜上の親）からワガコ（＝系譜上の子）へ継承するのが女帝の役割で、次期大王の指名や大王代行（臨朝称制）をへて即位したとみる仁藤敦史（仁藤　二〇〇六）など、近年では女帝を〝中継ぎ〟とはみない見解も提示されている。

筆者は女帝を〝中継ぎ〟とみる立場をとるが、だからといって女帝が政治的役割をはたさなかったとは考えていない。そもそも〝中継ぎ〟とは、誰から誰に王位を伝えるかという継承上の概念なのであって、女帝の政治的資質とは別次元であることを、しっかり認識しておく必要がある（佐藤　二〇〇九ａ）。以下では、古代の女帝はどのような存在だったのか、即位事情からひもといていく。

二　七世紀の女帝

推古女帝　日本の歴史上はじめて即位した女帝は、敏達《びだつ》天皇の皇后であった推古天皇（炊屋姫《かしきや》、額田部皇女《ぬかたべ》）である。この時代は、同じ母親から生まれた子どもたちがグループを作り、そのなかの長子が「大兄《おおえ》」として継承候補者となり、同一世代の年齢が高い順から即位していた（大平　一九八六）。これを世代内継承というが、「大兄」は大王宮から独立した皇子宮《みこのみや》を経営し、そこで政治経験を積むことにより将来の即位に備えていたのである。

欽明《きんめい》天皇が没すると、その子の敏達天皇（母は石姫《いしひめ》）、次いで用明《ようめい》天皇（母は蘇我堅塩媛《そがのきたしひめ》）が即位した。炊屋姫は夫敏達を殯宮《もがりのみや》（貴人の葬儀をおこなう喪屋）で弔っていたが、彼女を穴穂部《あなほべ》皇子（母は蘇我小姉君《おあねのきみ》）が襲おうとした。おそらく先帝のキサキを自分の妻にして、自身の王位継承権を強化しようとしたのだろうが、敏達の寵臣三輪逆《みわのさかう》によって阻止されてしまう。激怒した穴穂部は物部守屋《もののべのもりや》に命じて逆を殺害したが、夫の寵臣を殺された

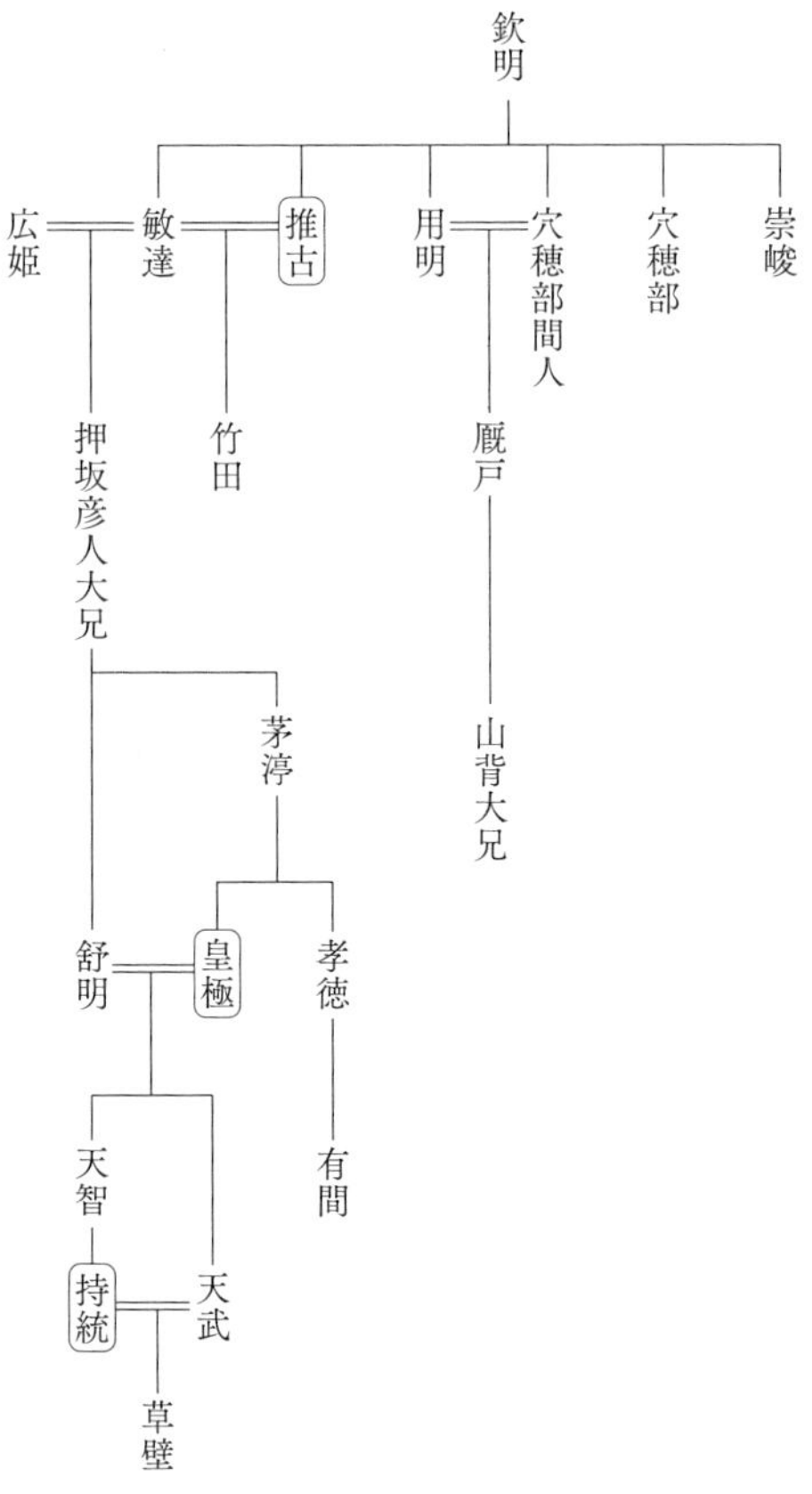

図1　六・七世紀の天皇系譜（　　は女帝）

炊屋姫は蘇我馬子《うまこ》とともに穴穂部を誅殺し、激戦のすえ守屋も討伐した。

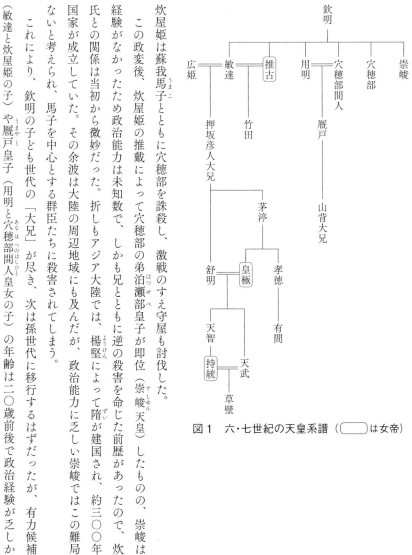

　この政変後、炊屋姫の推戴によって穴穂部の弟泊瀬部《はつせべ》皇子が即位（崇峻《すしゅん》天皇）したものの、崇峻は「大兄」の経験がなかったため政治能力は未知数で、しかも兄とともに逆の殺害を命じた前歴があったので、炊屋姫や蘇我氏との関係は当初から微妙だった。折しもアジア大陸では、楊堅《ようけん》によって隋《ずい》が建国され、約三〇〇年ぶりに統一国家が成立していた。その余波は大陸の周辺地域にも及んだが、政治能力に乏しい崇峻ではこの難局に対処できないと考えられ、馬子を中心とする群臣たちに殺害されてしまう。

　これにより、欽明の子ども世代の「大兄」が尽き、次は孫世代に移行するはずだったが、有力候補の竹田《たけだ》皇子（敏達と炊屋姫の子）や厩戸《うまやと》皇子（用明と穴穂部間人《あなほべのはしひと》皇女の子）の年齢は二〇歳前後で政治経験が乏しかったため、炊屋姫が即位して推古女帝となった。彼女に白羽の矢が立ったのは、私宮《きさいのみや》（后妃の経済基盤）を経営して政治的資質が広く認知されており、継承争いを未然に防ぐため世代交代を一時的に遅らせる役割を期待されたからであった。推古は在位三六年で天寿を全うするが、この時代はまだ譲位が未成立で、女帝も男帝と同じく原則的に終身在位であった。

皇極・斉明女帝　二人目の女帝である皇極天皇（宝《たから》皇女）は、夫の舒明《じょめい》天皇（敏達皇子である押坂彦人大兄《おしさかのひこひとのおおえ》皇子の子）が没したあとに即位した。舒明は欽明の曾孫世代で、推古の在位中に孫世代（竹田や厩戸など）が死に絶えたため、彼女が没すると山背大兄《やましろのおおえ》王（厩戸の子）と王位を争い、多数の群臣の支持を得て即位したのだが、舒明の没後には順当なら山背大兄が即位するところ、なぜか舒明のキサキである皇極にお鉢が回ってきたのである。その間の事情は『日本書紀』にも詳しい記述はないが、山背大兄への支持が少なかったのに加えて、宝の同母弟である軽《かる》皇子や舒明の子どもたち（古人大兄《ふるひとのおおえ》皇子・中大兄《なかのおおえ》皇子）との継承争いを未然に防ぐ目的があったのだろう。

皇極はしかし、蘇我氏中心の政権運営をしたためクーデターが勃発し、強制的に廃位させられてしまう（乙巳《いっし》の変）。その結果、弟の軽が即位して孝徳《こうとく》天皇となったが、晩年は中大兄らと対立し、その死後にはふたたび宝が立って斉明天皇となった。いったん廃位させられた人物が重祚したことから、皇極は退位以後も政治力を保持し続けていた（孝徳への代替わりは譲位だった）とする見方もある（義江　二〇一七b）が、彼女の退位が武力クーデターによるものであったことをふまえれば、従うことはできない。

重祚後の斉明は、後飛鳥岡本宮や両槻宮《ふたつき》（酒船石《さかふねいし》遺跡）、「狂心渠《たぶれごころのみぞ》」などの大土木工事、阿倍比羅夫《あべのひらふ》による東北遠征、はては百済救援のための海外派兵（白村江《はくそんこう》の戦い）などをおこなうが、それらは政変で否定された政治的資質を再提示するためのパフォーマンスとみなせば理解しやすい。しかしその努力にもかかわらず、蘇我赤兄《あかえ》が有間《ありま》皇子（孝徳の遺子）に謀反を勧めた際に述べた斉明期の「三失」に、民財収奪とともに渠水《きょすい》掘削（狂心渠）

と石丘建設（酒船石遺跡）が含まれていることから明らかなように、その政策は不評であった。斉明は九州朝倉宮で生涯を閉じるが、その一生は政治の波に翻弄されたものだったといってよいだろう。

持統女帝　七世紀最後の女帝である持統天皇（鸕野讃良《うののさらら》皇女）は天智《てんち》天皇の娘（母は蘇我遠智娘《おちのいらつめ》）に生まれ、その同母弟である大海人《おおあま》皇子（天武《てんむ》天皇）の妻になった人物である。彼女は壬申《じんしん》の乱を夫とともに戦い抜いたことから政治的立場を強め、所生子の草壁《くさかべ》皇子は父天武の後継者のひとりに擬されるようになった。ただし、この時期にはまだ唯一の後継者たる皇太子の制度が未成立だったので、天武と大田《おおた》皇女（鸕野の同母姉）との間に生まれた大津《おおつ》皇子も有力な候補者であった。天武の長子である高市《たけち》皇子は壬申の乱で活躍したものの、生母が北九州出身の女性（胸形尼子娘《むなかたのあまこのいらつめ》）であったため、継承レースでは草壁・大津の後塵を拝していた。

天武が没すると、鸕野は正式な即位をせずに政務を執る臨朝称制《りんちょうしょうせい》をおこない、翌月には実子草壁の最大のライヴァルであった大津に謀反の疑いをかけ、自死させてしまう。鸕野はその後も称制を続けたが、彼女が正式に即位しなかったのは、後継者に擬していた草壁が即位年齢に達しておらず（天武没時に二五歳）、また病弱だったことに加え、譲位制が未成立のため鸕野が正式に即位してしまっては、その死まで草壁は即位できなくなることに配慮したからであった（佐藤　二〇一九）。結局、草壁は三年後に亡くなってしまい、鸕野は翌年の称制四年（六九〇）に即位する。

持統が方向転換をしたのは、草壁に珂瑠《かる》皇子という男子が誕生していたからであった。彼女は即位すると、高市を太政大臣に任命して政権を補佐させ、草壁没時に七歳であった珂瑠の成長を待つことにした。その高市が持統十年（六九六）に没すると、持統は後継者を定める合議を招集し、壬申の乱で敗死した大友《おおとも》皇子の遺子葛野《かどの》王に合議を主導させ、王族内の反対を押し切って嫡系継承を決定させた。これによって持統の嫡孫にあたる珂瑠が一四歳で立太子し、翌年（六九七）八月に日本史上はじめての生前譲位がおこなわれたのである。おそらくこの

（ご注意）

・この用紙は、機械で処理しますので、金額を記入する際は、枠内にはっきりと記入してください。また、本票を汚したり、折り曲げたりしないでください。

・この用紙は、ゆうちょ銀行又は郵便局の払込機能付きＡＴＭでもご利用いただけます。

・この払込書を、ゆうちょ銀行又は郵便局の渉外員にお預けになるときは、引換えに預り証を必ずお受け取りください。

・ご依頼人様からご提出いただきました払込書に記載されたおところ、おなまえ等は、加入者様に通知されます。

・この受領証は、払込みの証拠となるものですから大切に保管してください。

収入印紙
課税相当額以上
貼　　付
印

この用紙で「本郷」年間購読のお申し込みができます。

◆この申込票に必要事項をご記入の上、記載金額を添えて郵便局でお払込み下さい。

◆「本郷」のご送金は、４年分までとさせて頂きます。

※お客様のご都合で解約される場合は、ご返金いたしかねます。ご了承下さい。

この用紙で書籍のご注文ができます。

◆この申込票の通信欄にご注文の書籍をご記入の上、書籍代金（本体価格＋消費税）に荷造送料を加えた金額をお払込み下さい。

◆荷造送料は、ご注文１回の配送につき500円です。

◆入金確認まで約７日かかります。ご諒承下さい。

振替払込料は弊社が負担いたしますから無料です。

※領収証は改めてお送りいたしませんので、予めご諒承下さい。

お問い合わせ　〒113-0033・東京都文京区本郷７―２―８
吉川弘文館　営業部
電話03-3813-9151　FAX03-3812-3544

この場所には、何も記載しないでください。

払込取扱票

02 東京

通常払込料金加入者負担

口座記号番号	金額
00100-5-244	千 百 十 万 千 百 十 円 ※

加入者名	料金	備考
株式会社 吉川弘文館		

ご依頼人・通信欄

フリガナ

※お名前

郵便番号　電話

※ご住所

※

◆「本郷」購読を希望します

購読開始　　号より

1年 1000円 (6冊)　3年 2800円 (18冊)

2年 2000円 (12冊)　4年 3600円 (24冊)

(ご希望の購読期間に○印をお付け下さい)

日附印

各票の※印欄は、ご依頼人において記載してください。

裏面の注意事項をお読みください。(ゆうちょ銀行)(承認番号東第53889号)

これより下部には何も記入しないでください。

切り取らないでお出しください。

記載事項を訂正した場合は、その箇所に訂正印を押してください。

振替払込請求書兼受領証

口座記号番号	00100-5-244
通常払込料金加入者負担	
加入者名	株式会社 吉川弘文館
金額	千 百 十 万 千 百 十 円 ※
ご依頼人	おなまえ ※　様
料金	
備考	

日附印

この受領証は、大切に保管してください。

譲位は、飛鳥浄御原令《あすかきよみはらりょう》によるものだったろうが、称制当初の持統は譲位制が施行されてなかったので正式即位を回避したものの、持統三年の令制施行後は譲位が可能になったため、珂瑠への生前継承を実行したのだろう。

三　八世紀の女帝

元明女帝　持統から譲位を受けた文武《もんむ》天皇は、しかし一五歳という異例に若い君主であった。持統の生存中は共同統治をしていたようだが、その在位は一〇年と短く、慶雲四年（七〇七）六月に二五歳で没してしまう。そのあとを継いだのが、八世紀最初の女帝となる文武の母元明天皇（阿閇《あべ》内親王）である。彼女は持統の異母妹（母は蘇我姪娘《めいのいらつめ》）で、草壁の妻として氷高《ひだか》内親王・文武・吉備《きび》内親王（長屋《ながや》王の妻）を生んでいた。元明の即位は文武の譲位意思によるものだが、子から母への譲位はほかに類例がなく、それだけ文武の若すぎる死は異常事態だったことがうかがわれる。

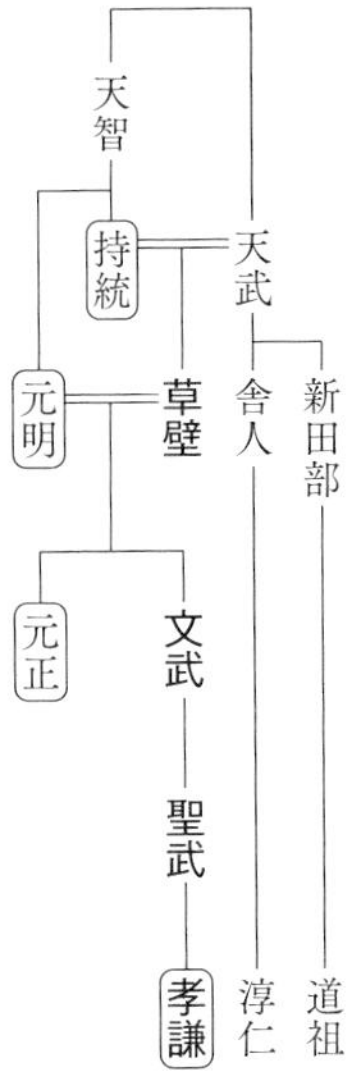

図2　八世紀の天皇系譜
（▭は女帝、ゴシック体は草壁嫡系）

元明が従前の女帝と決定的に異なるのは、配偶者が即位していなかったことである。推古は敏達妃、皇極・斉明は舒明妃、持統は天武妃だったのに対し、元明の夫草壁は即位以前に死没していた。それゆえ、元明即位の正当性は相対的に脆弱だったと思われ、即位に際して〝不改常典《ふかいじょうてん》〟を持ち出し、その正当性を訴えている。〝不改常典〟とは改めてはいけない永遠のルールという意味で、天智が定めたという以外、具体的な内容は一切伝わっていないが、私見では事前の群臣合議で承認された嫡系王統に属する皇太子が代々天皇位を世襲するという法規（実定法ではなかった可能性が高い）ではなかったかと考えている（佐藤　二〇〇九b）。ともかく元明は、自身の即位宣命（『続日本紀』慶雲四年〈七〇七〉七月壬子〈十七日〉条）のなかで、持統から文武への継承は〝不改常典〟によってなされたが、今後も〝不改常典〟による継承は続いていくだろう（そのために私が即位した）と主張し、彼女の即位が将来の継承のためであることを宣言して、群臣の事後承認を得ようとしたのである。

右の即位宣命に具体的な名は記されていないが、元明の胸中には将来継承すべき人物が存在していた。文武の忘れ形見で、当時七歳であった首《おびと》親王（聖武《しょうむ》天皇）その人である。彼女は首が成長するまで王位を固守し、成人した暁には譲位するという役割をになった。王位継承上はまさに〝中継ぎ〟の天皇であった。ただ、自分の死が近いことを悟った元明は、首に直接継承する手法をとらず、長女で独身を保っていた氷高に継承し、母娘二代で皇嗣の成長を見守る道を選ぶのである。

元正女帝　八世紀二人目の女帝である元正天皇（氷高内親王）は、元明から譲位された当初より首皇太子への継承を厳命されていた。彼女は草壁と元明との間に生まれた長女で、聡明で美しい女性であったとされるが、なぜか独身を貫いていた。八世紀の内親王（天皇の姉妹か娘を指す称号）は、伊勢斎王になって父帝の政治的立場を強化するか、婚姻によって即位可能な配偶者または所生子を創出するか、どちらかの役割を求められていたが、氷高と阿倍《あべ》内親王（孝謙・称徳天皇）のみはそれらの役割をはたさない異質な存在であった（桜田　二〇一六）。氷高が独身を貫いたのは、病弱であった弟文武が早世した場合を想定して、文武の皇子が成長するまでの〝中継ぎ〟候補とされたためとする見解（松尾　一九九六）が有力だが、その即位の具体的理由は聖武の即位宣命（『続日本紀』神亀元年〈七二四〉二月甲午〈四日〉条）に明確に記されている。

それによると、王位は文武から聖武に継承されるはずだったが、聖武が若年だったのでまず元明に譲位され、霊亀元年（七一五）に元正が継承する際に、いずれ〝不改常典〟に従って聖武に授けるよう命じられていたので、去年の九月に祥瑞（天がくだす吉兆）が出現したのを機に聖武に継承する、と記されている。つまり、元明の即位宣命では具体的に記されていなかった〝不改常典〟にもとづく継承者が、聖武の即位宣命でようやく文武の嫡子首だったことが明らかになるのである。

神亀元年二月、元正は母の遺命を守り、二四歳になった首に生前譲位をおこなう。在位期間は一〇年であった。不婚の女帝である元正の即位の正当性は、母の元明以上に脆弱だったと思われる。彼女の正当性の根拠は、母から託された〝不改常典〟による王位継承の継続、つまり首へ継承することのみに存在した。その政治運営は決して容易ではなかったろうが、元正は高い能力を駆使して不平不満を押さえつけ、首への継承を実現したのである。

孝謙・称徳女帝　古代最後の女帝となる孝謙・称徳天皇（阿倍内親王）は、聖武と藤原光明子《ふじわらのこうみょうし》との間に生まれた長女で、同母弟に生後一ヵ月で立太子した某王《ぼうおう》がいる。皇太子某王が一年弱で没すると、同年に生まれた異母弟安積《あさか》親王（母は県犬養広刀自《あがたいぬかいのひろとじ》）の立太子を当面阻止し、光明子に次の皇子を儲ける時間的猶予を与える目的で、彼女の立后がおこなわれた（佐藤　二〇一七）。しかし光明子に男子は誕生せず、彼女が三八歳になった天平十年（七三八）に、次善の策として阿倍の立太子（女性としては史上初）がおこなわれたのである。

聖武の譲位（男帝としては史上初）を受けて、阿倍皇太子が即位したのは天平勝宝元年（七四九）七月のことであった。譲位宣命（『続日本紀』同年七月甲午〈二日〉条）には、元正から〝不改常典〟に従ってこの国を治めなさいとの命をかしこまって受けたが、政務多忙で堪えられなくなったので、〝法〟に従って阿倍に授ける、と記されている。ここにみえる〝法〟とは〝不改常典〟のことで、彼女も草壁―文武―聖武と続く嫡系王統（これを草壁系王統という）に属する皇太子として、〝不改常典〟にもとづいて即位したのである。ただし、女帝には婚姻が許されていなかったので、元正や孝謙のように未婚から即位した場合にはそのまま独身を貫くほかなく、草壁の血統は彼女で断絶することが決まっていた。

孝謙の後継者には、聖武の遺詔で新田部《にいたべ》親王の子道祖王《ふなどおう》が就任したが、素行不良で廃太子となり、群臣合議の結果、舎人《とねり》親王の子大炊王《おおいおう》があらためて立太子し、淳仁《じゆんにん》天皇として即位した。ただしその選択は、皇太后光明子の権力に依拠した藤原仲麻呂《なかまろ》が主導したもので、必ずしも孝謙は納得していなかったらしく、仲麻呂の謀反が発覚すると淳仁は廃位となり、淡路島に幽閉されて孝謙が重祚することとなる。これが称徳天皇である。

孝謙の時代は、光明子から「女子《おみなご》の継《つぎ》には在《あ》れども副《そ》へしめむ」（『続日本紀』天平宝字六年〈七六二〉六月庚戌〈三日〉条）といわれたように、父母の判断に従って王統を副え支え、天皇位も父母が決めた相手に継承すればよかった。しかし称徳の時代になると、頼るべき父母の姿はすでになく、すべての判断は自分で下すしかなかった。このときに彼女の精神的支柱になったのが、聖武からいわれた「王を奴《やつこ》と成すとも、奴を王と云ふとも汝《いまし》のせむまにまに」（『続日本紀』天平宝字八年〈七六四〉十月壬申〈九日〉条）という言葉だったのではなかろうか。彼女は草壁系王統の最後の体現者としての強い自負のもと、右の言葉を根拠として淳仁廃帝を断行し、さらには道鏡《どうきよう》擁立という〝禁じ手〟まで行使しようとした。しかし、貴族層の強い反対に遭遇した称徳は、それ以上我を通すことはできず、最期まで後継者を選定することはかなわなかったのである。

女帝論の行方　以上、七世紀と八世紀とでは、女帝の性格が異なることを述べてきた。七世紀の女帝は原則として終身在位であり、八世紀の女帝は嫡系皇嗣に継承する〝中継ぎ〟的性格を有していた。この違いの要因は、一にかかって譲位制が成立していたか否かという点に集約される。したがって、もしその画期を求めるとすれば、躊躇なく持統天皇というべきだろう。称制時代（令制以前）の持統は、まだ七世紀的な終身性に規定されていたが、正式な即位以降はそのような桎梏からも解放され、自分の意思で意中の人物に随時譲位することが可能になったのである。その後、八世紀の女帝たちは自身も関係する草壁系王統を維持するため、主導的役割をはたしていく。天皇になること以上に、かかる役割を十全になえる立場などあるだろうか。彼女たちは主体的に、その責務をはたしていったのである。

一部に、草壁系による嫡系継承は自明の前提だったかを問題にする見解がある（義江　二〇一七ａ）。たしかに当初、それは自明ではなかったのだろう。しかし、だからこそ当時の王権は高市没後の合議で嫡系継承を選択したのであり、その後もさまざまな方策（〝不改常典〟など）を駆使して強固に維持しようと努力したのである。私見ではむしろ、このような事実にこそ目を向けるべきではないかと考える。

参考文献

荒木敏夫『可能性としての女帝―女帝と王権・国家―』青木書店、一九九九年

・女帝を例外的存在とみなしてきた従来の研究を批判し、女帝〝非中継ぎ〟論の先鞭をつけた著作。

井上光貞「古代の女帝」『天皇と古代王権』岩波書店、二〇〇〇年、初出一九六四年

・戦後の女帝研究の嚆矢となった論文。論文集は井上の代表的研究を集めている。

座談会「古代女帝研究の現在」『日本歴史』七九六、二〇一四年

・古代女帝研究を牽引している荒木敏夫・佐藤長門・仁藤敦史・義江明子四氏の座談会記録。女帝研究の到達点や課題などを知るうえで有益。

大平　聡「日本古代王権継承試論」『歴史評論』四二九、一九八六年

桜田真理絵「未婚の女帝と皇位継承―元正・孝謙天皇をめぐって―」『駿台史学』一五六、二〇一六年

佐藤長門「史実としての古代女帝」『日本古代王権の構造と展開』吉川弘文館、二〇〇九年ａ、初出二〇〇四年

佐藤長門「不改常典と群臣推戴」前掲『日本古代王権の構造と展開』二〇〇九年ｂ

佐藤長門「長屋王の変と光明立后」『史聚』五〇、二〇一七年

佐藤長門「譲位制の成立とその展開」『國學院雑誌』一二〇―一一、二〇一九年
仁藤敦史『女帝の世紀―皇位継承と政争―』角川学芸出版、二〇〇六年
松尾　光「元正女帝の即位をめぐって」『白鳳天平時代の研究』笠間書院、二〇〇四年、初出一九九六年
義江明子「古代女帝論の過去と現在」『日本古代女帝論』塙書房、二〇一七年a、初出二〇〇二年
義江明子「王権史の中の古代女帝」前掲『日本古代女帝論』二〇一七年b

5　遣唐使

河内春人

一　遣唐使のイメージ

教科書のなかの「遣唐使」　「遣唐使《けんとうし》」は、日本古代史のなかでは歴史に詳しくない人にも比較的よく知られている用語であろう。それでは「遣唐使」ということばから呼び起こされるイメージはどのようなものだろうか。一般的にはシルクロードの文物をもたらした文化的な外交使節というイメージが強いだろう。あるいは鑑真《がんじん》や阿倍《あべの》仲麻呂《なかまろ》の遭難といった悲劇であろうか。

歴史になじみの少ない一般の人々に対してもっとも強い影響力をもつ教科書にはどのように記述されているか、というところに注目してみよう。高校レベルでの教育においてもっともシェアを占めている『詳説日本史B』（二〇一六年検定版）をみてみると、第一章三節「平城京の時代」の冒頭に「遣唐使」という項目が置かれ叙述されている。

六一八年、隋にかわって中国を統一した唐は、アジアに大帝国を築き、広大な領域を支配して周辺諸地域に大きな影響を与えた。西アジアとの交流もさかんになり、都の長安（西安）は世界的な都市として国際的な文化が花開いた。

東アジアの諸国も唐と通交するようになり、日本からの遣唐使は八世紀にはほぼ二〇年に一度の割合で派遣された。大使をはじめとする遣唐使には、留学生・学問僧なども加わり、多い時は約五〇〇人もの人びとが、四隻の船に乗って渡海した。しかし、造船や航海の技術は未熟であったため、政治的緊張から新羅の沿岸を避けて東シナ海を横切る航路をとるようになると、海上での遭難も多かった。遣唐使たちは、唐から先進的な政治制度や国際的な文化をもたらし、日本に大きな影響を与えた。とくに帰国した吉備真備や玄昉は、のちに聖武天皇に重用されて政界でも活躍した……

教科書の叙述というのは一つの考え方に偏向しないようにするため、どうしても総花的にならざるを得ず、それゆえ批判されがちである。それははたして妥当なのか。上記の叙述から考えてみよう。

最初に遣唐使の活動する国際的な場（中国・唐）について説明する。ただし、それのみならず西アジアにも言及していることが目を引く。これはシルクロードを意識した記述であると考えられるが、不思議なことに『詳説日本史B』ではシルクロードという語は用いられていない。「天平の美術」の項で「唐ばかりでなく西アジアや南アジアとの交流を示すものがみられ、当時の宮廷生活の文化的水準の高さと国際性がうかがえる」と述べられており、遣唐使が天平文化の国際性を担うものであったことを説明している。

ついで遣唐使そのものについての説明となるが、派遣間隔、使節の人数・構成・船数、交通ルートおよびそれにまつわる問題（遭難）について言及されている。そして、遣唐使が当時の日本に与えた影響について解説するという順序で説明している。

教科書の意義と限界　このように遣唐使の国際的環境、遣唐使の実態、その歴史的影響について過不足なく説明しており、遣唐使の概要を理解できる。教科書というのは思想的にかたよらない教育という社会的役割を目指すためかえって皆が納得する説明というのは難しい。それゆえ批判が先立つことが多いが、それでもバランスが取れた叙述がなされているといっていいのではないだろうか。すべての教科書がそのようではないという現実もあるが、少なくとも『詳説日本史B』においては遣唐使について比較的穏当な説明がなされているといえる。

しかし、それでも問題がないとはいえない。その最たるものが、遣唐使の主たる叙述が「平城京の時代」、すなわち奈良時代に置かれていることである。遣唐使の派遣は実現しなかったものも含めて六三〇年~八九四年、一般的な時代呼称でいえば飛鳥時代から平安時代前期にまたがっている。派遣の頻度をみても奈良時代に集中するものではなく、その時期に重点を置きうるものでもない。いいかえれば、奈良時代の叙述として遣唐使の説明がなされることで読者にとって遣唐使は奈良時代こそ重要であるという印象を与えることになりかねない。歴史のイメージと誤解は、このようにして書き手のねらいとは別に読み手に形成されていくのである。

二　遣唐使とは何か

呼称について　そもそも遣唐使とはどのように説明されるだろうか。それは逐語訳すれば、「唐に派遣された使者」ということになる。入唐使《にっとうし》・聘唐使《へいとうし》という呼び名もあるが意味は同じである。しかし、この呼称には問題がある。それはそこに主語がないことである。つまり、「遣唐使」という語ではどこの国・民族が派遣したのか明らかにはならない。新羅《しらぎ》であれ渤海《ぼっかい》であれ、あるいははるか西方の大食《タージ》(イスラム)であれ唐に派遣した使者は遣唐使であり、そこに区別は表れない。それを日本が派遣した使節として疑わないところに、歴史をみる視線が一方的になっているという問題点があらわになるのであり、それを相対化することこそが歴史を学ぶことの一つの意義であるといえる。

それではこの問題に対する考察を深める手がかりとして、唐は日本から来た使節を実際にはどのように呼んでいたのか、と設問してみよう。具体例をあげると、盛唐期の皇帝・玄宗《げんそう》が七五三年に帰国する日本の遣唐使に対して惜別の詩を詠んでいる。そのタイトルは「送日本使（日本使を送る）」であった。つまり当時日本使と呼ばれていたことがわかる。同時代に新羅から日本にやって来た外交使節を日本では「新羅使」と呼んでいる。外交使節の呼び方はその立ち位置によって、どこから来たのかとどこへ行くのかというベクトルが交錯する。日本史に立脚しているからといって日本の立場にこだわっていてはいくつもの立場が重なり合う国際関係というフィールドを分析することは難しいだろう。さしあたって便宜的に、ここでは日本が唐に派遣した外交使節を遣唐使と呼ぶことにするが、遣唐使とは日本のみではないという意識を常に念頭に置くことが必要である。

派遣回数について　もう少し話を具体的なところに進めてみよう。遣唐使は何回派遣されたかという問題がある。唐との往来について、実際の派遣の有無を問わず列挙したものが次頁の表1である。この表は普通の遣唐使年表とは異なり、唐との往来に関わった日本（七世紀は倭《わ》国）側の使節をすべて取り上げた。

項目について説明を加えておく。初動年次とは該当する使節の史料上の初見である。なぜわざわざそのようなことをいうのかといえば、「〇〇年の遣唐使」という表記があった時に「〇〇年」とは具体的にどの時点を指すのかという問題があまり意識されていないことが多いからである。実際のところ初動年次の表れ方はさまざまである。①は出発の年次、⑨は唐に朝貢《ちょうこう》した際の年次、⑩は使節任命の年次（実際の出発は翌年）である。そこに統一した基準があるわけではない。加えて、遣唐使は出発から帰国まで二年程度かかることが多いが、「〇〇年」と記した場合にそれが二年以上にわたるできごとであることが、これまた意識されなくなってしまう。たとえばシンプルな年表に「六三〇年　遣唐使派遣」とのみ記されていたとすると、六三〇年の単年的なできごととして処理されて数年にわたる継続的なプロジェクトであったことが見落とされることになりかねないという恐れがあ

表1 「遣唐使」一覧

	初動年次	使　人	備　考
①	630(舒明2)	犬上御田鍬 薬師恵日	
②	633(舒明5)	吉士雄麻呂	対馬まで
③	653(白雉4)	吉士長丹	
④	654(白雉5)	高向玄理	
⑤	659(斉明5)	津守吉祥	
⑥	665(天智4)	守大石	
⑦	667(天智6)	伊吉博徳	朝鮮半島まで
⑧	669(天智8)	河内鯨	⑨と同一か
⑨	670(天智9)		⑧と同一か
⑩	701(大宝元)	粟田真人	
⑪	716(霊亀2)	多治比県守	
⑫	732(天平4)	多治比広成	
⑬	746(天平18)	石上乙麻呂	派遣せず
⑭	750(天平勝宝2)	藤原清河	
⑮	759(天平宝字3)	高元度	
⑯	761(天平宝字5)	仲石伴	派遣せず
⑰	762(天平宝字6)	中臣鷹主	派遣せず
⑱	775(宝亀6)	佐伯今毛人	
⑲	778(宝亀9)	布勢清直	
⑳	801(延暦20)	藤原葛野麻呂	
㉑	834(承和元)	藤原常嗣	
㉒	847(承和14)	神御井	
㉓	874(貞観16)	大神巳井	
㉔	894(寛平6)	菅原道真	派遣せず

る。歴史を立体的に理解するためには、時間のとらえ方にも気をつける必要がある。

使人とは、それぞれの遣唐使の代表的な人物をあげた。なお、この表ではあえて帰国の年次を掲出していない。それは複数の船で移動した遣唐使は帰国においてバラバラになり（当然行きもバラバラになることがあるが少なくとも出発は同時である）、帰国の年が同じになるとは限らないからである。

さて、回数の問題に戻ろう。表では唐との往来に関わった使節は二四回を数える。しかし、研究のうえで遣唐使の派遣は一八〜二〇回とされることが多く、その数え方は一定していない。それはカウントの基準が論者によってまちまちだからである。たとえば⑬⑯⑰㉔は派遣されていない。派遣の有無を基準にすればこれらは除かれることになる。だが、派遣されなかったとしてもそれが計画されたこと自体に政治的な意味を見出す立場からすれば、それはカウントするべきということになる。さらに、⑯は派遣されずに終わったが、使節の人員を総入れ替えして計画を仕切り直したのが⑰である。そうすると、⑯と⑰は一連のプロジェクトについて人員の入れ替えにすぎないということになり、同一の計画とカウントするべきか、人員の入れ替えを重視して区別するべきか、という問題が生じることになる。つまり、何を基準とするかによって遣唐使の派遣回数は変わるものであり、どのように数えるかということは、その人の遣唐使に対する考え方を反映するものといえるだろう。なお、⑦は百済《くだら》滅亡後に唐が旧百済に設置した熊津《ゆうしん》都督府との交渉の過程で派遣されたものである。白村江戦後に倭国は唐との戦後交渉を重ねたが、唐側は熊津都督府がその交渉相手であった。⑦の伊吉博徳《いきのはかとこ》は朝鮮半島で唐の駐留軍との外交を行ったということになる。それでは朝鮮半島に赴いた⑦は遣唐使と呼んでよいのか。

この問題は二つの論点を内包している。一つは、外交そのものをどのようにとらえるかということである。皇帝と天皇（大王）という国のトップ同士の意思疎通を外交とするのか、それともより広範囲の国としての事務交渉を含めて外交とするのかという理解のあり方に関わってくることになる。もう一つは、国と地域の対応関係である。一時的に唐が朝鮮半島の一部を占領状態に置いた時、そこでの交渉をどのような歴史としてとらえるのか。この問題は遣唐使だけではない。本章のテーマからはそれるが、同時期に東北アジアにあった渤海において端的に表れる。渤海は現代ではどこの国の歴史として考えるか、という問題をめぐって論争となっている。韓国では朝鮮史として位置づけられるが、中国では唐の地方政権の一つとして中国史のカテゴリーで扱われている。地域の歴史は国の歴史と必ずしも合致しないのであり、それにもかかわらず一致させようとしてその統一的な理解が阻まれることになる。遣唐使を含めた国際関係史は、常にそうした問題に直面するテーマであるということを心に刻んでおく必要がある。

三 遣唐使の論点

先述のように教科書では遣唐使の論点として、派遣間隔、使節の実態、交通ルートがあげられている。遣唐使研究にはいくつかの側面がある。遣唐使研究の古典ともいうべき森克己『遣唐使』においてその論点はおおよそ示されている（森克己 一九五五）。第一に交通史、第二に国際関係史、第三に文化交流史である。なお、森克己の遣唐使研究もいくつかの問題をはらむものであり、当時の状況をふまえながら読む必要がある（河内 二〇一七）。それぞれの論点についてみてみよう。

交通史的観点 まず交通史について。初期の遣唐使研究は交通史のカテゴリーでとらえられていた。現在でも遣唐使といって想起されるのはその船旅であろう。茂在寅男は海事史の分野からこの問題にアプローチする（茂在 一九七九）。それは遣唐使船の復元という問題につながる。主として絵巻に記されている図像からの復元が試みられているが、絵巻は同時代ではなく後代のものであるため注意が必要である。海中考古学の進展によって沈船の研究の進捗もあり、これらの成果を取り込んでいく必要もある。なお、これまで見過ごされてきた記述から船舶構造を明らかにする文献的アプローチも可能である（東野 一九九四）。このように、遣唐使の船舶の研究は多分野（海事史・美術史・考古学・文献史学）からの多角的な検討が求められるのであり、今後さらに取り組まれる必要がある。

なお、遣唐使の交通ルートを考える際に問題となるのは海上だけではない。遣唐使は出発の儀式を執り行ったらそのまま出立しなければならない。そして、都から難波《なにわ》を経て瀬戸内海を通って大宰府《だざいふ》に至り、渡海する。さらに、中国沿岸に到達したら現地で外交使節である旨を伝えて長安《ちょうあん》（場合によっては洛陽《らくよう》）に向かう。つまり見過ごされがちであるが、遣唐使には陸路も存在するのである。遣唐使のルートは陸路と海路より成り立っており、海だけ見ていても遣唐使の交通の全貌は明らかにはできない（河内　二〇一九）。特に陸路については古代交通史において古代道の検討が進められており、その成果を活用していくことが求められている。古代における港湾のあり方なども視野におさめる必要がある（石村　二〇一七）。中国で発掘が進み、承和の遣唐使で唐に赴いた円仁《えんにん》が『入唐求法巡礼行記《にっとうぐほうじゅんれいこうき》』に記した唐の港湾の実情が明らかになりつつあることも見逃せない。

遣唐使のルートはおもに北路、南路、南島路、渤海路があげられる。通説的には七世紀には北路（朝鮮半島経由）がとられ、八世紀に新羅との外交関係から南路（東シナ海横断）に切り替わるとされる（保科　一九八七）。ただし、七世紀にも江南を目指す「呉唐路」が存在したという指摘もあり（岸　一九八六、河内　二〇一九）、それに対する批判もある（森公章　二〇一九）。南島路についてもその存否をめぐって見解が分かれている（杉山　一九九五、山里　一九九九）。渤海路のように日唐以外の第三国を経由するルートも遣隋使の時代からみることができる。交通も東アジア諸国の多様な関係の上に成り立っていたのである。

国際関係史的観点　次に国際関係史について。日本（七世紀は倭国）と唐の外交関係は、先に述べたように日本から唐への派遣が通説で二〇回前後、唐から日本への派遣は三回にすぎない。それゆえ東アジア全体の活発な国際関係のなかでは、日唐関係は多極的な国際関係の一つでしかない。さらに唐代史研究から指摘されているように、唐の国際関係において重要なのは北アジアや中央アジアとの関係であり（石見　二〇〇九）、そもそも東アジアの政治的重要性はそれほど高くなかった。また、東アジア各国の遣唐使の派遣状況を見ても、新羅が一九〇回以上、渤海が一一七回であり、多く見積もっても二〇回前後である日本の遣唐使とは派遣頻度がまったく異なる。こうした比較の視点から遣唐使、さらには中国との国際交流が歴史に与えた影響を念頭に置く必要がある。

ところで、遣唐使において見解が分かれている問題として、八世紀以降の遣唐使の派遣理由をめぐる評価がある。それは、遣唐使の派遣を定期的なものとして理解する説と、天皇ごとの一代一度のプロジェクトとして位置づける説が提示されている。前者は、『唐決集《とうけつしゅう》』と呼ばれる、留学僧が日本における仏教教義上の問題を唐の仏教界に問い合わせて作成された問答集であるが、そこに「二十年一来の貢を約す」という記述がみえる。これを重視して二〇年前後の定期的派遣と理解するものである（東野　一九九二）。一方、後者は日本の王権の事情を重視して、遣唐使の派遣の契機について代替わりに意義を見出す見解である。両者のスタンスの違いとしては、前者が日唐の二国間関係の表出として遣唐使を理解しようとするのに対して、後者は外交を王権の権能としてとらえる国内支配の機能に重点を置くことによるものであると評することもできるだろう。もちろんいずれかの二者択一という問題ではないが、遣唐使を派遣するということ自体が古代史研究において自明ではないのである。

　そもそも日中関係史という大きな枠組みのなかで考えると、三世紀前半の邪馬台国《やまたいこく》と魏《ぎ》の外交、五世紀の倭の五王と南朝・宋《そう》の外交、七・八世紀の遣隋使《けんずいし》・遣唐使派遣というように、日中外交は断続的であって常に継続しているわけではない。それでは古代日本（倭国）は中国とどのような必然性があってその都度外交関係を結んだのか、そうした巨視的な視点が求められるのである。

文化史的観点　さて、最初に述べたように、遣唐使は正倉院宝物《しょうそういんほうもつ》と相まって文化史的なイメージで彩られている。では、正倉院宝物において外国からもたらされた物品はどれくらいの割合を占めているかというと、二〇一一年度末の時点で宝物が八九三五点を数えるのに対して、舶載品は四〇〇点に満たないという（成瀬　二〇一二）。さらにいうなれば、舶載品の内訳において唐からもたらされた物品以外に、たとえば新羅琴のように朝鮮半島から伝わったものも一定の割合を占めている。正倉院と遣唐使を安易に結びつける言説からそろそろ解放される必要があるだろう。

　ただし、それは遣唐使の役割における文物・知識の持ち帰りを否定するものではない。それは留学者の活動からもわかる。留学者とはなじみのない用語であるが、律令国家の派遣した留学生《るがくしょう》（長期滞在）・請益生《しょうやくしょう》（短期滞在）、仏教界から派遣された学問僧（長期滞在）・還学僧《げんがくそう》（短期滞在）、さらには律令国家以前の留学した人物を総称する用語である。先の教科書の叙述のように留学者は奈良時代のイメージが強いが、遣隋使の時代から連綿と続けられている。遣隋使に付随して留学し帰国後に大化改新のブレーンとなった僧旻《みん》や高向玄理、七世紀半ばに入唐して玄奘《げんじょう》に師事した道昭《どうしょう》など、留学者は常に一定の役割を果たしてきた。今後求められるのは、それぞれの時期において唐に対してどのような需要が生じていたのか、それをふまえてどのようなものが持ち帰られたのか、ということをていねいに分析していくことであろう。

なお、中国の発掘はここでも重要な資料を提供する。井真成《せいしんせい》墓誌は文献に名を残さなかった留学生の一面を照射した。それは遣唐使の活動のこれまで見えなかった面を明らかにするものとして注目しなければならない。

経済史的観点　最後に経済史的観点について。遣唐使が唐において外交上の贈答を行うとともに、交易を許されさまざまな文物の購入が行われている。いわゆる朝貢貿易である（榎本　二〇〇八）。ただし、これも長安における購入ばかりではなく、地方都市での活動などにも注目する必要がある（石井　二〇一八）。この方面の研究は他の論点に比べると立ち遅れており、今後の進展が望まれる。特に唐代史の成果を取り込んでいく必要がある（石見　一九九八）。交易史をモノの流通という経済史的視点でとらえることも有効である（フォン・ヴェアシュア　二〇一二）。

なお、遣唐使の経済活動として注目されるのが、いわゆる入唐交易使である。九世紀に史料に断片的に表れるそれはこれまで注目されることが少なかったが、九世紀の新しい形態の国際交流を示すものとして議論の俎上にのぼるようになっている。東シナ海交易圏の形成という時代の動向と遣唐使がどのように結びつくのか、遣唐使の衰退と絡んで今後の論点となりうるであろう。

四　歴史のとらえ方

歴史を考える際に必要なスタンスの一つに、当時の考え方や状況をふまえてどのようなことが起こりえたのか、仮説を立ててそれを検証するという作業の実践がある。史料に書いてあることを読み取るということは、それを書いた人の考えをトレースすることである。単に史料の内容を祖述すればよいというものではない。史料の裏側にある、書かれなかった史実について思いをめぐらせることによってこそ歴史の全体像に迫ることができるのであり、遣唐使はそのような視点によってはじめて具体的な歴史になるのである。

参考文献

シャルロッテ・フォン・ヴェアシュア『モノが語る日本対外交易史　七―一六世紀』藤原書店、二〇一一年
・七世紀から一六世紀までの日本の対外交易をロングスパンで見渡す。遣唐使の特質は日本史における対外交流の全体をふまえなければ正しく判断できない。交易史という限定ではあるものの、古代を超えてそれを論じる本書は細かい論点に収斂しがちな歴史をみる目に巨視化を促すものである。
東野治之『遣唐使』岩波書店、二〇〇七年
・遣唐使の動向をさまざまな史料から多角的に浮き彫りにする。わかりやすい叙述で遣唐使の実態を理解することができ、入門書としてうってつけである。
森　公章『遣唐使の光芒―東アジアの歴史の使者―』KADOKAWA、二〇一〇年
・遣唐使研究の現在の成果を取り込んでわかりやすく示している。森克己『遣唐使』と読み比べることで、研究がどのように進んだのか理解することができる。

石井正敏「遣唐使の貿易活動」『石井正敏著作集2　遣唐使から巡礼僧へ』勉誠出版、二〇一八年
石村　智『よみがえる古代の港—古地形を復元する—』吉川弘文館、二〇一七年
石見清裕『唐の北方問題と国際秩序』汲古書院、一九九八年
石見清裕『唐代の国際関係』山川出版社、二〇〇九年
榎本淳一「唐代の朝貢と貿易」『唐王朝と古代日本』吉川弘文館、二〇〇八年
岸　俊男「「呉・唐」へ渡った人々」大林太良編『日本の古代3　海をこえての交流』中央公論社、一九八六年
河内春人「遣唐使研究のなかの石井正敏」『前近代の日本と東アジア　石井正敏の歴史学』勉誠出版、二〇一七年
河内春人「遣唐使の交通—その往路—」川尻秋生編『古代文学と隣接諸学8　古代の都城と交通』竹林舎、二〇一九年
杉山　宏「遣唐使船の航路について」『日本海事史の諸問題　対外関係編』文献出版、一九九五年
東野治之「遣唐使の朝貢年期」『遣唐使と正倉院』岩波書店、一九九二年
東野治之「遣唐使船の構造と航海術」『九州史学』一一一、一九九四年
成瀬正和「正倉院宝物を考える」『正倉院宝物に学ぶ』二、思文閣出版、二〇一二年
保科富士男「遣唐使航路の北路変更事情に関する予備的考察」『白山史学』二三、一九八七年
茂在寅男『古代日本の航海術』小学館、一九七九年
森　克己『遣唐使』至文堂、一九五五年
山里純一「南島路の存否」『古代日本と南島の交流』吉川弘文館、一九九九年

6　王宮・王都の形成
―歴代遷宮と飛鳥・藤原京・平城京―

林部　均

一　王宮と王都

宮都とは、「宮室《きゅうしつ》・都城《とじょう》」(『日本書紀』天武十二年十二月条)という歴史的な用語をもとにした学術用語である。「宮室」とは、天皇(大王)の住まい(御在所)を意味し、「都城」は、「宮室」を中心とした周辺の地域(居住空間)を指す。「京」「都」(ミヤコ)ともいい、高貴な人の住まいを示す御屋(ミヤ)に、その周辺という意味の処(コ)がついたものである。近年は王宮・王都という用語が使われることが多い。

古代において、天皇は「何々の宮に天の下知らしめしし天皇」などと呼称され、居住・統治空間である王宮と一体でとらえられていた。すなわち、天皇の治世の象徴的な空間として王宮は意識されていた。そこで、王宮・王都の置かれた場所やその構造には、政治・経済・文化などのそれぞれ時代の特徴が端的に表れることになる。

二　歴代遷宮の時代

歴代遷宮　表1は奈良時代に編纂された歴史書である『日本書紀』『古事記』をもとに歴代天皇の王宮の名称をまとめたものである。名称につけられた地名から、その所在地も推定できる。また、図1は、飛鳥・奈良・平安時代を中心として、その王宮・王都の所在地を地図に示したものである。

古代においては、飛鳥時代中ごろに、王宮の位置がほぼ飛鳥《あすか》に固定されるまで、天皇一代ごとに新たな王宮が造営された。また、天皇によっては、一代でいくつもの王宮を営む場合もある。古墳時代から飛鳥時代中ごろにかけての王宮の一般的なかたちである。これを歴代遷宮《せんぐう》と呼んでいる。

近年の発掘調査の成果によると、飛鳥時代中ごろの皇極《こうぎょく》の飛鳥板蓋宮《あすかのいたぶきのみや》（六四三年〜）と推定される飛鳥宮跡II期遺構以前の王宮は、基本的に天皇（大王）一代ごと、その位置を移していた。

たとえば、古墳時代後半の欽明《きんめい》は磯城嶋金刺宮《しきしまのかなさしのみや》、その王子である敏達《びだつ》（在位五七二〜五八五）は訳語田幸玉宮《おさだのさきたまのみや》、用明《ようめい》（在位五八五〜五八七）は磐余池辺双槻宮《いわれのいけのべのなみつきのみや》、崇峻《すしゅん》（在位五八七〜五九二）が倉梯宮《くらはしのみや》、推古《すいこ》（在位五九二〜六二八）が小墾田宮《おはりだのみや》というように父の王宮を継承した例はなく、それぞれが新たな王宮を造営している。これは、比較的確実な例をあげたにすぎず、欽明から遡った歴代天皇（大王）についても、同様のことがいえる。なぜ、天皇一代ごとで王宮を遷《うつ》したのであろうか。このことについては、従来いくつかの説が唱えられている。

歴代遷宮の要因　一つ目は建物の耐用年数にかかわるもので、当時、王宮は掘立柱《ほったてばしら》建物であった。地面に大きな穴を掘って柱を建てる関係で、一定年数を経過すると、柱の耐用年数から建物の建て替えが必要となるというもので、それにともなって王宮も遷されたというものである。伊勢神宮《いせじんぐう》の式年《しきねん》遷宮をもとに二〇年というものが一つの目安となっている。しかし、天皇の在位年数にはばらつきがみられ、二〇年に満たない、わずか数年の在位であっても、新たな天皇の即位にあたっては、新たな王宮がつくられるので、この説には問題が多い。また、近年の発掘調査によって、王宮クラスの大型建築に使用された柱は直径〇・六㍍を超える太い柱であったことが明らかとなっている。掘立柱建物であっても、屋根などの一部改修をおこなえば、かなりの年数、使用に耐えうることは明らかである。また、伊勢神宮の式年遷宮も、建物の耐用年数にかかわって新しい建物に遷宮するのではなく、神々の生命力の再生といった象徴的な儀礼にともなって建て替えられることが明らかとなっており、歴代遷宮を建物の耐用年数にかかわらせて解釈する意見には問題がある。

もう一つは、生活習慣にもとづくもので、当時、父の天皇（大王）とその子である王子は別々の場所にそれぞれ王宮を営んで住んでいた。そこで、子の王子は、父の天皇の死とともに、自身の王宮で即位するために王宮が

表1　『古事記』『日本書紀』にみる王宮・王都

天皇	『古事記』	『日本書紀』
神武	畝火之白檮原宮	畝傍橿原宮
綏靖	葛城高岡宮	葛城高丘宮
安寧	片塩浮穴宮	片塩浮孔宮
懿徳	軽之境岡宮	軽曲峡宮
孝昭	葛城掖上宮	掖上池心宮
孝安	葛城室之秋津嶋宮	室秋津嶋宮
孝霊	黒田廬戸宮	黒田廬戸宮
孝元	軽之境原宮	軽境原宮
開化	春日之伊邪河宮	春日率川宮
崇神	師木水垣宮	磯城瑞籬宮
垂仁	師木玉垣宮	纒向珠城宮
景行	纒向之日代宮	纒向日代宮
成務	志賀高穴穂宮	
仲哀	穴門之豊浦宮・筑紫訶志比宮	穴門豊浦宮・橿日宮
応神	軽嶋之明宮	明宮
仁徳	難波之高津宮	難波高津宮
履中	伊波礼之若桜宮	磐余稚桜宮
反正	多治比之柴垣宮	丹比柴籬宮
允恭	遠飛鳥宮	
安康	石上之穴穂宮	石上穴穂宮
雄略	長谷朝倉宮	泊瀬朝倉宮
清寧	伊波礼之甕栗宮	磐余甕栗宮
顕宗	近飛鳥宮	近飛鳥八釣宮
仁賢	石上広高宮	石上広高宮
武烈	長谷之列木宮	泊瀬列城宮
継体	伊波礼之玉穂宮	磐余玉穂宮
安閑	勾之金箸宮	勾金橋宮
宣化	檜坰之廬入野宮	檜隈廬入野宮
欽明	師木嶋大宮	磯城嶋金刺宮
敏達	他田宮	訳語田幸玉宮
用明	池辺宮	磐余池辺双槻宮
崇峻	倉椅柴垣宮	倉梯宮
推古	小治田宮	小墾田宮

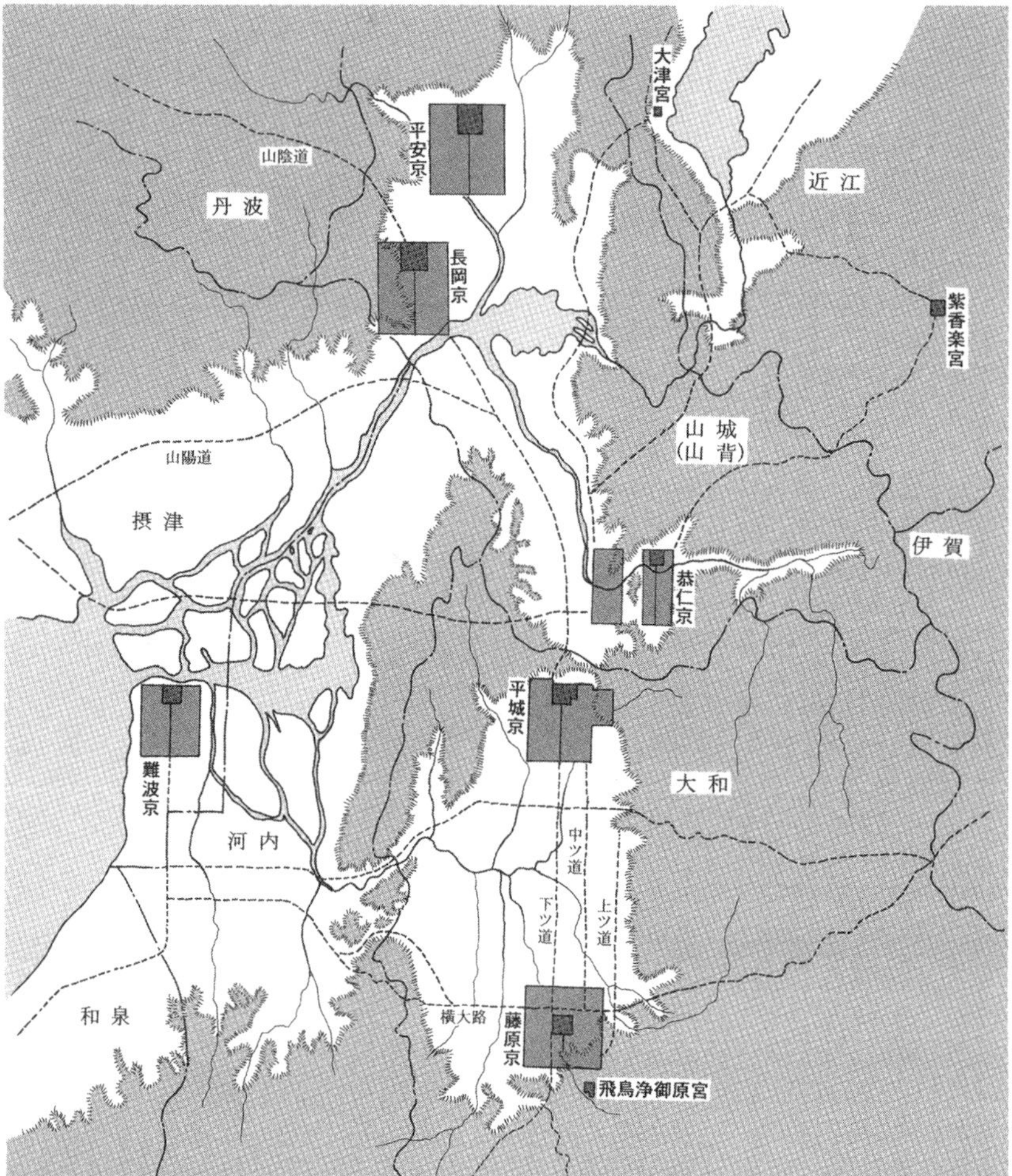

図1　古代の王宮・王都の分布

遷されたというものである。それぞれの王子は、母方の有力氏族のもとで養育され、独自な経済基盤をもち、王子宮（皇子宮）を経営したといわれている（そして、母を同じくする兄弟で、その長子が大兄《おおえ》と呼ばれ、王位継承権をもつ）。しかし、先に紹介した欽明の王子でみると、宣化《せんか》の王女である石姫《いしひめ》の子である敏達、蘇我稲目《そがのいなめ》の娘、堅《きた》塩媛《しひめ》の子である用明・推古、同じく蘇我稲目の娘、小姉君《おあねのきみ》の子である崇峻となるが、敏達と崇峻については、父子別居説でも説明がつくが、用明・推古については、母を同じくする兄と妹であるので、別々の王宮をもった理由が十分に説明できない。推古が豊浦宮《とゆらのみや》で即位（五九二年）し、小墾田宮を造営（六〇三年）しているように、即位にあたっては、自身の王宮を一時的に利用した場合もあったが、即位後、新たな王宮を造営しているとみなしたほうがよい。

さらに、前天皇の死の穢《けが》れを避けるという意味で、王宮が遷されたという説がある。しかし、この説も一人の天皇の治世のなかで、宮を遷す場合もあるので、単純に死の穢れをもってだけでは説明できない。

このように歴代遷宮についてはさまざまな意見がみられるが、どれも問題点があり、万全なものはない。私は、新たな天皇（大王）の即位にともなって、新たな治世の象徴として、新たな王宮が造営され、遷宮がおこなわれたと考える。新天皇の即位の象徴として、視覚的に目にみえるかたちで、そのことを示すために新たな王宮が造営され、遷宮がなされたと考えたい。すなわち、王宮は王権の正統性を示すものであった。ただ、同じ天皇が二つ以上の王宮をつくることがある。その大半は、仮宮《かりのみや》や行宮《あんぐう》であることが多いと考えるが、たとえば、舒明《じょめい》は飛鳥岡本宮《あすかのおかもとのみや》と百済宮《くだらのみや》という常に住まいをした正式な王宮を造営している。この場合も、飛鳥岡本宮の火災焼失にともなう遷宮であり、王宮が使用に耐えなくなったための不可抗力と考える。また、政治路線の変更にともなう新たな政治にかかわって、新たな王宮を営むということもあったと考える。

王権と歴代遷宮　ところで、古墳時代後半から飛鳥時代中ごろの歴代遷宮の時代は、天皇（大王）のもとに政治・経済を支配するためのシステムが集中されていたわけではなかった。有力な王子や豪族にその役割が分担されていた。支配のための施設も王子宮（皇子宮）や有力豪族の居宅に設けられていた。そのため、天皇の王宮の周囲には、天皇を直接に支えた施設（家政機関）をのぞいて、それほど多くの施設は存在しなかったと思われる。また、王宮の周囲に多くの人々が集まって住むこともなかった。有力な王子や豪族も、自らの王宮や居宅に住み、必要なときだけ天皇の王宮へと出向いた。このような政治形態、王権の形態であったがゆえに、天皇の代替わりごとに新たな王宮をつくるという歴代遷宮が可能となったと考える。

さて、さきに紹介した欽明やその王子たちの王宮は、奈良盆地南部の磯城・磐余地域（奈良県桜井市）に所在したと記録される。しかし、どれ一つとして、考古学の発掘調査で、その遺構が確認された例はない。それだけではなく、古墳時代の天皇（大王）の王宮が確認された例は皆無である。これは、さきに述べた歴代遷宮の問題と深くかかわる。すなわち、天皇（大王）の王宮は、その一代ごとに頻繁に遷宮を繰り返したため、遺構としての確認を困難にしているものと考える。また、この段階の王宮には、いまだ、建物配置などに規則のようなものがなかったのではないだろうか。それぞれの王宮が、多様な形態をしていた可能性もある。このことも、この時期の王宮の確認を困難にしている理由と考える。

古墳時代の天皇（大王）の王宮は確認されていないが、列島の各地で、それぞれの地域の有力豪族の居館が発掘調査でみつかっている。規模・形態とも多様であり、決まったかたちはない。また、それほど同じ場所において、頻繁な建て替えなどはみられず、短期間だけ使用して他所へと遷していることが多い。すなわち、発掘調査で確認される豪族居館の存続年代は概して短い。この背後には畿内でみられた天皇の歴代遷宮と同じ習慣が地方豪族にもあったとみてよい。

三 飛鳥・藤原京と平城京

飛鳥宮と「京」の形成 飛鳥時代中ごろ、王宮の位置がほぼ飛鳥に固定されるようになり、歴代遷宮の時代は終焉をむかえる。皇極の飛鳥板蓋宮の造営が画期となり、それ以降、孝徳《こうとく》の難波長柄豊碕宮《なにわながらとよさきのみや》、天智《てんじ》の近江大津宮《おうみおおつのみや》の短期間をのぞいて、王宮は飛鳥に営まれることになる。

飛鳥の王宮は、奈良県高市郡明日香村岡に所在する飛鳥宮跡がそれにあたる。飛鳥宮跡では一九五九年からの発掘調査により、ほぼ同じ場所に三時期の宮殿遺構が存在していることが明らかとなっている。古い順に舒明の飛鳥岡本宮（六三〇〜）、皇極の飛鳥板蓋宮（六四三〜）、斉明《さいめい》・天智の後飛鳥岡本宮（六五六〜）と天武《てんむ》・持統の飛鳥浄御原宮《あすかきよみはらのみや》（六七二〜）があたる。すなわち、ほぼ同じ場所で、建物を全面的に建て替えつつ、また、一部改作を加えつつ、六代五人の天皇が約四〇年余りにわたって王宮を営んだ。ただ舒明は飛鳥に定着することなく、飛鳥岡本宮が火災焼失後（六三六）、飛鳥とは異なる地に百済宮（六三九〜）を造営して遷る。

そこで、つぎの皇極の飛鳥板蓋宮以降、飛鳥が支配拠点としての王宮の所在地として本格的に整備がはじまる。そして、斉明の後飛鳥岡本宮で王宮とその周辺の整備が一段と進み、天武の飛鳥浄御原宮において、王宮を中心としてさまざまな支配のための施設が建ち並び、さらにその周囲には、有力氏族の居宅や役人たちの住まいが一定の都市計画にもとづいて配置されるようになる。飛鳥の「京《みやこ》」の成立である。ただ、飛鳥には、どのような方格地割も導入されなかった。しかし、王宮を中心とした支配のための施設の集中と有力氏族や役人たちの王宮周辺への集住は、王都の成立とみてよい。

藤原京の造営 持統八年（六九四）十二月、王宮は飛鳥浄御原宮から藤原宮《ふじわらのみや》へと遷される。王宮の周囲には、はじめて条坊制が導入された。すなわち、都城と呼ばれる方格のグリッドプランをもつ計画都市が、中国の影響のもと成立した。天皇の住まいや多くの役所が藤原宮に統合された。そして、その周囲の条坊制《じょうぼうせい》の方形街区には役人たちの居住区が設定された。都の形態は東西一〇坊（約五・三キロ）、南北一〇条（約五・三キロ）、その中央に王宮を配置するという中国の古典である『周礼《しゅらい》』をモデルにしたという復元が有力であるが、いまだ京域には検討の余地を残している。また、最近は『周礼』をモデルにしていないという意見もある。

藤原京には持統・文武・元明の三天皇の王宮が所在した。しかし、藤原京は、実際は「新益京《あらましのみやこ》」と呼ばれ、もともとからあった飛鳥の「京」を含めて、新たに益《ま》した京であるという変則的な形態をとっていた。条坊制を導入した計画的な都市というよりは、もともとからあった飛鳥の「京」をベースに、それに条坊制をかぶせて再整備をおこなった変則的な王都というのが実態であろう。飛鳥にも役所の機能などが残されていたので、飛鳥と一体となって、はじめて王都としての機能を果たすことができた。また、王都を取り巻く交通体系や市などの流通システムも飛鳥以来のものをそのまま継承していた。藤原京は確かに条坊制を導入した最初の王都ではあったが、飛鳥の「京」と一体で機能した側面が強く、条坊制という方格のグリッドプランをのぞくと飛鳥との連続性が強かった。

藤原京は、このような変則的な王都であったので、当然のことながら、王権の正統性を示すための舞台装置としては不十分な点が多々みられた。また、南に高く北に低い地形はさまざまな都市問題を引き起こした。大宝律令の制定後、その再整備がおこなわれるが、それにも限界があった。

平城遷都　和銅三年（七一〇）三月、藤原京から平城京《へいじょうきょう》へと遷都された。これまで述べてきたように飛鳥時代中ごろまでは、天皇の代替わりにともなう遷宮であり、藤原京の造営は、飛鳥の「京」の拡大・発展とみてよいならば、遷都ということでは、平城京への遷都が最初の本格的な遷都となる。王宮をはじめとしてさまざまな

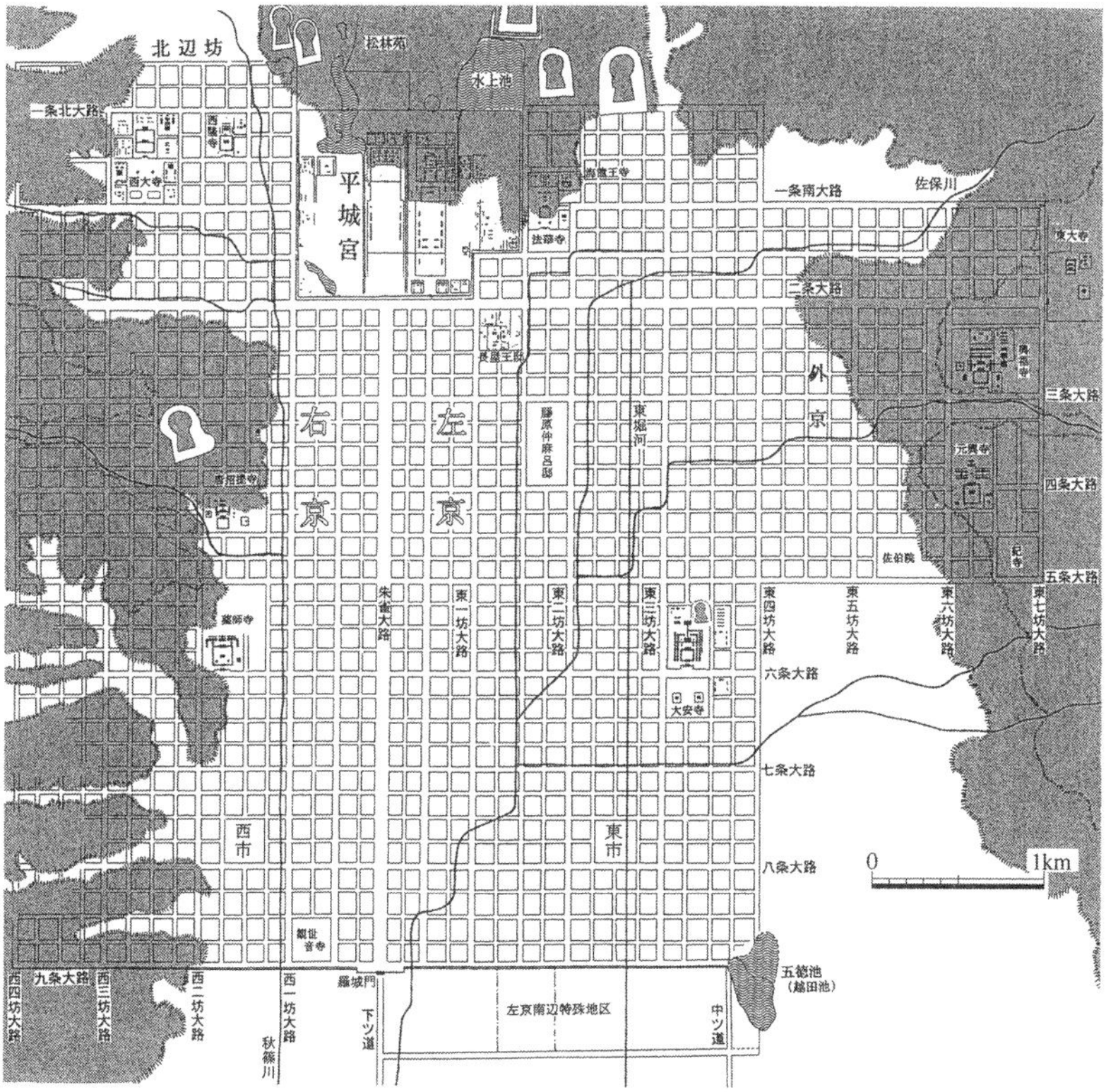

図2　平　城　京

施設や有力氏族や役人たちの居宅も遷された（図2）。

ところで、藤原京から平城京へ遷都した要因として、古くは古代国家の形成・発展に合わせて、藤原京が手狭となり、より規模が大きく完成された平城京へと遷都したという意見が有力であったが、近年の研究で藤原京が平城京を凌ぐ規模をもつことが明らかとなり、この意見は成り立たなくなった。

そこで最近は大宝の遣唐使の影響を重要視する意見が有力である。すなわち、わが国は、天智八年（六六九）以来、約三二年間にわたって遣唐使を派遣しなかった。その間、最新の中国都城の情報が途絶した。そこで藤原京では中国の古典である『周礼』にもとづいた都を造営したが、大宝二年（七〇二）に派遣された遣唐使が大唐帝国の都長安《ちょうあん》でみた中国都城のすがたは、あまりにも藤原京とは異なるものであった。そこで、東アジア社会の中で有利に外交を進めるためにも、そして国家の威信を示すためにも、新たな都城の造営が必要となった。そして、大宝の遣唐使の長安での見聞をもとに造営されたのが平城京であるという意見である。東アジアの政治動向も視野に入れた魅力的な仮説であるが、私は平城遷都の理由は、これだけではないと考える。さきにも指摘したように藤原京は飛鳥の「京」をベースとして条坊制を導入した変則的な都であった。王権にかかわる儀礼の施行にあたってもさまざまな不具合が生じていたものと思われる。また、はじめての条坊制を導入した関係で、廃棄物の処理、下水の処理など、これまでになかったような都市問題が発生していたと考えられる。こういったさまざまな問題を解消するために平城遷都が政治日程にあがったのではないか。もちろん、東アジア社会とのかかわりという国際的な問題も平城遷都の要因であったと思うが、こういった現実的な問題も、遷都の理由としてあげることができる。平城遷都にかかわる問題は外的要因か内的要因か、という二者択一的な問題ではないであろう。この二つの問題が複雑に絡み合っているとみるのが自然である。

ところで、平城京は奈良盆地北部の北に高く南に緩やかに傾斜する地形を選んで造営された。藤原京とは異なり、何の制約もない大地に、古代国家が意図した都づくりがおこなわれた。

都の中央北辺には天皇の住まいである内裏《だいり》や儀式の場である大極殿《だいごくでん》・朝堂《ちょうどう》、そして二官八省の省庁とともに実際の支配のための実務をおこなう役所が統合された平城宮が置かれた。平城宮の南面中央には朱雀門《すざくもん》が開き、その南には幅約七四メートルの朱雀大路《おおじ》が都のメインストリートとして総延長約三・七キロ、羅城門《らじょうもん》までのびていた。そして、朱雀大路から東を左京《さきょう》、西を右京《うきょう》として条坊の方形街区が設定された。全体では東西八坊（一坊は五三〇メートル、五三〇×八で約四・二キロ）、南北九条（約四・七キロ）、左京の二条から五条までに東西三坊のいわゆる外京《げきょう》（実際は左京）と呼ばれる張り出しがあった。平城京では藤原京で発生していたさまざまな問題の解決がはかられた。また、この段階になってはじめて、飛鳥を中心とした流通・交通体系が全面的に改定が加えられ、平城京を中心とした体系に組みかえられた。

まさに平城京は「京師は、百官の府にして、四海の帰く所なり」（和銅元年二月条）、「京師有りて、帝王居と為す。万国の朝する所、是れ壮麗なるに非ずは、何を以てか徳を表さむ」（神亀元年十一月条）と『続日本紀』に記されたとおり、古代国家の王都として荘厳に造営された。平城京は天平十二年（七四〇）から十七年にかけて恭《く》仁宮《にきゅう》、難波宮、紫香楽宮《しがらきのみや》への一時的な遷都の時期をのぞいて、桓武《かんむ》天皇による延暦三年（七八四）の長岡京への遷都まで八代七人の王都であり続けた。

ところで、平城京は近年の大和郡山市下三橋《しもみつはし》遺跡の発掘調査で、都の南端の羅城門を越えて、さらに都の方形街区である条坊（一辺五三〇㍍の方形区画）が一条分（約五三〇㍍）南にのびていることが明らかとなった。平城京は、少なくとも、その造営当初は、現在知られる南北九条よりも大きくつくられていたことが判明した。そして、奈良時代の早い段階でその一部を放棄し、南北九条に京域を確定し、その後、羅城門や羅城が造営されていた。この段階で、京域が確定した南北九条、東西八坊の規模が、長岡京《ながおかきょう》、平安京《へいあんきょう》へと継承される。日本の都城のかたちの基本型（宮の位置や都のかたち・大きさ）は、平城京において奈良時代はじめに確定されたといえる。まさに、飛鳥・藤原京と試行錯誤を繰り返した都づくりは、平城京の段階で、はじめてその完成形態となった。

しかし、初期の平城京には、それほど多くの人々が住んだ形跡がない。ガランとした広い空間に条坊制の方格地割のみがひろがっていた。実際、平城京が都市としての繁栄を示すようになるのは、恭仁宮や難波宮、紫香楽宮への遷都から戻った奈良時代中ごろ以降になって、都での造作、寺院の造営などにともなって、地方から都にやってきた人々を中心として都市民とも呼びうる階層の人々が出現してからである。平城京もこのような都市民が成立してくると、遷都も容易ではなくなる。延暦三年（七八四）十一月に都を山背《やましろ》の長岡京に遷すにあたっては桓武天皇による周到なる政治的な戦略が必要となる。また、遷都後も、そのまま平城京に住みつづける人々もいた。ここに政治的な支配拠点としての王宮から発展し、すなわち役人が集まり住む政治的な都市であった飛鳥・藤原京から、平城京において本来的な都市へと脱却していく王宮・王都の発展過程を読み取ることも可能であろう。このことは古代国家の成立と成熟過程とも深くかかわる。

参考文献

岸　俊男『日本の古代宮都』岩波書店、一九九三年
・古代宮都の展開とその構造の特徴をまとめた基本的な概説書。
林部　均『古代宮都形成過程の研究』青木書店、二〇〇一年
・王宮、王都の形成過程から古代国家の形成について論じる。
林部　均『飛鳥の宮と藤原京―よみがえる古代王宮―』吉川弘文館、二〇〇八年
・飛鳥宮跡と藤原京について発掘調査の成果をまとめた概説書。
今泉隆雄『古代宮都の研究』吉川弘文館、一九九三年
小澤　毅『日本古代宮都構造の研究』青木書店、二〇〇三年
岸　俊男『日本古代宮都の研究』岩波書店、一九八八年
木下正史『藤原京―よみがえる日本最初の都城―』中央公論新社、二〇〇三年
舘野和己『古代都市平城京の世界』山川出版社、二〇〇一年
馬場　基『平城京に暮らす―天平びとの泣き笑い―』吉川弘文館、二〇一〇年
吉村武彦・吉川真司・川尻秋生編『古代の都―なぜ都は動いたか―』岩波書店、二〇一九年

コラム２　多賀城と東北の城柵

永田　一

城柵の機能とその性格

倭《わ》王権は大化改新と呼ばれる政治改革を進めるなか、東北地方の蝦夷《えみし》が居住する地域に対し支配領域の拡大に動き出した。その際、地域支配の拠点として設けたのが城柵《じょうさく》である。大化三年（六四七）に渟《ぬ》足柵《たりのさく》（新潟市王瀬付近に比定）、翌年には磐舟《いわふね》柵（新潟県村上市岩船付近に比定）を設置した。

古代東北の城柵の性格について、かつては蝦夷に対するトリデと考えられていたが、考古学の発掘調査にもとづいた研究が進んだことで、近年では官衙《かんが》的施設ととらえられることが多くなった。ただし、城柵には兵士が駐屯することもあり、軍事的な側面があったことも忘れてはならない。また、七世紀代の初現期の柵には、①中央直営の官衙的形態をとるものと、②囲郭《いかく》集落（材木塀と溝をめぐらせた集落）の形態をとるものがあり、この二形態は律令制下の城柵にも引き継がれ、①の形態は多賀城《たがじょう》や胆沢《いさわ》城などの国府《こくふ》や鎮《ちん》守府《じゅふ》が置かれた城柵に、②の形態は桃生《ものう》城や伊治《これはり》城などの前線に築かれた城柵に継承された。

城柵の周辺には柵戸《きのへ》《さつこ》が置かれた。柵戸とは城柵の経営を支えるために付属させた、他の地域からの移民のことである。たとえば磐舟柵には越《こし》（北陸地方）と信濃《しなの》の人々を柵戸として移住させた。

また、仙台市にある郡山《こおりやま》遺跡のⅠ期官衙（七世紀半ば〜七世紀末）からは東北産土師器《はじき》のほかに関東系土師器や畿内産の土師器が出土し、郡山遺跡Ⅰ期官衙・Ⅱ期官衙の西側には同遺跡に付属した集落とみられる遺跡が見つかっている。七世紀半ばごろ、倭王権は東北地方へ支配領域を拡大するための拠点として、日本海側と太平洋側双方に城柵を設置したのである。なお、郡山遺跡II期官衙（七世紀末～八世紀前半）は、多賀城創建以前の陸奥《むつ》国府と考えられている。

城柵の設置は蝦夷社会に大きな影響を与えた。蝦夷のなかには都へ朝貢するものもいたが、城柵への朝貢が主流となった。蝦夷は城柵に朝貢してミツキを貢納し、位階や禄物を授かった。また、柵戸の移住により城柵の周辺では蝦夷系住民と移民系住民が雑居することになった。こうした状況のもと、城柵では交易が盛んに行われるようになった。

城柵は官衙的機能と軍事的機能を持ち、蝦夷系住民と移民系住民を付属し、さらに交易と交流の場としての性格も有したのである。しかし、城柵の設置は蝦夷との間で軋轢も生み、蝦夷が反乱を起こすこともあった。

多賀城の創建とその役割

八世紀に入ると律令国家は東北地方で支配領域の拡大を加速させ、蝦夷の反発を招いた。陸奥国では養老四年（七二〇）に蝦夷が反乱を起こして按察使《あぜち》上毛野広人《かみつけののひろひと》を殺害し、神亀元年（七二四）には海道《かいどう》蝦夷が反乱を起こして陸奥大《だい》掾《じょう》佐伯児屋麻呂《さえきのこやまろ》を殺害した。律令国家は征討軍を送り、これらの蝦夷の反乱を鎮圧した。

多賀城（宮城県多賀城市）はこうした情勢のなかで築かれた。『続日本紀《しょくにほんぎ》』には多賀城創建の記事がなく、天平九年（七三七）の陸奥出羽連絡路建設の記事に「玉造等の五柵」とともに「多賀柵」と記されるのが初出である。一方、多賀城南門跡付近に現在も立つ多賀城碑には大野東人《おおののあずまひと》が神亀元年に創建したと書かれている。ただし、養老六年ごろにはすでに造営がはじまっており、神亀元年は完成した年だったことが木簡の検討により明らかにされた。

多賀城には創建当初から陸奥国の国府と鎮守府が置かれ、陸奥国の行政と軍事を統轄する機能を有していた。多賀城の創建に使われた瓦は多賀城から二〇～三〇キロ北の大崎地方の瓦窯で生産されたもので、同じ瓦窯の瓦は大崎平野の城柵・官衙遺跡や寺院遺跡にも供給された。また、「玉造等の五柵」は玉造《たまつくり》・新田《にった》・牡鹿《おしか》・色麻《しかま》柵と名称不明の一柵のことで、大崎・牡鹿地方に設置された城柵である。こうしたことから、多賀城の創建は当時の陸奥国の北辺であった大崎・牡鹿地方の城柵・官衙の設置と一体のもので、律令国家が進める蝦夷支配体制の再編・強化のまさに中核であった。

また、多賀城には多賀城廃寺という付属寺院があった。付近の山王《さんのう》遺跡から「観音寺」と書かれた墨書土器が出土しており、「観音寺」または「観世音寺」が寺名とみられている。また、多賀城廃寺の伽藍《がらん》配置は大宰府《だざいふ》の観世音寺《かんぜおんじ》（福岡県太宰府市）と類似する。大宰府は大陸・朝鮮半島に対する、多賀城は蝦夷に対する守りの役割を果たした。辺境の官衙という共通点をもつこれらの付属寺院に、同じ伽藍配置が採用されたのである。陸奥国では仏教に対し一般的な鎮護国家以上のことが期待された。仏教の教化によって蝦夷を帰服させ、その呪術力で辺境地域の安泰を祈ったのである。

国立歴史民俗博物館は精巧な多賀城の模型を所蔵している。また、多賀城跡の近くには東北歴史博物館があり、多賀城に関する充実した展示をみることができる。ぜひ、こうした展示を見学してイメージを膨らませ、多賀城跡を訪れてほしい。

参考文献

熊谷公男『古代の蝦夷と城柵』吉川弘文館、二〇〇四年
高倉敏明『日本の遺跡30　多賀城跡』同成社、二〇〇八年

コラム3　大宰府の成立

酒井芳司

那津官家の修造と筑紫大宰の派遣

　大宰府《だざいふ》は、成立期も含めると、七世紀から一二世紀の九州北部にあって、国防と外交、西海道と呼ばれた九州地方の九国三島（天長元年〈八二四〉に多褹島《たねのしま》が大隅国《おおすみ》に併合された後は九国二島）の統治を掌った、律令制における最大の地方官衙《かんが》（役所）である。

　大宰府の起源と考えられているのが、宣化《せんか》天皇元年（五三六）に、倭王権《やまとおうけん》が那津《なのつ》の口《ほとり》（博多）に修造したと伝える官家《みやけ》、いわゆる那津官家《なのつのみやけ》である。ミヤケ（屯倉・官家）は、倭王権の支配拠点であり、筑紫君磐井《つくしのきみいわい》の乱後、継体《けいたい》天皇二十二年（五二八）十二月に磐井の息子の葛子《くずこ》が糟屋屯倉《かすやのみやけ》を献上したのを最初として、全国に設置された。

　磐井を討った物部麁鹿火《もののべのあらかひ》と大伴金村《おおとものかなむら》は、磐井の支配下にあった九州北部の中小豪族とその統率下の人民を、物部氏や大伴氏に服属する地方の伴造《とものみやつこ》と部民《べみん》に編成した。これを前提として倭王権は、糟屋屯倉に続いて、九州北部の筑紫《つくし》・豊《とよ》・肥《ひ》の三国に穂波《ほなみ》屯倉など八つの屯倉を置き、さらに非常時に備えて、三国の屯倉を統括する官家を那津に造営した。倭王権は、伴造となった地方豪族を通じて、その統率下の部民を、これらのミヤケに奉仕させることによって、那津官家を頂点とする九州北部の統治体制を運用した。

　この那津官家は、筑紫国造《くにのみやつこ》となった筑紫君葛子とその子孫が現地管理者となり、宣化天皇二年に派遣された大伴磐《いわ》と狭手彦《さでひこ》の兄弟や久米王子《くめのみこ》など中央豪族や王族の将軍の指揮のもと、朝鮮半島における新羅《しらぎ》との戦争遂行のための出兵基地として機能した。その遺跡は福岡市博多区比恵《ひえ》遺跡群の六世紀中ごろの大型建物群に比定される。

用明天皇二年（五八七）に、蘇我馬子《そがのうまこ》が物部守屋《もりや》を討滅し、崇峻天皇四年（五九二）に、新羅を討つために、馬子に協力して守屋を討った紀、巨勢《こせ》、大伴、葛城《かつらぎ》氏の将軍が筑紫に派遣された。この四氏族将軍が九州北部の物部氏の支配地域を奪っていく。さらに推古《すいこ》天皇十年（六〇二）に厩戸王子《うまやとのみこ》（聖徳太子）の同母弟の久米王子が新羅を討つ将軍として後の筑前国島郡に駐屯する。この前後から上宮王《じょうぐうおう》家《け》（聖徳太子一族）や推古天皇、蘇我馬子など推古朝の王権中枢部による博多湾沿岸を中心とした九州北部の部民支配が進展する。

推古天皇十五年の遣隋使派遣を契機として、久米王子などの王族将軍の系譜を引き、新たに外交機能を加えた筑紫《つくしの》大宰《たいさい》（大宰府の前身）が派遣された。その駐留場所は明らかではないが、那津官家と考えられる比恵遺跡の役割が、七世紀前半に南に隣接する那珂《なか》遺跡群に移るので、これを筑紫大宰が那津官家に駐留したことによる事態とみる理解がある。

律令制支配の成立と筑紫大宰・筑紫総領

大化元年（六四五）に始まる大化改新において、那津官家と三国の屯倉は、筑紫大宰と別に新たに派遣された筑紫《つくしの》総領《そうりょう》によって、それぞれ筑紫評《つくしのこおり》（後に筑紫大郡《おおごおり》・筑紫小郡《おごおり》に分かれ、客館としても機能した）と三国の評に編成されたが、筑紫評が三国の評を統括する体制は解体されなかった。七世紀後半の那珂遺跡群では福岡県大野城市の牛頸窯《うしくびかま》産（月《つき》ノ浦《のうら》窯跡）の瓦が出土し、筑紫大郡が所在したとも推定され、筑紫総領も駐在したであろう。

天智《てんじ》天皇二年（六六三）の白村江《はくそんこう》の敗戦後、翌年の同三年には水城《みずき》が築造され、同四年には大野城と椽《き》（基肄《きい》）城が築かれる。国防と外交を掌る筑紫大宰は、新たな国防拠点の司令部として、那津から防衛施設に囲まれた現在の太宰府市に移転した。筑紫総領は那津に引き続き駐留し、筑紫国造など九州の国造を支配下に置いて九州地方の統治を掌った。

壬申の乱を経て、天武朝に戸籍の整備と五十戸一里の編戸が進展し、天武天皇十二～十四年（六八三～六八五）の国境画定を経て、筑紫国造などの国が解体されて律令制の国（令制国《りょうせいこく》）としての筑紫国や肥国、豊国などが成立すると、筑紫総領も天武朝後半から持統朝に那津から太宰府市に移転する。大宰府政庁跡西側の蔵司西《くらつかさにし》地区で七世紀末の久須評《くすのこおり》（後の豊後《ぶんご》国球珠《くす》郡）の荷札が出土し、政庁周辺で内政統治機能が整備されていることが、これを裏づける。東国や吉備《きび》、周芳《すおう》、伊予《いよ》など各地に派遣されていた総領は、大宝律令《たいほうりつりょう》によって廃止されたが、筑紫のみは大宰と総領が統合され、大宰府が制度的に完成したのである。

参考文献

倉住靖彦『古代の大宰府』吉川弘文館、一九八五年
大宰府史跡発掘五〇周年記念論文集刊行会編『大宰府の研究』高志書院、二〇一八年

III

平安時代の政治と外交

1　古代豪族から貴族へ

野口　剛

一　貴族イメージの転換

これまでの貴族像　日本古代の通史的記述では、古墳時代などで使われていた豪族という言葉がいつの間にか消え、貴族という言葉に置き換わっていく。その変換は、早ければ推古朝《すいこ》あたりのこともあれば、もっと遅れて平城京の時代からのこともある。確かに養老二年（七一八）に編纂された名例律《みょうれいりつ》7六議《りくぎ》条には「貴を議る。謂はく、三位以上。」と見え、また、同13五位以上妾条には「五位以上、是を通貴と為す。」とあることからすれば、その元となった大宝律令が編纂された八世紀初めには、貴族という言葉を使って状況を説明することは可能である。

しかし、その一方で、今日、われわれが「貴族の世の中」、「貴族の時代」といった表現で描いているイメージとは、藤原道長《ふじわらのみちなが》や頼通《よりみち》などに代表される平安時代中期の摂関《せっかん》政治であろう。それは『源氏物語』や『枕草子《まくらのそうし》』といった文学作品、さらにはそれが視覚化された絵巻物の存在によって、いっそう具体化されたものとなっているともいえるし、「久方の　光のどけき　春の日に　しず心なく　花の散るらむ」という『古今和歌集《こきんわかしゅう》』の和歌の調べによっていっそう感性に訴えるものにもなっている。そして、こうした時代をある時期から平安朝あるいは平安時代と称することになったが、これもその意味では「貴族の時代」を表現するうえで絶好のネーミングであったともいえるだろう。

しかし、こうした貴族のイメージというものは、必ずしも厳密な貴族という言葉の定義や関連した史料批判の上に築かれていったものというわけではない。むしろ、最近まで平安時代という時代を対象とした研究は、文学の分野を除くと、比較的不活発な領域であったといえよう。それは、九世紀までは、『続日本紀《しょくにほんぎ》』などの六国史《りっこくし》が整い、『令集解《りょうのしゅうげ》』などによって律令も知られるという史料的に有利な条件があったのに対して、平安時代になるとそれらがしだいに立ち消えとなり、それに代わって断片的な貴族の日記や儀式の次第を書いた典籍、それに多分にフィクションの要素も混じった文学作品などが中心となり、体系的な史料が不足してくるというところに最大の原因があった。また、大宝年間におおよその形が成立した律令に規定された官職や位階の制度が、緩慢な変化を遂げつつもずっと後まで継続していったということも影響しているのであろう。

新しい展開　ところが、こうした状況はここ三〇年ほどのうちに非常に変化してきた。それは、各地の開発にともなって多くの木簡《もっかん》や墨書土器《ぼくしょどき》、それに邸宅の跡地などの新しい考古学的資料がいくつも発見され、都のなかだけでなく、農村部における生活実態も徐々にわかってきたからである。また、いわゆる律令国家についての研究が一定程度の飽和点に近づき、研究者の関心がしだいに未開拓領域としての平安時代に向かい始めたということも影響していると考えられる。その結果、従来から知られていた史料についても、新しい見地からの見直しが開始され、『延喜式《えんぎしき》』や『御堂関白記《みどうかんぱくき》』などについての全面的な注釈が刊行されたというのは、その典型的な事例であろう（虎尾　二〇〇〇、山中　二〇〇三）。さらに、日本列島上の現象をユーラシア大陸とのかかわりのなかから見ていこうとする文明史的な傾向がより普及してきたことも関係しているのであろう。かつては摂関政治とは藤原氏の私的家政機関が国家の政治を左右していたという見方がなされた時期もあったが、いまやそうした理解は完全に過去のものとなり、平安時代の政治を律令国家から中世国家へむかう一つの国家システムとしていかに位置づけるかがいま最大の論点に浮上してきているのである。

したがって、ここではこうした新しい研究状況をふまえて、あらためて日本列島社会において豪族が貴族へといかに成長してきたのかの道筋をたどってみることとする。

二　都市に移住する豪族

古墳時代の豪族　六世紀以前の豪族を考えるとき、従来は大小さまざまな形の古墳やそこから出土する祭祀具や武器などを素材とする以外には方法がなかった。しかし、それが大きく転換することになったのが、一九八一年に群馬県高崎市で発見された三ツ寺《みつでら》I遺跡の豪族居館である。この遺跡は当初、古墳時代の豪族が近世の城郭の掘割のような水濠をもつ屋敷に住んでいるということで注目を集めたが、その後、その周辺に墳長が一〇〇㍍を超える巨大古墳を有する保渡田《ほとだ》古墳群があり、さらにその豪族の下で生活していたと思われる住民の集落、水田、畑地などが一体のものとして発見されたという点で画期的なものとなった。そして、こうした豪族居館は東北地方から九州地方にいたる各地で確認されていったが、さらに一九八二年に群馬県北群馬郡子持《こもち》村（現在は渋川市）で発見された黒井峯《くろいみね》遺跡や二〇一二年に同じ渋川市で見つかった金井東裏《かないひがしうら》遺跡などは、六世紀前半の榛名山《はるなさん》の大噴火で村落が埋もれてしまったものであり、当時の生活や人間の活動がそのままの形で確認され、この時期の具体的な人間の姿までを推測できるようになった。

こうした五世紀から六世紀にかけての時代は、中国南朝の宋《そう》や梁《りょう》の歴史書に記されたいわゆる倭《わ》の五王からその後の時代にあたり、近畿地方の王権の勢力が関東地方から九州中部にまで拡大するとともに、朝鮮半島へも出兵を行っていた時期に相当する。そして、しだいに行政機構が複雑化する近畿の王権の下では、豪族たちがウヂと称される単位で組織化され、さらにカバネというもので王権との関係を表現するようになっていった。このウヂとは、血縁的集団を示す語であるという点では異論がないものの、それが父系なのか母系なのか、それとも双系なのかという点で今日、意見が分かれる。しかし、ユーラシア大陸のアルタイ系諸語においては、いずれも父系の親族集団を示す語彙との対応関係が指摘されており、日本列島ではやや流動性をもちながらも父系集団を示すものといえよう。そして、明治期から昭和初期にかけては、それが政治制度であるのか、それとも社会組織であるのかという議論もあったが、これはウヂがもともと父系の血縁集団を意味するものであったがために、それを用いて豪族の政治制度として整えられていったものと考えられる。また、それらの豪族たちは、近畿地方において大王を推戴したが、もとはその大王と並列関係にあるような豪族のウヂには、葛城《かつらぎ》や蘇我《そが》などの地名を付け、臣というカバネを附して呼称するようになり、一方、大王の権威が高まるなかで特定の仕事を担当していったウヂには大伴《おおとも》や物部《もののべ》、中臣《なかとみ》などの職業名をかぶせ、連《むらじ》というカバネを附して大王との関係を明示していった。そして、こうしたウヂやカバネの名称は大王から付与されるものであったために、大王やその一族には個人名しかなく、また、豪族が統治している地域の住民もウヂやカバネの名称をもっていなかった（溝口　一九八七）。こうしたことからすると、六世紀までの豪族は田畑や山林、河海で行われる生業との一体性が強く、そうした自らの保有する経済基盤の上に立って軍事や祭祀に関与し、近畿地方の王権に関与する存在であったといえよう。

豪族の生活変化　ところが、七世紀になるとこうした状況は非常に変化してくる。それは、一つにはユーラシア大陸東部に唐《とう》という巨大な帝国が出現し、その周辺地域はそれへの対応を迫られるということであり、もう一つには六世紀以降の日本列島内において顕著になった、大量の後期古墳を築造するにいたった新興豪族の台頭である。こうした新しい状況に対して近畿地方に拠点をもつ大王を中心とした豪族連合が選択した対策が、中国や朝鮮諸国の制度に範をとった成文法の整備であり、政治権力と経済力とを一ヵ所に集中させ、それを目に見える形で表現できる古代都市の建設であった。『日本書紀』によれば推古天皇十一年（六〇三）十二月には冠位十二階《かんいじゅうにかい》の制を定めて個人を単位とした官人の登用制度を導入し、天智天皇の三年（六六四）二月に出されたいわゆる甲《かっ》子《し》の宣《せん》ではウヂの統率者としての氏上の地位を明確化した。さらに、天武天皇十三年（六八四）十月には八色《やくさ》の姓《かばね》により、これまで上下関係が曖昧であったカバネについても序列化を行った。こうした一連の政策は、従来の豪族を単位とした政治システムから、位階と官職をもった個人が単位となる政治システムへと転換をさせるものとなった。そして、豪族自身の生活もしだいに自らの領有する土地から切り離され、藤原京や平城京といった、少なくとも人口数万を擁する古代都市のなかに住居をもち、行政機構から与えられる給与によって暮らすものとなっていった。こうした段階になると、もうそれは豪族というよりも、明らかに貴族という言葉によって表現するほうが適切となってこよう。一九八七年（昭和六十二）に確認された平城京左京三条の長屋王《ながやおう》と吉備内親王《きびないしんのう》の邸宅跡は、この人物が当時の最高権力者のものであったという点ではにわかには一般化できないものの、八世紀前半の貴族の生活を具体的に知るうえでは非常に重要なものとなった。しかし、その一方で、天平十一年（七三九）秋に大伴坂上郎女《おおとものさかのうえのいらつめ》が竹田庄《たけだのしょう》で作った歌として「然とあらぬ　五百代小田を　苅り乱り　田廬に居れば　京師し念ほゆ」、また、同時期に郎女が秋の稲蘰《いなかずら》を大伴家持《やかもち》に贈った歌として「吾が蒔ける　早田の穂立ち　造りたる　蘰ぞ見つつ　しのばせ吾が背」というものがある。これらは郎女が実際の農作業の現場にいたのではなく、どこまでも想像上の産物であるとする理解もあるが、『万葉集』全体に漂う素朴な鄙《ひな》の感覚は、天平年間の貴族が依然として完全な都市生活者とはなりきっていないことの証左でもあろう。

三　動かぬ都

平安京成立の意義　平城京は唐の長安城《ちょうあんじょう》にならった北闕《ほっけつ》型の、日本におけるはじめての本格的な古代都市ではあったとしても、天平年間には恭仁京《くにきょう》や難波宮《なにわのみや》などへ遷都が繰り返され、さらに延暦三年（七八四）には山背国《やましろ》の長岡京《ながおか》へと遷都が行われている。こうした政治的中心の頻繁な移動は、当然のことながら都市の機能の十分な成熟を妨げたことであろう。延暦十三年の平安京への遷都は、その都を遷《うつ》した先の地名から名づけられたものではなく、永遠に安泰な都を造ろうとする祈りを込めて命名されたという点でも特異であり、『日本紀略《にほんきりゃく》』弘仁元年（八一〇）九月丁未条によれば桓武《かんむ》天皇が「万代の宮と定め賜へる平安京」としたとされている。延暦十三年のこの時点で本当にそれ以降に遷都をしないと考えられていたか否かは疑問も残るが、一三世紀初めに書かれた『方丈記《ほうじょうき》』には「嵯峨ノ天皇ノ御時都ト定マリニケル」と記されているように、後世の人々からすれば、平安京が古代の都として確立したのは、大同五年（八一〇）九月に平城《へいぜい》上皇や藤原薬子《くすこ》らが政変で敗北した後、嵯峨《さが》天皇の時代にはじまるという認識がもたれていたことは確かである。もっとも、『続日本紀』の延暦八年七月甲寅条には、交通の利便性を高めるために鈴鹿《すずか》・不破《ふわ》・愛発《あらち》の三つの関を廃止したとあり、また、『日本紀略』の延暦二十年五月甲戌条には、調庸《ちょうよう》の都への輸送を容易にするために官道が通過している諸国に対して渡し舟や船橋の設置が命じられている。こうしたことからすれば、八世紀末から九世紀初めのこの時期に、道や川における交通の施設もそれまでと比較してかなり整備され、都市には諸国からもたらされる多様な生産物を集積させるようになってきたということは十分推量されるだろう。したがって、そういった都市に移り住み、その集積物品に依存する貴族たちの生活も、田園に拠点をもっていた時代のものとは明らかに隔絶したものになっていったことは確かであろう。

新たなるウヂとカバネ

こういった状況のなかで、弘仁六年（八一五）七月には『新撰姓氏録《しんせんしょうじろく》』が撰進されている。本編三〇巻、目録一巻からなるこの書は、現在、全体は残されていないものの、その抄録本があり、そこから推測するに、畿内五ヵ国に居住する一一八二のウヂの出自や氏姓の改称などが記されていたことがわかる。もっとも、これが完成されるまでには、半世紀におよぶ前段階があり、まず初めには、天平宝字年間の末に『氏族志《しぞくし》』の編纂が試みられている。これは、中臣氏系図に収録されている延喜本系のなかにも「天平宝字五年（七六一）に撰氏族志所の宣に依りて勘造して進るところの本系帳」という言葉が見え、藤原仲麻呂《なかまろ》政権の下で氏姓の記録の整理が行われていたことがわかる。また、『日本後紀《にほんこうき》』の延暦十八年（七九九）十二月戊戌条には桓武天皇が広く天下に布告して、三韓諸蕃《さんかんしょばん》をもふくめた氏族の本系帳の進上を命じている。しかし、これらの事業はいずれも推進者が没することにより、中断して完成を見なかったため、改めて弘仁年間に企画されたものである。八世紀の中ごろよりこうした作業が繰り返された背景には、その時々の権力者の政治的思惑も作用はしているが、より根底的には日本列島のなかで七世紀後半に作られたウヂとカバネの制度が混乱をきたしているということがあろう。それは、一方では海外から渡来してきた人々の位置づけであり、また、日本列島内にあっては、九州地方南部や東北地方での版図拡大にともなう、新たな住民の編成が影響しているものと思われる。本来、大宝令に根拠をもつ位階と官職の制度は個人を単位として機能するものであるが、日本列島社会においてはその前提として、七世紀中期に明瞭な輪郭をもち始めたウヂとカバネの枠組みの上で動くものであった。その結果、位階と官職の制度が整備されていくということは、藤原氏などを頂点とするいわゆる貴族層だけでなく、徐々に社会の下層に向かってウヂとカバネの秩序が拡大していくことは必然的なものであったといえよう。

氏文と氏神

そして、こうした社会の動きのなかで、やはり注目しておかなければならないのが、氏文が作成されるようになるということと氏神の祭祀が明確になるということであろう。日本列島中央部の社会において、系譜というものが作られるのは、埼玉県行田《ぎょうだ》の稲荷山《いなりやま》古墳から出土した鉄剣の銘文からも判明するように、少なくとも五世紀後半を下ることはない。また、和銅五年（七一二）に撰上された『古事記』でも、各天皇の記事の冒頭には誰の娘の誰と娶《めあい》して誰を生むといった形式の親子関係が記されている。さらに、養老四年（七二〇）に奏上された『日本書紀』には、現存はしていないが、系図一巻があったという。こうしたことから、大王やそれを取り巻く豪族層においては、すでに早い段階から系譜が形成されていたであろうことは想像にかたくない。しかし、現存する系図において、最古に属するものが滋賀県大津市の園城寺《おんじょうじ》にある『円珍俗姓系図《えんちんぞくしょうけいず》』と京都府宮津市の籠《この》神社にある『海部氏《あまべし》系図』である。これらの最終的な成立年代について前者は承和年間、後者については貞観十三年（八七一）から元慶元年（八七七）までの間に成立したという推定もなされている（鈴木　二〇一七）が、いずれも九世紀の平安初期であるということは非常に示唆的でもある。というのは、この時期は『新撰姓氏録』の編纂が行われたというだけでなく、このほかにも大同二年（八〇七）には斎部広成《いんべのひろなり》が中臣氏との職掌をめぐる争いのなかから『古語拾遺《こごしゅうい》』を提出し、また、『新撰亀相記《しんせんきそうき》』は天長七年（八三〇）に卜部遠継《うらべとおつぐ》が記したとされるが、こうしたそれぞれのウヂが自らの職掌を文字として書き記すという現象の背後には、単に墨や紙の生産が増加し識字率も向上してきたということだけではなく、八世紀後半から九世紀にかけて盛んに行われる改賜姓の動きが関係していることは間違いない。系図が記され、保存されるということもこれと無関係ではありえない。さらに、この時期には橘《たちばな》氏が梅宮社《うめのみやしゃ》を祭り、和《やまと》氏や大江《おおえ》氏が平野社《ひらのしゃ》に奉仕するといった氏神祭祀の現象も現れてくる。『日本三代実録《にほんさんだいじつろく》』などによれば、梅宮に坐す神四座とは大若子《おおわくご》神、小若子《こわくご》神、酒解《さかとけ》神、酒解子《さかとけのこ》神のことであり、また、『延喜式』には平野社に坐す神四座とは今木《いまき》神、久度《くど》神、古開《ふるあき》神、比売《ひめ》神であると記されている。しかし、これらの神々はそれぞれのウヂの祖先と位置づけられているわけではなく、それらの社の祭祀を行うことによって、ウヂが一つの集団としてのまとまりをもつという機能を有していた。そもそも、「氏神」とか「氏之神」という言葉は、それほど古くから使われていたわけではない。『先代旧事本紀《せんだいくじほんぎ》』巻五の『天孫本紀』に崇神《すじん》天皇のとき伊香色雄命《いかがしこおのみこと》が建布都《たけふつ》大神を石上《いそのかみ》に遷して物部氏の「氏神」として崇《あが》め祠《まつ》ったという記載があるが、これを実年代と見ることはむずかしく、『万葉集』三七九番および三八〇番の説明に天平五年（七三三）十一月に「大伴の氏の神に供え祭りし時、聊《いささ》かこの歌を作る」と見え、『大日本古文書』六―四〇七頁の宝亀三年十月二十八日付の請暇解《しょうかげ》には「私に氏の神を奉るべきに依り」、また、『続日本紀』巻三十四の宝亀八年（七七七）七月に内大臣藤原良継《よしつぐ》の病気平癒のため「其の氏の神鹿嶋の社を正三位に、香取の神を正四位上に叙す」といった表記が早い事例に属するといえる。こうしたことからしても、律令にもとづく位階と官職の秩序が整うなかで、ウヂという集団を結集する核の一つとして氏の神が明確化される必要があったと考えられる（義江　一九八六）。そして、そうした段階のウヂはもはや土師《はじ》や中臣といった古い時代の職業に起源をもつものではなく、菅原《すがわら》や大江、藤原や大中臣《おおなかとみ》といった新しい時代の名称を装ってたち現れてくるのである。

四　貴族文化の成熟

ウヂからイエへ　貴族というものを特定の血縁集団が文化的で継続的に安定した存在となり、後世から見たときに一定の規範性をもつようになったものととらえるならば、それは一〇世紀を待たねばならないだろう。醍醐《だいご》天皇や村上《むらかみ》天皇の時代は延喜《えんぎ》の治や天暦《てんりゃく》の治とよばれて、後世から一つの理想的な時代であったと考えられた。延喜五年（九〇五）に成立したともいわれる『古今和歌集』は、平安後期になると古今伝授という形をとり、和歌の世界の規範と意識されるようになった。藤原氏の中でも北家《ほっけ》に流れをくむ実頼《さねより》の系統が小野宮《おののみや》流、師輔《もろすけ》の系統が九条流《くじょう》、そして道長の系統が御堂流《みどう》などとして儀式における公家故実が確立していった。ウヂというものが完成することによって、そこからはじめて特定のイエという単位が成立してくるのである。

「伝統文化」の成立　日本列島における中世社会の見方として公家、武家、寺社という勢力が社会の上層部にいて、それぞれ土地を支配し民衆を統治したとするものがあるが、武家の代表である源氏や平氏もその根源は貴族層の中から分離して形成されたものであるし、寺社勢力も元を訪ねれば貴族層の出身者によって占められていた。この時期、ユーラシア大陸の東部では唐帝国が崩壊し五代十国《ごだいじっこく》の混乱を経て宋帝国が成立するも、その北方では遼《りょう》や金《きん》の勢力によって絶えず動揺する。また、朝鮮半島でも新羅《しらぎ》の統一が崩れ、後三国の時代を経て高麗《こうらい》王国へと変化する。こうした環境の下で、日本列島中央部では後世への枠組みともいえる基本的な国家の姿が現れてくるのである。これを「日本」の古典的国制の成立という見方（吉田　一九九七）もできれば、律令を独自に組みなおした後期律令国家とみる場合（大津　二〇〇一）もある。また、それを初期中世国家の誕生と理解する考え方（吉川　二〇〇二）も出てくるのである。

参考文献

倉本一宏『藤原行成「権記」』上・中・下、講談社、二〇一一〜一二年
・摂関政治の記録を口語訳して平易に解説している。ほかに『藤原道長「御堂関白記」』もある。

佐伯有清『新撰姓氏録の研究　本文篇』吉川弘文館、一九六二年
・今日につながるウヂ研究の基礎となったもので、このほかにも考証篇第一〜第六（一九八一〜八三年）、索引・論考篇（一九八四年）、研究篇（一九六三年）、拾遺篇（二〇〇一年）がある。

土田直鎮『日本の歴史5　王朝の貴族』中央公論社、一九六五年、のち二〇〇四年、改版のうえ中公文庫
・摂関政治のとらえ方を更新した概説書で、新しい平安時代研究の起点となったものである。

大津　透『日本の歴史06　道長と宮廷社会』講談社、二〇〇一年、のち二〇〇九年、講談社学術文庫
沖森卓也・佐藤信・矢嶋泉編著『古代氏文集』山川出版社、二〇一二年
加藤友康編『日本の時代史6　摂関政治と王朝文化』吉川弘文館、二〇〇二年
黒板伸夫・森田悌編『訳注日本史料　日本後紀』集英社、二〇〇三年
佐藤　信『日本の時代史4　律令国家と天平文化』吉川弘文館、二〇〇二年
鈴木正信『日本古代の氏族と系譜伝承』吉川弘文館、二〇一七年
虎尾俊哉編『訳注日本史料　延喜式』上・中・下　集英社、二〇〇〇～一七年
溝口睦子『古代氏族の系譜』吉川弘文館、一九八七年
山中裕編『御堂関白記全註釈』全一六冊、思文閣出版、二〇〇三～一二年
義江明子『日本古代の氏の構造』吉川弘文館、一九八六年
吉川真司編『日本の時代史5　平安京』吉川弘文館、二〇〇二年
吉田　孝『律令国家と古代の社会』岩波書店、一九八三年
吉田　孝『日本の誕生』岩波書店、一九九七年

2　平安時代の政変と摂関政治の成立

倉本一宏

一　平安京の確立と政変

平城天皇と皇位継承　延暦二十五年（八〇六）三月、桓武《かんむ》天皇が死去した。即位した平城《へいぜい》天皇は、同母弟の神野《かみの》親王を皇太弟に定めた（『日本後紀《にほんこうき》』）。

病悩していた平城は、大同四年（八〇九）四月、突然に神野に譲位した（嵯峨《さが》天皇）。自身の皇子である高岳《たかおか》親王（生母は伊勢継子《いせのつぎこ》）を嵯峨の皇太子に立てるために、早期に譲位を行ったという側面もある。譲位した平城は平城旧宮に遷幸《せんこう》した（『日本後紀』）。

嵯峨のほうも七月から体調を崩した。翌弘仁元年（八一〇）になっても嵯峨の病悩は回復せず、三月に嵯峨は蔵人所《くろうどどころ》を設置し、嵯峨の勅令を（藤原薬子《ふじわらのくすこ》などの女官を介さず）直接に太政官組織に伝える態勢を整え、北家《ほっけ》の冬嗣《ふゆつぐ》を蔵人頭《くろうどのとう》に補している（『公卿補任《くぎょうぶにん》』）。

そして嵯峨は内裏を出て東宮に遷御した。同時に平城に神璽《しんじ》を返し、退位しようとしたことを、のちの淳和《じゅんな》天皇への譲位詔で語っている。

「薬子の変」　九月六日、平城が平城旧京への遷都を号令すると、嵯峨は九月十日、遷都によって人々が動揺するというので伊勢《いせ》・美濃《みの》・越前《えちぜん》の三関を固め、宮中を戒厳下に置いた（『日本後紀』）。

この事変の本質は、嵯峨天皇の政権が、平城太上天皇の専制的な国政運営を押し止めるために起こしたクーデターであろう（春名　二〇〇九）。嵯峨の動きを知った平城は激怒し、畿内と紀伊の兵を徴発して、十一日に東国に赴こうとした。一方、嵯峨は坂上田村麻呂《さかのうえのたむらまろ》を美濃道に派遣するとともに水陸交通の要衝に頓兵を配備し、拘禁していた薬子の兄である藤原仲成《なかなり》を射殺した（『日本後紀』）。

翌十二日、平城の一行は、大和国添上郡越田村（現奈良市北之庄町）で行く手を遮られた。平城は平城宮に引き返して剃髪、薬子は服毒自殺した（『日本後紀』）。

このようにして、いわゆる「薬子《くすこ》の変《へん》」は、あっけなく決着した。九月十三日、嵯峨は皇太子高岳親王を廃し、皇太弟に大伴《おおとも》親王（のちの淳和天皇）を立てた。

二　前期摂関政治と藤原良房・基経

皇統の迭立　思惑どおりに平城とその皇統を葬った嵯峨とその朝廷であったが、その後は当初の予定どおりにはいかなかった。妃である桓武皇女の高津《たかつ》内親王は業良《なりよし》親王を産んだものの、のちに妃を廃され、業良も不審な死を遂げる。結局、嵯峨は右大臣藤原内麻呂《うちまろ》の女である夫人の緒夏《おなつ》からも子を成すことはなく、後継者である正良《まさら》親王（のちの仁明《にんみょう》天皇）を産んだのは、橘奈良麻呂《たちばなのならまろ》の孫の皇后嘉智子《かちこ》であった。

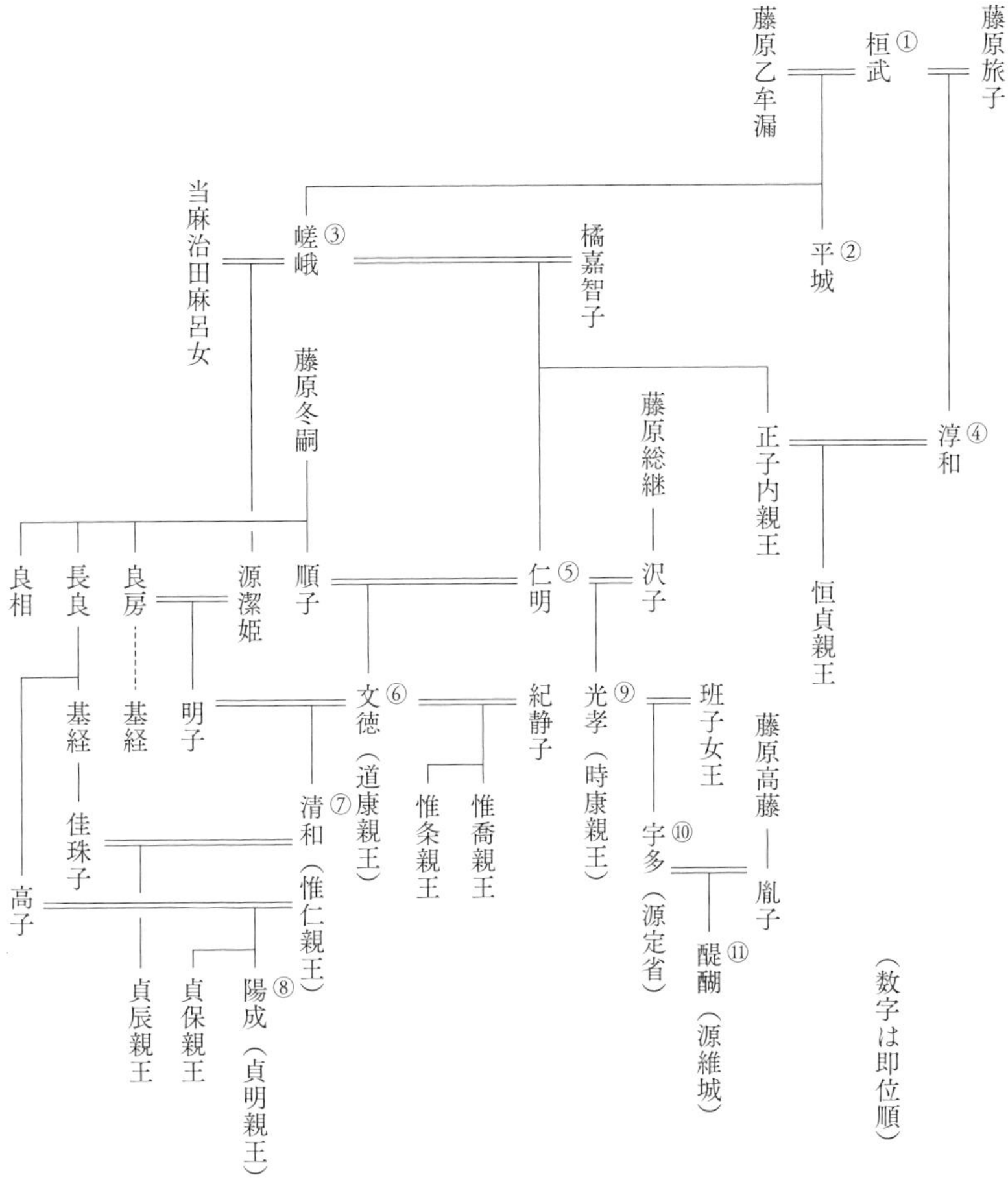
藤原旅子
桓武①
藤原乙牟漏
平城②
嵯峨③
橘嘉智子
当麻治田麻呂女
淳和④
正子内親王
恒貞親王
藤原冬嗣
藤原総継
良相
長良
良房
源潔姫
順子
仁明⑤
沢子
基経
基経
明子
文徳⑥（道康親王）
紀静子
光孝⑨（時康親王）
班子女王
藤原高藤
佳珠子
清和⑦（惟仁親王）
惟条親王
惟喬親王
宇多⑩（源定省）
胤子
高子
貞辰親王
貞保親王
陽成⑧（貞明親王）
醍醐⑪（源維城）
（数字は即位順）

図1　平安初期天皇系図

嵯峨は弘仁十四年（八二三）に位を皇太弟大伴親王に譲った（淳和天皇）。淳和は恒世《つねよ》親王（母は桓武と藤原乙牟《おとむ》漏《ろ》の間に生まれた高志《こし》内親王）を皇太子に立てようとしたが、恒世がこれを固辞し、代わって嵯峨皇子の正良が皇太子となった。淳和はその次には恒世をと期待していたはずであるが、恒世は天長三年（八二六）に死去した。

淳和にはほかに皇后正子《せいし》内親王（父は嵯峨、母は橘嘉智子）との間に恒貞《つねさだ》親王が産まれたばかりであり、嵯峨皇統と淳和皇統のどちらが嫡流となるかについて、この後、相当な神経戦が繰り広げられたという（坂上 二〇〇一）。天長二年に左大臣に上った冬嗣は、女の順子《じゅんし》を正良に入れたが、天長三年に死去した。順子が道康《みちやす》親王（のちの文徳《もんとく》天皇）を産んだのは、天長四年であった。

そして天長十年、淳和は譲位して、正良が即位した（仁明天皇）。皇太子には恒貞親王が立てられた。

冬嗣次男の藤原良房《よしふさ》は、承和元年（八三四）に参議、承和二年に権中納言に任じられた。早く弘仁十四年（八二三）に嵯峨皇女である源潔姫《みなもとのきよひめ》と結婚しているのも（『日本文徳天皇実録《にほんもんとくてんのうじつろく》』）、その期待の現われである。

承和の変　承和七年（八四〇）に淳和が死去したのに続いて、承和九年七月十五日に嵯峨太上天皇が死去すると、事態は一挙に動き出した。

十七日、平城皇子の阿保《あぼ》親王が嘉智子に封書を送り、伴健岑《とものこわみね》と橘逸勢《はやなり》が恒貞を奉じて東国に向かおうとしていることを密告したのである。嘉智子はこれを良房に送り、良房が仁明に奏上させた（『続日本後紀《しょくにほんこうき》』）。

二十三日には、恒貞親王の廃太子が宣下された。伴健岑と橘逸勢は二十八日に流罪となった一方、事件の処理にあたった良房は、二十五日に大納言に上っている（『続日本後紀』）。

八月一日、新しい皇太子を定めるよう、公卿が上表し、四日、良房の妹順子を生母とする道康が皇太子に立てられた（『続日本後紀』）。ここに両皇統の迭立《てつりつ》状態は解消し、また藤原氏内部における良房の優位が確定した。

外祖父「摂政」良房　天安二年（八五八）に病に倒れた文徳は死去し、九歳の幼帝清和《せいわ》天皇が誕生することになった。これまでまったくの少年が天皇になった例はなく、当然ながら誰かが天皇大権を代行する必要があったのであるが、それは太政大臣の良房しかいなかった。

良房は清和が元服する貞観六年（八六四）まで、外祖父として実質上の摂政《せっしょう》の役割を果たしていたのである（今二〇一二）。なお、外孫が即位するまで存命して権力を振るった藤原氏の官人は良房がはじめてであり、その後も一条天皇の代の兼家《かねいえ》、後一条《ごいちじょう》天皇の代の道長《みちなが》しか、古代には存在しない（倉本　二〇〇〇）。

貞観六年正月、一五歳に達した清和は元服し、良房の養子となっていた基経《もとつね》（父は良房同母兄の長良《ながら》）が、七人を超越して参議に任じられた。

応天門の変　良房が正式に摂政の地位に補されたのは、応天門《おうてんもん》の変《へん》の直後、貞観八年（八六六）八月のことであった。閏三月十日の夜、朝堂院《ちょうどういん》の正門である応天門が焼失した際、大納言伴善男《とものよしお》は、左大臣源信《まこと》が放火したものと右大臣良相《よしみ》に告発した。良相は基経に信の追捕を命じたが、基経はこれを養父の良房に報告した。良房は急ぎ参内して清和に報告し、信を弁護した。その結果、清和は信の赦免を命じた（『伴大納言絵詞《ばんだいなごんえことば》』）。

八月に入って、善男とその男の中庸《なかつね》が共謀して応天門に放火したという訴えがあり、九月に善男とその関係者は断罪され、流罪となった（『日本三代実録《にほんさんだいじつろく》』）。

この間の過程で、良房に対して、八月十九日、「太政大臣に勅し、天下の政を摂行させよ」との勅が下った（『日本三代実録』）。太政大臣に摂政の権限を付加したものである。

いまだ天皇の幼少時に摂政が補されるという慣行は確立してはおらず、これは事件の収拾にあたるために命じられた臨時の措置と理解すべきであろう。

十二月八日、最末席の参議であった基経は、中納言に任じられた。基経の妹である高子《こうし》が、清和の後宮に入内して女御となったのは、十二月二十七日のことである。高子は貞観十年（八六八）十一月に、貞明《さだあきら》親王を産んだ（『日本三代実録』）。そして翌貞観十一年二月、早くも貞明は立太子した。

良房は貞観十四年九月二日に死去した。数日前の八月二十五日、貞観十二年に大納言に上ったばかりの基経が右大臣に任じられている。

陽成天皇の即位と摂政基経　貞観十八年（八七六）、清和は十一月に内裏から染殿《そめどの》に移り、譲位の儀を行った。清和は、まだ二十七歳、貞明皇太子は九歳であった。ここに再び幼帝が誕生し（陽成《ようぜい》天皇）、基経は、「幼主を保輔し、天子の政を摂行することは、忠仁公（良房）の故事の如くせよ」という勅によって、摂政に補された（『日本三代実録』）。

これに対し基経は、自分は人格や功績はもちろん、良房と違って外祖父ではないという理由で、これを辞退している。また、太上天皇の在世中に臣下が政務を執ることはなく、天皇生母の皇太后が政務を執ることはあるから、天下の大事は上皇（清和）、庶事は皇母（高子）に請うようにしていただきたいとも言っている。

基経を長良の子と見ると、陽成の外舅《がいきゆう》にあたるわけであるが、良房の子と見ると、陽成とはミウチ関係にはない。基経はこの辞表で、自らの立場を確認しようとしたのではないだろうか。もちろん清和はこの上表を許さず、基経は摂政の座に就いた。

清和は基経に対し、太政大臣への任官を何度も望んだが、基経がこれを承けることはなかった。元慶四年（八八〇）十二月に清和が死去すると、陽成は勅を下し、基経を太政大臣に任じ、摂政の職を勤仕するよう命じている（『日本三代実録』）。

ところが、このころから、基経は里第《りてい》の堀川第に籠り、しきりに辞表を提出した（『日本三代実録』）。元服が近付き、政治意思を示し始めた陽成に対する不満の表われであろう。

陽成が元慶六年正月に元服すると、さっそく、基経は陽成が万機を親裁することを請うて、摂政の辞表を提出した（『日本三代実録』）。基経の里居は続き、元慶七年には実務官人が基経の籠っていた堀川第に赴いて庶務を処理するようになっていた（『日本三代実録』）。

陽成天皇の退位　そして元慶八年（八八四）二月、陽成は退位し、代わりに基経によって仁明皇子で二世代も遡る五五歳の時康《ときやす》親王が擁立された（光孝《こうこう》天皇）。

陽成の退位については、元慶七年十一月に内裏で起こった格殺事件の責任を取らせたのであると考える説が根強い。しかし、これは殺人事件ではなく過失致死程度のことだったのであって、陽成が母后高子を後ろ楯として親政を断行する懼《おそ》れが強かったという理由で、基経が陽成の廃位を実行に移したと考えるべきであろう（角田一九七〇）。

この「殺人事件」をはじめ、後世には数々の陽成の乱行説話が生まれてくるのも（『扶桑略記《ふそうりゃっき》』など）、本来は天皇家嫡流でありながら、無理やりに皇位から降ろされ、皇統を嗣ぐことができなかった陽成に対し、基経を祖とする摂関家と、光孝を祖とする天皇家が、説話を作り上げた結果であろう（倉本　二〇一四）。

基経としては、高齢の光孝の後には、女の佳珠子《かずし》が産んだ清和皇子の外孫貞辰《さだとき》親王（陽成退位時に一一歳）を擁立し、自らは摂政の座に就くことを予定していたはずである。

三　新皇統の確立

皇統交替と関白基経　光孝も、それはわかっていたのであろう、元慶八年（八八四）四月、自らの皇子女すべてを臣籍に下すことを宣し、六月、二九人の皇子女に源朝臣《みなもとのあそん》の姓《かばね》を賜わった（『日本三代実録』）。当然、光孝は在位中は皇太子を立てていない（倉本　二〇一九）。

また、五月には太政大臣の職掌の有無を検討することを、菅原道真《すがわらのみちざね》をはじめとする諸道の博士に命じた。その結果、太政大臣は唐の三師三公に相当し、具体的な職掌はないという結果が出た。そこで光孝は、基経に勅して、「太政大臣（基経）の功績は中国古代の伊霍（伊尹《いいん》と霍光《かくこう》）よりも、淡海公《たんかいこう》（不比等《ふひと》）や美濃公（良房）よりも勝っている」として、「今日からは官庁（太政官）にいて、万政を領し行い、入っては朕（光孝）の身を輔弼《ほひつ》し、出ては百官を指揮せよ。奏上すべき事と宣下すべき事は、必ず先ず大臣（基経）に諮問せよ」と命じた（『日本三代実録』）。

ここには「関白」という語は見えないが、機務奏宣という権限が語られていること、また次の宇多《うだ》天皇が出した詔のなかに、従来どおり太政大臣（基経）に『関り白し』、云々と見えることから、この元慶八年の勅が、事実上の関白の権限を基経に与えたものであることが指摘されている（坂上　二〇〇一）。

ところが基経の思惑とは異なり、光孝が一代限りで終わることはなかった。即位から三年後の仁和三年（八八七）八月、死去の四日前に基経から東宮を立てることを要請された光孝は、臣籍に降下させていた第七子の源定《さだ》省《み》を親王に復して皇太子とした。そしてその日のうちに光孝が死去した後を承けて、定省親王は践祚《せんそ》し、宇多天皇となった。光孝は一代限りの立場を脱し、光孝・宇多皇統が確立したのである（河内　一九八六）。

「阿衡の紛議」　仁和三年（八八七）十一月十七日に即位式をすませた宇多は、基経に勅書を下して輔弼を要請した（『宇多天皇御記』）。引き続いての摂政を求めたのである。さらに二十一日に「摂政太政大臣（基経）」に詔を下し、「万機巨細にわたって、百官を指揮し、案件は皆、太政大臣（基経）に『関り白し』、その後に奏し下すことは、すべて従来どおりにせよ」と命じた（『政事要略《せいじようりゃく》』）。これが関白の語の初出であるが、「関り白す」といっているのであって、まだ関白という職が確立したわけではない。

これに対して基経は、閏十一月二十六日に慣習的に辞退した。そこに「摂政を辞す表」とあるのは、先の詔に

「摂政」とあったことに対する皮肉なのであろう。それに対する勅答が二十七日に下された。橘広相《ひろみ》が作成したものである。それが、自分と基経は水魚、また父子のようなものであるから、「阿衡《あこう》の任を以て、卿（基経）の任とせよ」という文言で締めくくられていたので（『政事要略』）、紛議を呼ぶこととなった。

阿衡というのは中国の殷の時代の伊尹が任じられたという地位であるが、具体的な職掌はない。基経としては、このまま阿衡を引き受けると、自分も職掌のない名誉職に追いやられるということを言い出して、宇多を牽制しようとしたのであろう。

基経は政務を覧ない日々が続いた。翌仁和四年六月二日、宇多は先の詔を改め、広相が「阿衡」の語を用いたのは自分の本意に背いたものであるとして、「今より以後、衆務を輔行し、百官を指揮し、奏し下すことは、先の如く諮《はか》り稟《う》けよ」との勅を下した（『政事要略』）。こうして基経は正式に関白の任にあたることになり、広相を断罪し、女の温子《おんし》が十一月に入内することで決着した。

そして寛平三年（八九一）正月十三日、基経は死去した。死の床にあった基経を、宇多は九日に見舞いに行こうとしていたのであるが、突然、勅を出して停止した（『日本紀略《にほんきりゃく》』）。

なお、藤原高藤《たかふじ》女の胤子《いんし》が産んだ源維城《これざね》は皇族となって敦仁《あつぎみ》親王となり、寛平五年に立太子した（のちの醍醐《だいご》天皇）。そして寛平九年、藤原時平《ときひら》を大納言、道真を権大納言に任じ、敦仁皇太子に、時平と道真に従うようにとの遺誡を残して（『寛平御遺誡《かんぴょうのごゆいかい》』）、譲位した（醍醐天皇）。

摂関が常置されるようになったのは、次の朱雀《すざく》天皇が即位してからのことである。

参考文献

河内祥輔『古代政治史における天皇制の論理』吉川弘文館、一九八六年

・飛鳥時代から院政期までの皇位継承を、「直系主義」という価値観を基調として解読した書。

坂上康俊『日本の歴史05　律令国家の転換と「日本」』講談社、二〇〇一年

・律令国家から「王朝国家」への転換を、政治情勢と支配構造から鮮やかに描きった名著。

春名宏昭『平城天皇』吉川弘文館、二〇〇九年

・従来は評価が低く、「狂気」とさえいわれてきた平城天皇について、その政治改革の卓越さと「薬子の変」の実態を解明した書。

倉本一宏「摂関期の政権構造」『摂関政治と王朝貴族』吉川弘文館、二〇〇〇年、初出一九九一年

倉本一宏『平安朝 皇位継承の闇』角川学芸出版、二〇一四年

倉本一宏『藤原氏―権力中枢の一族―』中央公論新社、二〇一七年

倉本一宏『公家源氏―王権を支えた名族―』中央公論新社、二〇一九年

今　正秀『藤原良房―天皇制を安定に導いた摂関政治―』山川出版社、二〇一二年

角田文衞「陽成天皇の退位」『王朝の映像―平安時代史の研究―』東京堂出版、一九七〇年、初出一九六八年

3　古代国家のエミシ支配政策

武廣亮平

一　古代のエミシとその性格

エミシとはどのような集団か　国郡制を基盤として戸籍・計帳による民衆の支配を行った日本古代国家にとって、その支配がおよばない東北地方のエミシに対する支配は、国家の重要な政策の一つであった。エミシ社会への支配政策は八～九世紀を中心に展開し、その内容を論じるのが本章の課題であるが、まずその前提として、エミシとはどのような人間集団であるのか確認する必要がある。

七世紀後半から八世紀にかけて成立した日本の古代国家（律令国家）は、中華思想の理念を模した国土の支配を行い、国郡制が施行されなかった東北中部地域以北に居住する人々を、天皇の支配が直接およばない「夷狄《いてき》」（中華思想の理念による異民族集団の呼称）という身分として位置づけて「蝦夷」と表記した。蝦夷という用語の成立や意味については戦前から多くの見解が示されており、またその読みについても諸説があるが、ここでは一般的な読みである「エミシ」という読み方に従う。なお『日本書紀』などでは「蝦夷」と表記されることが多いが、一方で「毛人」と書かれた史料もあり、こちらが本来の用字であったと考えられる（工藤　二〇〇〇）。

蝦夷と俘囚　古代国家のエミシ支配を考える時にもう一つ重要なのが「俘囚《ふしゅう》」の存在である。俘囚は国家に投降、服属したエミシに対して用いられる表記であり、「蝦夷」から派生した集団の呼称とされる。その身分的な位置づけについては、国家に服属した「化民」とする記事があることから（『続日本紀《しょくにほんぎ》』神護景雲三年〈七六九〉十一月己丑条）、「百姓」（公民）と「夷狄」（蝦夷）の中間的な身分として生まれたものと考えられる（石母田　一九八九）。俘囚身分が成立する歴史的背景に関する議論も盛んであり、おもなものをあげると和銅～養老年間の大規模な柵《さく》戸《こ》政策との関連に注目する説（平川　一九八七）、蝦夷身分の百姓（公民）化政策の限界による建郡プロセスの変化によるものとする説（伊藤　一九九六）、陸奥国における養老六年（七二二）の改革により組織化された城柵《じょうさく》管轄地域のエミシ集団であるという説（古垣　二〇〇八）などがある。

「蝦夷」と「俘囚」の違いは姓《かばね》からも指摘できる。蝦夷は「遠田君《とおだのきみ》」「和我君《わがのきみ》」のように、地名に「君（公）」を付した姓が与えられ、これは居住地における部族的集団性の関係を維持したまま律令国家との関係を結んだエミシであるとされている。一方、俘囚の姓は「吉弥侯部《きみこべ》」、「丸子部《まりこべ》」のように多くは部姓であり、律令制下における公民の一般的な姓とも通じる特徴をもつ。地名を冠した姓ではないことから、地域性、集団性を失ったエミシであるという理解もあるが、服属形態の違いによるものとも考えられる。

このほかに「蝦夷」は爵位賜与の対象であるのに対し、「俘囚」は位階を賜与される対象であり（『延喜式』大蔵省）、また菅原道真《すがわらのみちざね》が編集した『類聚国史《るいじゅこくし》』の「風俗部」でも、「蝦夷」と「俘囚」は独自に項目が立てられ関連史料がまとめられている。

ところで俘囚の初見記事（『続日本紀』神亀二年〈七二五〉閏正月己丑条）は、伊予《いよ》国など陸奥《むつ》・出羽《でわ》国以南の内国への移配という内容であることから、俘囚の成立と移配との関係に言及した研究も多い。戦勝の証拠としての天皇への献上を目的とする説（河原　二〇〇八）、東国防人《さきもり》との関係から、防人の代替兵力としての役割を求められていたとする説（後述）などをあげておきたい。

エミシの集団的実態　文献にみられるエミシ（「蝦夷」「俘囚」）は、国家の支配理念が強く反映したものといえるが、人間集団としての彼らの実態はどうであろうか。考古学や民族学、言語学などの成果をもとにまとめると、エミシは言語、生業などに独自性をもつ人間集団であるとされている。実際エミシは「夷語」を話すという記録があり（『藤原保則伝《ふじわらのやすのりでん》』）、それを通訳する「訳語《おさ》」も存在した。これに関連して東北北部にはアイヌ語地名の分布が確認されることから、古代のエミシはアイヌ語系の言語を話す人間を含む集団であると考えられる。また考古学の立場からみると本州～九州は弥生文化から古墳文化と展開するのに対し、北海道は続縄文文化から擦文《さつもん》文化という独自の文化形態をたどる。その中間的地域である東北北部でも続縄文土器や擦文古土器が出土することから、エミシは北海道を中心とした北方系文化の要素と、本州を中心とする列島文化の要素をあわせもつ多様な人間集団という見方が有力である（蓑島　二〇〇一、熊谷　二〇〇四）。

二　八～九世紀のエミシ支配政策

エミシの朝貢と饗給　古代国家のエミシに対する支配政策はどのようなものであろうか。国司の職掌を記した職《しき》員令《いんりょう》大国条には、陸奥・出羽・越後《えちご》国司のエミシに対する特殊な職掌として「饗給《きょうきゅう》、征討《せいとう》、斥候《せっこう》」があげられており、そのなかでも「饗給」と「征討」が重要な位置を占めた。ここでは「饗給」と、それと対応関係にあるエミシの朝貢について概観したい。「饗給」は、「食を饗し幷びに禄を給う」（『令義解《りょうのぎげ》』）という説明からわかるように、食料や禄物を給することによってエミシを懐柔するというものであり、律令国家の蝦夷政策の根幹をなすものであった（今泉　二〇一五）。『日本書紀』斉明紀における阿倍比羅夫《あべのひらふ》の遠征記事や、飛鳥で行われたエミシの服属儀礼においても、饗給が行われていたことがうかがわれ、七世紀代からのエミシに対する基本的な政策であったことが知られる。しかしこのような政策は国家にとっては大きな支出であり、陸奥・出羽両国は自国で徴収した調と庸のほとんどすべてを饗給のために費やしていた（鈴木　一九九八）。

エミシの朝貢は上京して行われるものと、城柵など陸奥・出羽国の城柵官衙《かんが》で行われるものがあった。平城京での朝貢は元日朝賀など正月儀礼への参加記事としてみられるが、宝亀五年（七七四）の朝貢の直後に入朝が停止され、これ以降エミシ社会との対立が表面化する。一方、陸奥・出羽国での事例としては、「渡島《わたりしま》蝦夷」（北海道地域のエミシ集団）などが北方地域の毛皮を貢進した秋田城への朝貢がある。北方世界の産物は交易品として京進されることから、朝貢は実質的にはエミシ社会との交流・交易という性格もあったことがわかる（鐘江　二〇一六）。延暦年間には王臣家による私的な交易を禁止する法令も出されていることから、毛皮などの産物を希求する王族・貴族とエミシ社会との私的な交易活動が行われていたことも読み取れる（蓑島　二〇〇一）。

城柵による支配　城柵とはヤマト政権・律令国家の列島北部支配の最前線地域、すなわちエミシ社会との境界地域に築かれた政治・軍事的拠点である。このような城柵によるエミシ支配が記録にあらわれるのは、七世紀中ごろに越後平野北部への渟足柵《ぬたりのさく》、磐舟《いわふね》柵の設置以降である。律令国家が成立した八世紀前半には支配が進行し、陸奥国では神亀元年（七二四）に多賀城《たがじょう》の前身である多賀柵が建てられるとともに、仙台平野北部地域に玉造《たまつくり》・色麻《しかま》柵など複数の柵が設けられ、のちに「黒川以北十郡」とよばれる小規模な郡となった。一方、日本海側では、越後国に出羽柵をもとに出羽郡が置かれ、和銅五年（七一二）には陸奥国の二つの郡をあわせて出羽国となった。天平五年（七三三）になると出羽柵が秋田村に移転して秋田城の前身となり、さらに実現はしなかったものの、同年には多賀城と秋田柵を結ぶ交通路の開削も試みられた（永田英明　二〇一五）。

城柵を管理するのは城司であり、これには国司などの中央派遣官が任命された。陸奥国の国府となる多賀城や、のちに出羽国国府となる秋田城には城司が常駐し、それ以外の城柵にも何らかの形で派遣されていたと考えられる（今泉　二〇一五）。多賀城を例に城柵の構造をみると、まず中央に塀で囲まれた方形の政庁域がある。ここは前面に広場をもつ正殿を中心に東西の脇殿が並び立ち、南に開いた門と正殿との間に儀礼などを行う空間が広がる。政庁域の外側には官衙群や工房といった建物群が存在し、さらにそれら全体を外郭施設（築地塀）が取り囲んでいる（村田　二〇一五）。この外郭施設の存在こそ、エミシ社会に近接するという城柵の軍事的な側面を象徴するものといえよう。

城柵の周辺には東国や北陸からの計画的な移民である柵戸が居住していた。霊亀元年（七一五）には相模《さがみ》・上総《かずさ》・常陸《ひたち》・上野《こうずけ》・武蔵《むさし》・下野《しもつけ》六国の富民一〇〇〇戸を陸奥国に移住させており、その前後にも東国柵戸の移住記事がみられる。柵戸の移住は、エミシの居住する地域を国郡制支配に組み込むことを目的としたものであり、また柵戸の存在そのものが、城柵という官衙を維持するために必要であった。

陸奥・出羽国の軍制　律令制下の軍制は当国から徴発された公民一〇〇〇人を一団として編成した軍団制が中心であり、陸奥・出羽国も同様である。陸奥国の軍団数をみると、八世紀から九世紀にかけて二団から七団までの変遷が確認され、加えて坂東《ばんどう》諸国の軍団兵士から派遣される鎮兵《ちんぺい》制も存在した。陸奥国では鎮兵制は多賀柵が建てられた神亀元年（七二四）に成立し、その後、一度の中断と復活を経て、弘仁六年（八一五）以降、健士《けんし》制という新たな兵制に移行する。出羽国では鎮兵制は九世紀から制度化し、両国とも軍団制を補完する役割を担った。鎮兵は通常は城柵の守備を任務としていたが、征夷や新たな城柵の造営時にはその増員が行われており、エミシ支配のための独自の兵制という性格をもつものである（鈴木　一九九八・二〇〇八）。

八世紀のエミシの反乱と征夷　日本古代国家のエミシ政策のなかでも、軍事行動である征夷《せいい》（職員令大国条では「征討」）は最もよく知られるものであろう。史料的にはエミシの叛逆的な行為に対する軍事行動として記されるが、その前提には古代国家側のエミシ社会への支配の拡大、強化などがあることはいうまでもない。ここでは八世紀から九世紀にかけての征夷について、古代国家のエミシ支配政策との関係をふまえてまとめてみたい。

記録に残る最初の征夷は、和銅二年（七〇九）に出羽地域に対し行われたものである。その後、養老四年（七二〇）には「陸奥国蝦夷」が反乱を起こして按察使《あぜち》を殺害し、神亀元年（七二四）にも「海道蝦夷」の反乱により国司（大掾《だいじょう》）が殺害されている。養老・神亀年間は陸奥国における行政組織の再編成が行われ、多賀城も国府・鎮守府として整備される時期にあたる。養老四年、神亀元年の二つの反乱は、このような陸奥国の行政再編に対するエミシ社会の抵抗を示すものであり、養老四年のエミシの反乱により、律令国家のエミシ政策が転換を余儀なくされたとする見解も示されている（熊谷　二〇〇四）。

藤原仲麻呂《ふじわらのなかまろ》を首班とする体制が確立した天平宝字元年（七五七）以降、仲麻呂の子である朝猟《あさかり》による陸奥・出羽国の支配拡大策が展開し、新たに陸奥国桃生《ものう》城、出羽国雄勝《おがち》城が造営される。神護景雲元年（七六七）になると陸奥国伊治《これはり》城も築かれ、エミシ社会への支配はさらに進行したように思われたが、宝亀年間に入るとその状況は一変する。宝亀五年（七七四）には正月に蝦夷の入朝が停止され、さらに同年七月には「海道蝦夷」の反乱により桃生城が襲撃される。これ以降いわゆる「三十八年戦争」と呼ばれるエミシ社会との断続的な戦闘状態に入るが、こちらは藤原仲麻呂政権期と、それに続く称徳《しょうとく》・道鏡《どうきょう》政権期における支配拡大政策に対する反動と思われる（鈴木　二〇〇八）。

宝亀十一年には陸奥国上治〔此カ〕郡大領である伊治公呰麻呂《これはりのきみあざまろ》の反乱がおき（『続日本紀』宝亀十一年三月丁亥条）、陸奥国牡鹿《おしか》郡大領の道嶋大楯《みちしまのおおだて》と陸奥按察使紀広純《きのひろずみ》が殺害される。反乱の経緯を記した『続日本紀』は、道嶋大楯が「元夷種」（元はエミシの身分であった）である呰麻呂に対してとった侮蔑的な言動が原因であると説明する。ここからは国家側のエミシに対する差別的な意識と、それへの反発という反乱の構造を読み取ることができよう。

桓武朝における征夷　桓武朝に行われた征夷は、記録に残るもので三回（延暦八年・十三年・二十年）行われている（鈴木　二〇〇八、樋口　二〇一三）。紀古佐美《こさみ》を征東大将軍とする延暦八年（七八九）の征夷では、アテルイら胆沢《いさわ》地域のエミシ集団が展開する誘導、挟撃作戦により大敗を喫するが、平安京遷都と同年の延暦十三年に行われた征夷では、征夷副将軍坂上田村麻呂《さかのうえのたむらまろ》が成果をあげる。この二年前となる延暦十一年には、爾散南公阿波蘇《にさなのきみあわそ》、宇漢米公隠賀《うかめのきみおんが》という有力なエミシの族長が服属しており、このようなエミシ社会に対する懐柔策も成功の背景にあると思われる。さらに延暦二十年には、坂上田村麻呂が征夷大将軍として胆沢とその北にある志波《しわ》地域のエミシを鎮圧し、翌年にはエミシの抵抗戦力の中心的存在であったアテルイとモレが「種類五百余人」を率いて投降する。同年には新たな鎮守府となる胆沢城の造営も開始され、これ以降エミシ集団による大規模な抵抗は、九世紀末に出羽国で起きた元慶《がんぎょう》の乱《らん》までみられなくなる。近年このアテルイを中心としたエミシ社会の側から、古代国家との関係を論じた研究も出されており、注目される（樋口　二〇一三）。

延暦二十四年には菅野真道《すがののまみち》と藤原緒嗣《おつぐ》による徳政相論があり、「軍事と造作」（征夷と造都）という二大国家事業の停止が決定する。エミシ社会との戦闘状態の終結を政府が宣言するのは、文室綿麻呂《ふんやのわたまろ》による征夷が行われた弘仁二年（八一一）の暮れである（『日本後紀』弘仁二年閏十二月辛丑条）。

三　エミシの移配政策

移配政策とその変遷　次にエミシの内国への移配《いはい》と、それに関連する諸政策についてみてみたい。移配とは、八世紀から九世紀にかけて征夷などにより投降したエミシ集団を、陸奥・出羽国以南の国に移住させる政策である。その初見は神亀二年（七二五）の「俘囚」の西国への移配記事であり、これは前年に起きた「海道蝦夷」の反乱と関わるものである。移配が行われた目的として、エミシの勢力を分散させて勢力を弱めるという理解が支配的であるが、俘囚が東国防人の代替兵力としての役割を期待されている史料もあることから、軍事的な利用価値を求めているという特徴も指摘できる（武廣　二〇一七）。

関連史料から移配の内容をみると、奈良時代における「俘囚」の移配先はすべて西国であり、宝亀七年（七七六）までは軍事的行動による投降者を主体とした移配と思われるが、延暦年間には「野心を改めず」といった理由から、最初の移配先から別の場所への懲罰的な移配記事となる。一方、族長クラスである「蝦夷」を含む移配は延暦十七年（七九八）以降に確認され、これは坂上田村麻呂による延暦十三年の征夷にともなうものであろう。移配の規模も延暦年間には拡大したと考えられ、集団の表記も「蝦夷」と「俘囚」の複合的な名称である「夷俘」へと変化する。移配されるエミシ集団の実態が多様化したことを示すものだろう。

『延喜式』主税寮《しゅぜいりょう》諸国本稲条などに規定された「俘囚料」（正税の出挙利稲を俘囚の生活費などに充てるもの）の計上国は三五国にのぼり、ここからほぼ全国に俘囚が移配されていたことがわかる。なかでも常陸・下野・近江《おうみ》・肥後《ひご》国などは計上数が大きく、国内に多くの移配エミシ集団を抱えていたことがうかがえる。また『和《わ》名類聚抄《みょうるいじゅしょう》』国郡部にも「俘囚郷」（上野国碓氷《うすい》郡・多胡《たご》郡・緑野《みどの》郡、周防《すおう》国吉敷《よしき》郡）、「夷俘郷」（播磨《はりま》国賀古《かこ》郡・賀《か》茂《も》郡・美袋《みなぎ》郡）がみられる。こちらは移配エミシの居住地域がそのまま郷名になったものと考えられる。

移配地におけるエミシ支配　しかしこのようなエミシの大量移配は、それまで陸奥・出羽国が負担した懐柔政策の財源確保や、エミシ集団の実効支配といった課題をそのまま内国に持ちこむ形になったことはいうまでもない。この時期の移配はエミシの勢力分断とともに、陸奥・出羽国の財政負担の軽減という側面があることも確かである（渕原　二〇一三）。これに関連してエミシも課税対象者とする政策が模索されたが、延暦十七年（七九八）ごろに大きく転換し、逆に禄などを支給するようになる。エミシ集団の公民化の難しさを示す事例といえるだろう。

弘仁二年（八一一）には諸国に「俘囚計帳」の進上が命じられていることから、俘囚が賦課の対象となったことが知られ、「夷俘」への口分田の班給も弘仁七年には開始される。ただエミシ公民化政策の実効性については、関連史料も少なく明らかではない。

弘仁三年には、各国に移配されたエミシ集団のなかから有力な者を選出し、その集団の長とする「夷俘長」の選定が定められた。畿内近国の近江・播磨国には多くの移配エミシが居住しており、彼らは京で行われる節会《せちえ》にも参加した。「夷俘長」はこのような移配エミシ集団を統率する役割を担っていたと思われる（永田一　二〇〇七）。一方その翌年には、エミシ移配国の介以上の国司が「夷俘」の支配に関する職務を専門的に行うシステム（夷俘専当国司）もできる。弘仁七年には因幡・伯耆《ほうき》国の俘囚が京でさまざまな要求を訴える「入京越訴」といった行為が問題視されており、夷俘専当国司はこのような移配エミシが引き起こす問題への対応も求められていた。

さらに弘仁四年から翌年にかけて、出雲国では俘囚の反乱が起きる。ここで注目されるのは「遠胆沢公母志《とおついさわのきみもし》」というエミシの族長的な人物が、反乱の鎮圧に功績をあげているという点である。彼は出雲国のエミシ集団を統括する「夷俘長」だったと推測され、その秩序と治安を維持することを国家側からも期待されたようである（武廣　二〇一七）。陸奥・出羽国での支配の拡大と軌を一にしていたエミシ政策は、移配国におけるエミシ支配を中心とした政策へと次第に転換するのである。

参考文献

熊谷公男『蝦夷の地と古代国家』山川出版社、二〇〇四年
・エミシ文化の形成や古代国家のエミシ支配など、古代エミシに関する基本的な論点が示されている。エミシ研究の入門書としても最適なもの。
鈴木拓也『戦争の日本史3　蝦夷と東北戦争』吉川弘文館、二〇〇八年

・八～九世紀における古代国家のエミシ政策とその変遷を征夷を中心に述べた一冊。中央の政治との関連もふまえた幅広く手堅い議論は説得力に富む。

熊谷公男編『東北の古代史3　蝦夷と城柵の時代』吉川弘文館、二〇一五年

・律令国家成立期から八世紀までのエミシ社会と古代国家との関係を文献史学、考古学の立場から多面的に考察する。収録する七本の論考のうち、ここでは永田英明「城柵の設置と新たな蝦夷支配」、村田晃一「版図の拡大と城柵」の二本を取り上げた。

石母田正「日本古代の二つの身分秩序」『石母田正著作集』四、岩波書店、一九八九年
伊藤　循「古代国家の蝦夷支配」鈴木靖民編『古代王権と交流1　古代蝦夷の世界と交流』名著出版、一九九六年
今泉隆雄『古代国家の東北辺境支配』吉川弘文館、二〇一五年
鐘江宏之「蝦夷社会と交流」鈴木拓也編『東北の古代史4　三十八年戦争と蝦夷政策の転換』吉川弘文館、二〇一六年
河原梓水「「俘囚」身分の成立過程―日中の概念比較を通じて―」『続日本紀研究』三七三、二〇〇八年
工藤雅樹『古代蝦夷』吉川弘文館、二〇〇〇年
鈴木拓也『古代東北の支配構造』吉川弘文館、一九九八年
武廣亮平「古代のエミシの移配政策と出雲国の移配エミシ」『歴史評論』八〇二、二〇一七年
永田　一「俘囚の節会参加について―隼人・吉野国栖との比較を通じて―」『延喜式研究』二三、二〇〇七年
永田英明「城柵の設置と新たな蝦夷支配」前掲『東北の古代史3』二〇一五年
樋口知志『阿弖流為―夷俘と号すること莫かるべし―』ミネルヴァ書房、二〇一三年
平川　南「俘囚と夷俘」青木和夫先生還暦記念会編『日本古代の政治と文化』吉川弘文館、一九八七年
渕原智幸『平安期東北支配の研究』塙書房、二〇一三年
古垣　玲「俘囚身分の成立」『国史談話会雑誌』四九、二〇〇八年
蓑島栄紀『古代国家と北方社会』吉川弘文館、二〇〇一年
村田晃一「版図の拡大と城柵」前掲『東北の古代史3』二〇一五年

4　軍事制度の変容と承平・天慶の乱

中尾浩康

一　律令軍事制度

軍団兵士制―律令軍事制度の基盤　律令制の導入により全国の公民は戸籍・計帳に登録され、三〜四人に一人の割合で兵士に徴発された。兵士は庸《よう》と雑徭《ぞうよう》が免除され、各地の軍団に配属された（軍団兵士制）。中央武力として都の警衛などを担う衛門府《えもんふ》・左右衛士府《えじふ》・左右兵衛府《ひょうえふ》があり（五衛府《ごえふ》制）、また九州北部には大陸への防守を担う防人《さきもり》が置かれていた（防人制）。軍団兵士は、衛士《えじ》として一年間、防人として三年間これらの任に充てられたが、実際にはその任期は守られていない。また、防人の多くが東国出身の兵であったが、これはヤマト王権以来の舎人《とねり》の遺制ともみられる。そして軍団兵士は、戦時においては征討軍兵力の供給母体でもあった。これらについては軍防令《ぐんぼうりょう》（『令義解《りょうのぎげ》』巻五）などに規定があり、総称して律令軍事制度（律令軍制）と呼ぶが、軍団兵士制はまさにその基盤であった。

その成立の契機や目的については、地方豪族の軍事力削減と国家の常備軍創設（対内的要因）を重視する見解と、白村江《はくそんこう》の戦い以降の国際的緊張における対外戦争のための画一的軍隊創設の必要性（対外的要因）を重視する見解がある。特に軍団兵士制については研究が多く、研究史は松本政春・下向井龍彦・吉永匡史の的を射た整理（松本　二〇〇二・二〇〇三、下向井　二〇〇九、吉永　二〇一六の各冒頭の章）を参照されたい。

契機・目的・構造などをめぐって　なかでも、古代から中世までを包括的に見通した下向井の研究は注目され、軍制研究の各段階において論争の中心となっている。氏の律令軍制論は国際的契機を重視し、新羅《しらぎ》への朝貢（従属）を強要するための外征軍と位置づけた。また、正規軍同士の歩兵集団戦を想定した軍団兵士は機動力を求められる罪人追捕《ついぶ》には適さず、国内内乱や「寇賊《こうぞく》」の追捕などは捕亡令《ほもうりょう》に基づく罪人追捕方式（捕亡令「臨時発兵」規定）によるとし、その発兵対象は軍団兵士ではなく「百姓便弓馬者《きゅうばにびんならんもの》」とした。そして、対新羅侵略戦争を想定した軍団兵士の国内上番《じょうばん》時の任務は、国内要所の守衛・警衛などではなく軍事訓練であって、軍団兵士は治安維持に不可欠の組織ではないとする。それゆえ、軍団兵士は宝亀期以降の蝦夷《えみし》征討（征夷《せいい》）に動員されることもなく延暦十一年（七九二）に停廃され、八世紀にはあまり発動されることのなかった捕亡令「臨時発兵」規定が、九世紀の群盗（党）・海賊問題に対して適用され、これが国衙《こくが》軍制の法的源泉になったとした（下向井　二〇〇九）。

しかし、疑問も出されている。特に、鹿《か》の子《こ》C遺跡（茨城県石岡市）から出土した「軍士人別戎具検閲簿」にみえる「腰縄」などの理解をめぐって、松本政春との間で活発な論争に発展した。これは、「腰縄」がベルト（帯）か捕縛具かという解釈にとどまらず、軍団兵士が治安維持に関わったのか否かという、右の律令軍制の特質・構造に関わる問題でもある（関係論文や論争の経過については、松本　二〇二〇を参照されたい）。

契機・目的・構造について、壬申《じんしん》の乱《らん》を重視し、北宋天聖令《ほくそうてんせいれい》に基づく日唐の比較研究から軍団は国司の下部機構として追捕において国司・郡司・軍団が相互に連携して行う構造となっていたとの指摘（吉永　二〇一六）や、白村江の戦いと同じ斉明《さいめい》朝には阿倍比羅夫《あべのひらふ》の北方遠征も行われており、諸史料にみえる「寇賊」の分析から追捕発兵規定が蝦夷の蜂起や兵乱勃発時の随近官司（国・郡・軍団）による即時対応規定でもあったこと（中尾　二〇一一）なども指摘された。このように近年では、七世紀後半における対内的緊張にも着目し、二項対立的にとらえず統一的把握をめざす動向になっている。

かつては、蝦夷の蜂起に関しては東北古代史研究で扱われることが多く、律令軍事制度研究も平時の軍事組織やその編成に関する研究が主流であった。特に北啓太の研究を嚆矢として、蝦夷征討や節度使《せつどし》などを素材に、戦時の軍事編成に関して研究が進んだことも重要である（北　一九八八、中尾　二〇一一）。

また、発掘調査に基づく考古学の成果や、木簡・漆紙《うるしがみ》文書・墨書《ぼくしょ》土器など出土文字資料の研究成果により、山城《やまじろ》・城柵《じょうさく》・官衙《かんが》跡など、地方における軍事施設や行政機構の研究が進展したことも特筆に価する（鈴木　一九九八、平川　二〇一四、大宰府史跡発掘五〇周年記念論文集刊行会編　二〇一八）。辺要地域をはじめ、新たに明らかとなった古代社会の実像も少なくない。

さらに、北宋天聖令の発見以降、古代史研究では日唐律令や法制度の比較研究も盛んである。これら新出史資料への目配りは、軍事制度研究においても今後いっそう不可欠となろう。

二　軍事制度の変容

軍団兵士制から健児制へ　延暦十一年（七九二）六月、辺要（陸奥《むつ》・出羽《でわ》・佐渡・西海道諸国）を除き軍団兵士制が停廃され、健児《こんでい》制が採用された。その理由として、国司らの使役による兵士の弱体化と、唐の衰亡にともなう国際的緊張の緩和などから軍団兵士制を停廃し、地方豪族徴発による歩兵制から騎兵制への転換を図る健児制が採用されたとするのが、通説的理解であった。また、奈良時代から軍拡と軍縮が繰り返されており、この措置を「東夷《とうい》の小帝国」たることを放棄した全面軍縮と位置づける見解もあった（下向井　二〇〇九）。

だが当時は、宝亀期から継続されてきた蝦夷征討のさなかであり、次の延暦十三年次征討に向け最も大規模な征夷計画が進んでいた時期であった。その延暦十三年次征討の動員数は一〇万人（『日本後紀』弘仁二年〈八一一〉五月十九日条）で、健児は国ごとに二〇人から二〇〇人と差があり、総計は三一五五人にすぎない（『類聚三代格《るいじゆうさんだいきやく》』延暦十一年六月十四日太政官符《だいじようかんぷ》）。「軍事と造作（蝦夷征討と平安京造営）」を掲げた桓武朝で実施された軍制改革でありながら、従来の理解はそれらとの関連が希薄であり、当時最大の軍事課題であった蝦夷征討との関わりから整合的な理解がめざされるようになった。そして軍団兵士制の停廃は、たび重なる蝦夷征討で坂東《ばんどう》の疲弊と軍団兵士制の機能不全が生じ、停廃は征討軍兵力確保のための積極策であったとする見解が示された（中尾　二〇〇一、寺内　二〇一七）。

かわって採用された健児は、騎兵として蝦夷征討に投入するためとする、以前からの理解を踏襲する見解もある（吉川　二〇〇二）。ただ、奈良時代に健児が置かれた時も騎兵は別に組織されており、そもそも健児は大規模な戦時に軍団兵士を補完して国衙の守衛を担う武力であったとの見解も出された（中尾　二〇一〇）。またこれまで、平安時代の健児の軍事的評価は総じて低かったが、九世紀後半でも軍事的機能を充分有しており、大規模な反乱時には健児と臨時の兵力で対応したと、健児を九世紀における地方軍事力として積極的に評価する見解も提示された（寺内　二〇一七）。

九世紀から一〇世紀前半の地方軍制―国衙軍制論の検証　一九六〇年代末、戸田芳実・石井進により、武士を国衙による軍事力編成を通して育成されてきた職業的戦士身分としてとらえ直す、国衙軍制論が提起された。その後、下向井によって発展・精緻化され（下向井　二〇〇九）、近年はそれらを検証する形で研究が進んでいる。

九世紀は、群盗蜂起や海賊問題など新たな軍事課題が露見した。それらに対応すべく、戸田は、郡司・富豪浪人《ふごうろうにん》・俘囚《ふしゅう》らによる弓射騎兵の組織化や、新弩《しんど》など技術の集中による兵器改良をはかる改革が行われたとした。また下向井は、国衙に登録される武勇に優れた「勇敢者」「武芸人」が、捕亡令「臨時発兵」規定によって群盗・海賊鎮圧に動員されていくことで一〇世紀に国衙軍制が成立し、蕨手刀《わらびてとう》や俘囚の騎馬戦術は武士発生に不可欠な戦術革命をもたらしたとした（下向井　二〇〇九）。国衙軍制は、九世紀末から一〇世紀初頭の「国制改革」を前提とし、諸家《しょけ》兵士と諸国兵士から構成されていたとする。

しかし、弓射騎兵は古代からの伝統であり、兵器も八世紀の遺制であること、国衙保管とされる「勇敢者帳」の存在や戦術革命への疑問など、右の論点に否定的な見解も出された（近藤　二〇〇〇、渕原　二〇一三）。また近年、「国制改革」自体が疑問視されており、諸家兵士についても天慶の乱《てんぎょうのらん》段階の関連史料は例外的な事例であるとの指摘がある。そして財政史的観点から、九世紀から一〇世紀前半までの国衙には武器・食料が備蓄されており、健児と臨時兵力で対応は可能であったとする見解が出された（寺内　二〇一七）。

特に九世紀は、過渡期の重要な時期でありながら未解明の部分が多いのも確かである。たとえば健児は、多くの国では国衙における唯一の常備武力であったが、その規模は小さく、危急時には臨時の兵力が動員されたことは疑いがない。しかし、郡司・富豪層など国衙に対捍《たいかん》する勢力の組織化・動員が可能であったのか否かなど、研究者によって見解が分かれており、その内実や構造の詳細が解明されているとはいいがたい。下向井が提示した捕亡令「臨時発兵」規定による動員形態や国衙軍制形成過程の再検討など、九世紀から一〇世紀にかけての兵力組織の問題や地方軍事力の実態解明が、重要な課題であると思われる。

三　天慶の乱

東西の兵乱—平将門の乱と藤原純友の乱　群盗蜂起や海賊問題により、国司には治安維持の能力も求められ、武勇に優れた者が任じられるようになっていった。また国司は任期後に帰京しても次の官職に就くことは難しく、現地の豪族の娘らと姻戚関係を結ぶなどして留住・土着する者も現れた。そして承平《じょうへい》から天慶年間（九三一～九四七）、東では平将門《たいらのまさかど》の乱《らん》が、西では藤原純友《ふじわらのすみとも》の乱《らん》が起こった。

将門の祖父高望《たかもち》王は桓武《かんむ》天皇の曾孫であり、年代は定かではないが、九世紀末ごろに上総介《かずさのすけ》として下向したと考えられる。その子国香《くにか》（常陸《ひたち》国）・良将《よしもち》（良持とも、下総《しもうさ》国）・良兼《よしかね》（上総《かずさ》国）らも関東に拠点を築き、良将の子である将門は下総国猿島《さしま》を本拠とした。

将門は一族内の私闘を繰り返し、国香殺害におよんだ。将門は、武蔵《むさし》国権守《ごんのかみ》興世《おきよ》王・介《すけ》源経基《つねもと》と足立《あだち》郡司武蔵《むさし》武芝《たけしば》との対立や、常陸介藤原維幾《これちか》と常陸住人藤原玄明《はるあき》との対立の調停を図るも、これをきっかけに反乱に至る。将門は常陸国府を陥落させ、ついで下野《しもつけ》・上野《こうずけ》の国府を占領し東国の大半を征服、自らを新皇《しんのう》と称した。朝廷は、東海道・東山道の追捕使《ついぶし》を任じ、坂東諸国には掾《じょう》を任じて押領使《おうりょうし》を兼帯させた。さらに藤原忠文《ただふみ》を征東大将軍に任じ東国に下らせたが、到着前に押領使の平貞盛《さだもり》・藤原秀郷《ひでさと》らによって将門は討たれた。

承平期、瀬戸内海では海賊が盛んになり、朝廷は追討のため追捕海賊使《ついぶかいぞくし》や南海道諸国に警固使《けいごし》を任じた。そして天慶年間、伊予《いよ》国の前掾藤原純友が海賊を率いて反乱を起こした。純友は、藤原北家《ほっけ》冬嗣《ふゆつぐ》の子長良《ながら》の曾孫にあたる。その行動範囲は瀬戸内海全域におよび、大宰府も占領するなど、朝廷に衝撃を与えた。朝廷は征西大将軍に藤原忠文を任じたが、追捕使の小野好古《おののよしふる》や源経基、警固使の橘遠保《とおやす》らによって純友は討伐された。経基や遠保は、将門の乱終息後、純友の乱鎮圧にも登用された者たちであった。

承平・天慶の乱か、天慶の乱か　現存する『将門記《しょうもんき》』は巻首を欠くが、承平元年（九三一）以降、将門と一族との激しい争いが記されている。また『日本紀略《にほんきりゃく》』承平六年六月条には、「南海賊徒の首藤原純友」と見え、海賊の首領として純友の名が登場する。

承平年間において、将門の争いは私闘に留まっていると判断できる。また、『本朝世紀《ほんちょうせいき》』天慶二年（九三九）十二月二十一日条の記述などから、純友は承平六年において海賊を追捕する側であった。正確には、将門・純友とも国家に対して反乱を起こすのは天慶年間に入ってからであり、『日本紀略』の記述は後の知識によるものと考えられている（下向井　二〇〇九）。これらの研究成果を反映して、現在、教科書記述も承平・天慶の乱（あるいは承平天慶の乱）から、天慶の乱と表記を改めるようになった。

なお、その呼称についても変遷があった。前近代においては天慶の乱が一般的で、『大日本史』の考証でも右と同様の理由から天慶の乱の呼称をとっていた（明治二〇年代ごろまで）。その後、承平年間と天慶年間を連続的にとらえる学界の動向を反映し、明治三〇年代から承平・天慶の乱となり、戦後は日本史概説書・高校教科書とも承平・天慶の乱の呼称でほぼ統一された（寺内　二〇一七）。そして現在、再び天慶の乱に戻りつつある。

天慶の乱の重要性―武士論における画期　坂東にも大河川を含む内海世界が広がっており、将門の乱は水運や支配圏をめぐる争いであったとする指摘（川尻編　二〇〇九所収、鈴木哲雄論考）や、将門は坂東のみならず陸奥・出羽への侵攻を企図していたとの見解（川尻　二〇〇七）もある。また、環境歴史学や発掘調査の成果から、乱が起こった当時の気候や農業生産力などを加味した分析もある（川尻編　二〇〇九所収、宮瀧交二論考）。将門の乱研究の古くからの論点として、『将門記』の成立過程や時期・作者像、私闘の要因、将門の新皇即位や将門純友共謀説の信憑性・思想性、将門の国家構想、伝承・伝説研究などがあるが、近年は右のように、考古学・環境歴史学、水運・交通、武器・武具など、多様なアプローチで深化が図られている（川尻編　二〇〇九）。

そして、史料の少なさから、将門の乱研究にくらべて遅れていた純友の乱研究も大きく進展した。承平年間の純友が海賊を追討する側にいた蓋然性が高いことはすでに述べたが、その一方で、純友の反乱に至る過程や要因、関係史料の解釈などについては見解が対立している。紀淑人《きのよしと》と純友が親密な関係であったのか否か、海賊追討において純友は最大の功労者なのかそれほど大きな働きをしていないのか、反乱理由は瀬戸内海交通の利権や東シナ海における交易活動をめざしたものなのか、勲功に対する朝廷への不満であったのかなどで、論争にも発展した（松原　一九九九、下向井　二〇〇九、寺内　二〇一七）。これらの研究により、特に承平期の純友の姿が、かつてよりも具体化・鮮明化されたことは間違いがない。

そのほか、地方豪族から在庁官人《ざいちょうかんじん》・地方武士へとつながる系譜・事例などについても成果が出ている（森　二〇一三）。近年の武士論の深化により、天慶の乱が後世まで貴族の記憶に残る大事件であったことや、乱の鎮圧者が武の異能者として特別視され、武士のイエ（家柄）に発展していく端緒になったことなど、天慶の乱は画期として重要な意義を与えられている。

とはいえ、各地に叢生する武力の内実、当時の地方軍制に地方豪族の私的武力を取り込めていたのか否かについても見解は分かれ、「軍事貴族」「武士」「兵《つわもの》」「武者」「武人」など研究者によって使用の仕方やニュアンスも異なることが明確に示すように、特に地方における武士は（都鄙《とひ》往還を考慮するとしても）、いつ、何をもって成立とみなし、どこまでを武士と認定できるのか、武士論においてもいまだ曖昧となっている感は否めない。

軍制研究や武士に関する研究は、古くから膨大な蓄積がある。とりわけ武士の研究は長らく中世史研究者が中心であったが、近年、古代史研究者による成果も整いつつある（川尻　二〇〇七、下向井　二〇〇九、森　二〇一三、寺内　二〇一七）。中世は古代から誕生したのであり、古代史研究からの積極的なアプローチを期待したい。

参考文献

川尻秋生編『歴史と古典　将門記を読む』吉川弘文館、二〇〇九年
・文献史料中心であったこれまでの将門研究に対し、考古学や地域社会研究ほか、各分野の一線の研究者が多様な視点で執筆。近年の研究成果がコンパクトに整理されており、理解しやすい。

下向井龍彦『日本の歴史07　武士の成長と院政』講談社、二〇〇九年、初出二〇〇一年
・手に取りやすい一般書。国家の軍事力編成という視点で、古代から中世にいたる道程を描いた書き下ろしの一冊。ここから氏の専門論文へとさらに読み進めていってほしい。

寺内　浩『平安時代の地方軍制と天慶の乱』塙書房、二〇一七年
・財政史的視点、東国以外の地域への着目、九世紀と一〇世紀前中期の連続性など、新たな視角で考察。九世紀から一一世紀にいたる地方軍制の変遷や天慶の乱研究について、現在の到達点を知ることができる。

川尻秋生『戦争の日本史4　平将門の乱』吉川弘文館、二〇〇七年

北　啓太「征夷軍編成についての一考察」『書陵部紀要』三九、一九八八年

近藤好和『中世的武具の成立と武士』吉川弘文館、二〇〇〇年

鈴木拓也『古代東北の支配構造』吉川弘文館、一九九八年

大宰府史跡発掘五〇周年記念論文集刊行会編『大宰府の研究』高志書院、二〇一八年

中尾浩康「延暦十一年の軍制改革について」『日本史研究』四六七、二〇〇一年

中尾浩康「健児制に関する再検討」『ヒストリア』二一九、二〇一〇年

中尾浩康「律令国家の戦時編成に関する一試論―八世紀における「寇賊」と征討―」『日本史研究』五八一、二〇一一年

平川　南『律令国郡里制の実像』上・下、吉川弘文館、二〇一四年

渕原智幸『平安期東北支配の研究』塙書房、二〇一三年

松原弘宣『藤原純友』吉川弘文館、一九九九年

松本政春『律令兵制史の研究』清文堂、二〇〇二年

松本政春『奈良時代軍事制度の研究』塙書房、二〇〇三年
松本政春「検閲簿にみえる「腰縄」再論―下向井龍彦氏の批判に接して―」『続日本紀研究』四一九、二〇二〇年
森　公章『在庁官人と武士の生成』吉川弘文館、二〇一三年
吉川真司「平安京」同編『日本の時代史5　平安京』吉川弘文館、二〇〇二年
吉永匡史『律令国家の軍事構造』同成社、二〇一六年

5　前九年合戦と後三年合戦

永田　一

一　前九年・後三年合戦の前史と呼称の問題

平安時代の東北地方の情勢

前九年合戦《ぜんくねんかっせん》（永承六年～康平五年〈一〇五一～六二〉）と後三年《ごさんねん》合戦（永保三年～寛治元年〈一〇八三～八七〉）は、一一世紀後半の東北地方で起きた合戦である。高校時代に日本史を学んでいた方は、古代の最後のほうで両合戦について学んだ記憶があると思う。日本史学の政治史的区分では、藤原道長《ふじわらのみちなが》・頼通《よりみち》が活躍した摂関政治期までを古代、一一世紀末の院政期以降を中世としている。つまり、前九年・後三年合戦は古代から中世へ政治や社会が大きく変動した時期に起きたのである。

では、前九年・後三年合戦は平和な東北地方で突如発生した合戦だったのだろうか。前九年合戦が起きる前の一〇世紀の東北地方の情勢についてみてみると、天慶二年（九三九）四月に出羽《でわ》国で秋田城軍と俘囚《ふしゅう》の合戦が起こり、天暦元年（九四七）二月には陸奥《むつ》国で鎮守府《ちんじゅふ》将軍平貞盛《たいらのさだもり》の使が狄《てき》の坂丸らにより殺害される事件が発生した。弘仁二年（八一一）に三十八年戦争が終結した後、東北地方がまったく平和になったというわけではなく、じつは不安定な状況が続いていたのである。

　近年の研究では、北方世界との交易と交流が古代東北の歴史を読み解くうえで重視されており、こうした東北地方の不穏な情勢の背景にも関係していたことが明らかになってきている。前九年・後三年合戦の研究でも、そのような広い視野をもつことが重要となっている。

前九年・後三年合戦の呼称　お気づきの方も多いと思うが、じつは「前九年」「後三年」という呼称と合戦の継続年数は一致していない。なぜこんなややこしいことになったのだろうか。

　前九年合戦はもともと合戦の継続年数をもとに「奥州十二年合戦」と呼ばれていた。やがて後三年合戦の中心的な戦闘が三年間続いたとの認識から「後三年」の呼称が生まれた。その後「奥州十二年合戦」が二つの合戦の総称と勘違いされ、一二から三を引いて「前九年」の呼称が成立したとする説が有力である（庄司　一九六二）。また、「前九年の役」「後三年の役」と記憶している方も多いと思うので、この点についてもふれておきたい。両合戦は中世・近世を通じて基本的に「合戦」と表現されてきたのだが、明治時代以降に「役《えき》」が広く使われるようになった（関　二〇〇六）。ただし、「役」という語は国家が民を兵役に徴発して行う国家的戦役を指し、源氏が討った安倍《あべ》氏・清原《きよはら》氏を反逆者とする皇国史観《こうこくしかん》的歴史観と不可分なものであると指摘されている（樋口　二〇一六）。近年では一般的に「前九年合戦」「後三年合戦」と呼ばれており、本章でもこの呼称を用いることにする。

二　前九年合戦

『陸奥話記』の史料的性格　前九年合戦の研究をするうえで基礎史料となるのが『陸奥話記《むつわき》』である。『陸奥話記』は中世に発達する軍記物語の先駆的な書で、公文書に基づいた記述、合戦に参加した人々への取材で得た情報を元にした記述など信憑性の高い部分もあるが、一方で文飾が施されていたり、作者による虚構と疑われる記述も多く含まれている。

成立時期は長らく一一世紀後半ごろと考えられてきたが、野中哲照が『今昔物語集《こんじゃくものがたりしゅう》』巻第二十五第十三話の本文成立以降であると指摘しており（野中　二〇一七）、一二世紀の可能性も視野にあらためて議論が必要となっている。

作者についても諸説あり、平安後期の文人学者である藤原明衡《あきひら》とする説が有力とされるが（上野　一九九三）、大江匡房《おおえのまさふさ》の可能性について言及する研究もあり（大曽根　一九九九）、議論が続いている。

『陸奥話記』を読むうえで最も注意しなければならないのは「どのような立場の人物によって、何を目的に書かれたのか」である。『陸奥話記』は合戦の経緯について詳細に記しているが、安倍氏側の内部事情についてはあまり詳しく書かれていない。こうした点から樋口知志は、安倍氏を悪しき存在として記し、天下に武勇の聞こえた源氏による安倍氏追討を正当化して称賛しようとする「源氏史観」とでも称すべき、一面的な立場に依拠して書かれた物語だったと指摘している（樋口　二〇一一）。『陸奥話記』を読む際は、こうした性格を帯びた史料であることに充分注意しなくてはならない。

前九年合戦の経緯　ここではまず『陸奥話記』の記述に従って前九年合戦の経緯をみていこう。

永承六年（一〇五一）ごろ、奥六郡（胆沢《いさわ》・江刺《えさし》・和賀《わが》・稗貫《ひえぬき》・志波《しわ》・岩手）に勢力を築いていた安倍頼良《よりよし》が、陸奥国司に対する賦貢を滞納し、徭役《ようえき》を怠った。陸奥守《むつのかみ》藤原登任《なりとう》は頼良を討とうとしたが大敗し、中央政府は源頼義を追討将軍・陸奥守に任じて（天喜元年〈一〇五三〉より鎮守府将軍を兼務）、陸奥国へ下向させた。しかし、頼義が現地に着任して間もなく大赦が実施され、頼良の罪も許された。安倍頼良は源頼義《よりよし》と名が同訓であるのを避けるため安倍頼時《よりとき》と改名し、頼義に帰順した。

しかし、天喜四年に事態が急変する。陸奥守の任期の最終年を迎えた頼義が府務のため鎮守府に赴き、国府に帰還する途中で事件が起きた。阿久利河《あくりがわ》のほとりで野営中、陸奥権守藤原説貞《ときさだ》の子の光貞《みつさだ》・元貞《もとさだ》兄弟が何者かに襲撃されたのである。頼義が光貞に犯人について尋ねると、「安倍貞任《さだとう》（頼時の長男）の犯行だ」と答えた。光貞の話を信じた頼義は貞任を処罰しようとし、頼時は貞任をかばって対決姿勢を示した。こうして前九年合戦がはじまった。

頼義は坂東から軍を集め進軍した。安倍頼時の娘を娶《めと》っていた藤原経清《つねきよ》・平永衡《ながひら》は頼義に従っていたが、永衡は敵方への内通を疑われて頼義に殺害されてしまう。身の危険を感じた経清は頼時側へ寝返った。戦局が拡大するなか、頼義の陸奥守の任期は終了したが、後任の藤原良経《よしつね》が合戦中であることを理由に赴任しようとせず、政府はやむなく頼義を再任した。

合戦が膠着状態となるなか、頼義は配下の気仙《けせん》郡司金為時《こんのためとき》らに奥地の俘囚を味方につけることを命じる。為時らの働きかけで、鉋屋《かなや》・仁土呂志《にとろし》・宇曾利《うそり》三部（青森県東部）の夷人が安倍富忠《とみただ》（奥六郡の安倍氏の同族）を首領として挙兵することになった。頼時は離反した富忠の説得に向かったが、天喜五年七月二十五日に富忠の伏兵と戦って矢傷を負い、胆沢郡鳥海柵《とのみのさく》に退却して同地で死亡した。

天喜五年十一月、頼義の軍は黄海《きのみ》（岩手県藤沢町黄海）で貞任の軍に大敗した。頼義も追い詰められるが、長男の源義家《よしいえ》の活躍で窮地を脱した。苦しい状況となった頼義は出羽山北俘囚主である清原光頼《みつより》・武則《たけのり》兄弟に支援を要請し、これが成功して康平五年（一〇六二）に武則が参戦すると形勢は逆転した。頼義と清原氏の軍は安倍氏の柵を次々に攻め落とし、九月十七日に貞任軍が最後に立てこもった厨川《くりやがわ》柵を陥落させた。貞任は大怪我を負って死亡し、頼時の娘婿の藤原経清は斬首となった。これが『陸奥話記』にみえる前九年合戦の基本的な流れである。

合戦後の論功行賞で頼義は伊予守《いよのかみ》に任じられ、武則は鎮守府将軍に任命された。前九年合戦の結果、東北地方で勢力を伸ばしたのは最初から安倍氏追討に執念を燃やした頼義ではなく、鎮守府将軍に任じられ、従来の出羽山北三郡に加え陸奥の奥六郡をも支配することになった清原氏だった。

このように『陸奥話記』には前九年合戦の経緯が詳しく記されているが、作者による虚構と疑われる記述が含まれている。たとえば陸奥守の任期が切れた頼義が、後任の藤原良経が赴任しなかったためすぐに再任されたとする記述は虚構だと樋口知志は指摘している。その根拠として、『扶桑略記《ふそうりやっき》』によれば良経は陸奥守に任じられてから約一年後に兵部大輔《ひょうぶたいふ》に任じられており、その間に良経が赴任して功労があったことを認めた人事とみられること、またその期間の頼義の肩書きについて『扶桑略記』は「前陸奥守」「鎮守府将軍」とし、「陸奥守」とはしていないことをあげている。（樋口　二〇一一）。『陸奥話記』にはほかにも作者の虚構と疑われる部分があるが、軍記物語という史料の性質上、文飾や虚構が含まれるのは当然のことでもある。『陸奥話記』を研究で用いる際は、他の史料との比較などを通じ、文飾や虚構などを見極めながら慎重に史実を抽出していかなくてはならない。

安倍氏・清原氏の出自　『陸奥話記』に陸奥・出羽の大勢力として登場する安倍氏や清原氏は、いったいどのような出自をもっていたのだろうか。

『陸奥話記』の写本で広く流布していた群書類従《ぐんしょるいじゅう》本に安倍氏について「東夷の酋長」と書かれていることなどから、安倍氏は蝦夷《えみし》の直系の子孫だと長い間考えられてきた。しかし、群書類従本より古い写本である尊経閣《そんけいかく》文庫本には「自ら酋長と称す」とあり、現地の蝦夷系の人々を率いる酋長を自称していたにすぎないことが明らかになった。

また、『範国記《のりくにき》』長元九年（一〇三六）十二月二十二日条にみえる「陸奥権守安倍忠好《ただよし》」が安倍頼時の父である安倍忠良《ただよし》にあたり、安倍氏は中央氏族の出身であるとする説が戸川点により示された（戸川　二〇一九）。安倍氏の父系出自については九世紀末の鎮守将軍安倍比高《これたか》の子孫とする説（樋口　二〇一二）、平安時代初期以前の移民を起源とする陸奥国府の在庁官人とする説（渕原　二〇一三）などもあり議論が続けられているが、中央氏族出身との見方が強まっている。

一方で、中央から下向した安倍氏の祖先は陸奥国に土着し、婚姻関係を結ぶなどして現地に定着した。つまり、陸奥の蝦夷系の在地豪族との婚姻を重ねることで、蝦夷系豪族としての性格もあわせもつようになっていったのである。父系出自を中央氏族に、母系出自を在地の蝦夷系豪族にもつという両属性が、安倍氏の台頭にも深く関係したとみられている。

清原氏も、『陸奥話記』の「出羽山北俘囚主」という記述などから、蝦夷系の在地豪族だと考えられてきた。しかし、一方で元慶二年（八七八）に出羽国で起こった元慶の乱の平定で功績をあげた清原令望《よしもち》の血統を引く可能性も早くから指摘されていた（太田　一九六三）。近年は『陸奥話記』に「清原真人光頼」とあり清原氏が皇別の貴姓である真人《まひと》姓であったことが注目され、清原令望と現地豪族の娘との間に生まれた人物を祖とすると考えられるようになった。清原氏もまた安倍氏と同様に、父系出自を中央氏族に、母系出自を在地の蝦夷系豪族にもつ両属性を有していた。中央政界と在地社会の両方に作用するこの両属性は、安倍氏・清原氏の台頭の重要な要因となっていたのである。

前九年合戦の背景と北方交易　源頼義はなぜ安倍氏の追討に執着したのか。また安倍氏はいかにして大勢力を築きあげたのか。これには、東北地方北部や北海道を舞台とした北方交易が深く関わっていた。

金や馬が陸奥国の特産品だったことは有名だが、北海道からは羆《ひぐま》や海獣（アシカ・アザラシなど）の毛皮、鷲の羽、昆布などがもたらされた。都の貴族達はこれらを珍重し、競って手に入れようとした（小口　二〇一六）。こうした産物の交易が行われていた東北地方には、その利権を狙ってさまざまな勢力が入り込み、土着したり利権争いに介入するものがいた。

安倍氏は、馬産などの重要産業を有し、かつ北方交易に関する交通の要衝でもあった奥六郡を本拠地とし、鎮守府在庁として勢力を強めていった。また、安倍頼時の娘婿である藤原経清（奥州藤原氏の祖である藤原清衡《きよひら》の父）は、平将門《まさかど》の乱を平定したことで知られる藤原秀郷《ひでさと》の子孫にあたる。安倍氏は関東から陸奥に下向した軍事貴族とも姻戚関係を結び、在地支配をさらに強化していった。

陸奥守として下向し、北奥の支配権と北方交易の利権の掌握を狙っていた頼義にとって、奥六郡で勢力を誇っていた安倍氏は目障りな存在だった。そのため、頼義は安倍氏の追討に執着したのである。前九年合戦が起こった背景には、こうした北方交易の利権と、さまざまな勢力の複雑な利害関係があった。

三　延久蝦夷合戦

延久蝦夷合戦とは　皆さんは延久《えんきゅう》蝦夷合戦をご存知だろうか。おそらく、ほとんどの方ははじめてこの合戦の名に接したのではないかと思う。延久二年（一〇七〇）に後三条《ごさんじょう》天皇が東夷征討令を出し、東北地方北部から北海道南西部に対し北方遠征が行われた。それが延久蝦夷合戦である。前九年・後三年合戦の間に起きたこの合戦が研究者の間で注目されるようになったのは二〇年ほど前からのことであり、延久二年合戦や延久二年北奥合戦などとも呼ばれている。

なお、延久蝦夷合戦については、「延久三年五月五日左弁官下文」（『朝野群載』巻一一、廷尉）と「応徳三年正月二十三日前陸奥守源頼俊款状」（『御堂摂政別記』紙背文書）が、その経緯を伝える基本史料となっている。

延久蝦夷合戦の経緯　後三条天皇の東夷征討令を受けてその任にあたったのは大和源氏の棟梁《とうりょう》である源頼俊《よりとし》だっ

た。頼俊は清原氏とともに軍兵を集め、閉伊《へい》地方（岩手県太平洋沿岸）の七村や「衣曽別嶋《えぞのわかれのしま》」（北海道南西部か）の征討に向かった。なお清原軍を率いた人物の名について、「応徳三年正月二十三日前陸奥守源頼俊款状」の複数存在する写本の字の解釈が「貞衡」と「真衡」で分かれており、清原貞衡とする説（野口　一九九四）と清原真衡とする説（小口　二〇〇五）がある。難しい問題だが、各写本の全体の筆法を詳細に検討したうえで「真衡」と解釈した小口雅史の見解を妥当とし、真衡《さねひら》と考えておく。

頼俊が行軍を開始した直後、陸奥国府多賀城《たがじょう》に残した在庁官人の藤原基通《もとみち》が「国司印鎰《いんやく》」を盗むという謀叛を起こし、頼俊はその対応に追われることになってしまった。国司印鎰とは、陸奥守が公文書を発給する際に正統性を示すため捺印するものである。つまり、国司が任国を統治するうえで最も重要なもので、それを奪われたのは大失態とされた。延久二年（一〇七〇）八月、頼俊は東夷の「追討人」を解任されてしまう。

この基通の謀叛は、源義家（河内源氏）による策謀だったと考えられている。基通が当時下野守《しもつけのかみ》だった義家にあっさり帰降しており、両者があらかじめ共謀していた形跡もあること、また、義家が中央政府に対し頼俊に北方遠征をさせるべきではないと進言していることなどがその理由である（遠藤　一九九八）。

義家の企みは成功し、頼俊は恩賞をもらえず、国司印鎰を奪われて失墜した信用も回復できなかった。河内源氏の義家と、大和源氏の頼俊の熾烈な争いがこの合戦で表面化したといえる。

結局、延久蝦夷合戦の北方遠征で最も活躍したのは清原氏の軍だった。清原軍の中心だった真衡は、戦後の論功行賞で鎮守府将軍に任命され、清原氏はこの戦いを通じて青森県域はもとより北海道南西部にまで影響力をもつようになったのである。

一般にはあまり知られていない延久蝦夷合戦だが、その経緯から、北奥の支配権と北方交易の利権の掌握という頼義の野望が子の義家に引き継がれ、強く意識されていたこと、前九年合戦で安倍氏が滅びた後、出羽国の清原氏が北方世界との関係をいっそう強めたことが知られる。また、後三年合戦を起こした当事者の一人である清原真衡、同合戦に介入した義家が登場する。前九年合戦から後三年合戦へという歴史の流れを理解するうえで、延久蝦夷合戦について知ることはたいへん重要だといえるだろう。

四　後三年合戦

『奥州後三年記』の史料的性格　後三年合戦を研究する際、基礎史料となるのが『奥州後三年記《おうしゅうごさんねんき》』である。同書の本文は、貞和三年（一三四七）に成立した『後三年合戦絵詞《ごさんねんかっせんえことば》』（因幡《いなば》国鳥取藩主池田家旧蔵、現在は東京国立博物館所蔵）の詞書《ことばがき》（絵巻物の絵を説明する文章）として伝わったものである。ただし、東京国立博物館所蔵『後三年合戦絵詞』は全六巻のうち後半の三巻だけが現存している。『奥州後三年記』の近世の版本で欠けている一巻目に相当する文章を補うことができ、現状では二巻と三巻の部分が欠失していることになる。

『奥州後三年記』は後三年合戦から約二六〇年後のものであるため、記事の取り扱いがたいへん難しいとされてきた。しかし、近年『奥州後三年記』の文章を分析した野中哲照は、文法的特徴から、一一二〇～二八年ごろに成立した可能性を指摘した（野中　二〇一四）。後三年合戦の研究の進展に大きく関わるだけに、議論が深まることが望まれる。

また、作者について特定はされていないが、本文中に出てくる「当国」がいずれも陸奥国を指していることなどから、都から陸奥国の平泉《ひらいずみ》周辺に下向した人物が藤原（清原）清衡の影響下で著したとみられている。

なお、『後三年合戦絵詞』の二巻と三巻の部分が欠失していると述べたが、この部分の内容がまったく不明というわけではない。中原康富が東京国立博物館所蔵『後三年合戦絵詞』よりさらに古い承安元年（一一七一）制作の『後三年絵』（現存せず）を見て、『康富記《やすとみき》』文安元年（一四四四）閏六月二十三日条にその要約を記しており、欠失部分の内容をうかがうことができる。後三年合戦の研究では、『康富記』の記事も重要な史料となっている。

後三年合戦の経緯　後三年合戦は途中から対立の構図が変わるため、前半と後半に大きく分かれる。

清原武貞《たけさだ》（清原武則の子）は、前九年合戦の後、処刑された藤原経清の妻（安倍頼時の娘）を自身の後妻に迎え、子の清衡もひきとった。これは、安倍氏の血をひく女性を妻とすることで安倍氏と清原氏を結びつけ、奥六郡支配の正当性を示すことが狙いだったとされる（樋口　二〇一一）。やがて武貞とこの女性の間に家衡《いえひら》が生まれた。清原氏の後継者候補は、真衡・清衡・家衡の三人となった。

延久蝦夷合戦の功績で鎮守府将軍となった清原真衡だったが、跡継ぎとなる男子がなかった。そこで真衡は海《かい》道小《どうこ》太郎成衡《たろうなりひら》という海道平氏の子を養子にし、自身の後継者とした。さらに成衡が妻を娶る年齢になると、真衡は源頼義が前九年合戦のおりに常陸国の大豪族である多気権守《たけのごんのかみ》平宗基《むねもと》の娘に産ませた女子と結婚させようと考えた。永保三年（一〇八三）の成衡の婚姻の日、一族の吉彦秀武《きみこのひでたけ》が祝福にきたが真衡は無視してしまう。秀武が怒って出羽国に帰ると、真衡は秀武を攻めようとした。『奥州後三年記』によればこれが後三年合戦のはじまりとされる。

出羽国に戻った秀武は陸奥国にいた清衡・家衡を味方につけることに成功する。一方そのころ、源義家が陸奥守として下向してきた。真衡は義家を味方につけるため接待し膨大な品々を献上した。真衡が秀武を攻めに行くと、その隙を狙って清衡・家衡が真衡の居館を襲撃したが、義家によって退けられた。ところが、戦いが続くなか真衡が急死し合戦はいったんおさまった（ここまでが後三年合戦の前半）。

義家は、清衡と家衡の自分に対する忠誠を確認し、奥六郡のうち南三郡を安倍氏の血をひく清衡に、北三郡を家衡に与えた。しかし、不満をもった家衡は清衡殺害を企て、その妻子を殺してしまう。清衡は義家に助けを求めた。

清衡・義家は家衡が立てこもった沼柵《ぬまのさく》（秋田県横手市雄物川町沼館）を攻めたが敗北する。その後、家衡側には清原武衡（家衡のオジ）が味方につき、より堅固な金沢柵《かねざわ》（横手市金沢）に拠点を移した。清衡・義家は苦境に陥るが、源義光《よしみつ》（義家の弟）が援軍に駆けつけたこともあり、寛治元年（一〇八七）十一月に金沢柵を攻め落とした。武衡は斬首され、家衡は金沢柵から逃げ落ちようとしたが討ち取られた。こうして後三年合戦は終息した。

後三年合戦の背景とその後　『奥州後三年記』によれば、後三年合戦の発端は、成衡の婚姻の日に真衡が秀武を無視したことだとある。しかし、四年続いた合戦の原因がこうした感情的な対立のみであったとは考えがたい。後三年合戦が起きた背景には、養子成衡の後継者指名や成衡の婚姻関係を通じて東国の海道平氏との同族的連合を強めようとする真衡と、陸奥・出羽の在地勢力との結びつきを重視する清衡らの対立があったとされている（樋口　二〇一一）。

また、義光は官職を投げ打ち、無断で援軍に駆けつけたとある。そこまでこだわったのは、義家・義光らがこの合戦を、東北地方に勢力を拡大し、北方交易の利権を掌握する重要な機会とみていたためである。合戦後、義家は武衡らを討ったことを朝廷に報告し、追討官符の発給を求めたが、官符は発給されなかった。朝廷がこの合戦を私戦と判断したためで、恩賞も出なかった。義家ら河内源氏は、この時も北方交易の利権を掌握できなかったのである。

清原氏の後継者として一人生き残った清衡には苦難が待っていた。後三年合戦を引き起こした人物として中央政府から危険視されるなか、分裂した清原氏一門を結束させ勢力を立て直していった。清衡は貢馬を行うなどして摂関家の庇護を得ることに成功し、奥羽の不穏な情勢も乗り切って勢力を拡大していく。そして、奥州藤原氏初代藤原清衡となり東北地方で覇権を確立したのである。

前九年・後三年合戦の研究では『陸奥話記』『奥州後三年記』が基礎史料となるが、それぞれ作者が京の人物、平泉周辺の人物と推測されている。つまり、対極の視点で書かれたものを基礎史料とし、一一世紀の東北地方の歴史的展開について考えなければならないのである。軍記物語という史料の性格の問題もあり、史料解釈に困難がつきまとうが、「どのような立場の人物によって、何を目的に書かれたのか」を念頭に、丹念に史料批判をしながら研究を進めていくことが大切である。

また、前九年・後三年合戦の背後では、東北・関東の諸勢力の関係と北方交易の利権争いが複雑に絡んでいた。両合戦の実態を解明するためには、陸奥・出羽に限定せず広い視野で考えることも重要である。前九年・後三年合戦の研究には、緻密な史料分析とダイナミックな視野での考察という面白さがあるといえるだろう。

参考文献

関　幸彦『戦争の日本史5　東北の争乱と奥州合戦―「日本国」の成立―』吉川弘文館、二〇〇六年
・前九年合戦から奥州藤原氏滅亡までの全貌を論じている。前九年・後三年合戦を研究するうえで必読の書。
樋口知志『前九年・後三年合戦と奥州藤原氏』高志書院、二〇一一年
・前九年・後三年合戦について、総合的に論じた書。研究書であるため一般の読者にはやや難解かもしれないが、研究の最前線を知ることができる。
樋口知志編『東北の古代史5　前九年・後三年合戦と兵の時代』吉川弘文館、二〇一六年
・一〇〜一二世紀の東北史について、文献史学・考古学双方の研究者が多様な視点から論じている。両合戦の経緯はもちろん、北方世界との交易など社会的背景も詳しく知ることができる。
上野　武「『陸奥話記』と藤原明衡―軍記物語と願文・奏状の代作者―」『古代学研究』一二九、一九九三年
遠藤　巌「延久元〜二年の蝦夷合戦について」『宮城歴史科学研究』四五、一九九八年

大曽根章介「軍記物語と漢文学―陸奥話記を素材にして―」『大曽根章介日本漢文学論集』三、汲古書院、一九九九年、初出一九六四年
太田　亮「清原」『姓氏家系大辞典』二、角川書店、一九六三年
小口雅史「延久蝦夷合戦再論―応徳本系『御堂御記抄』諸本の検討を中心に―」義江彰夫編『古代中世の史料と文学』吉川弘文館、二〇〇五年
小口雅史「城柵制支配の廃絶と北の境界世界」前掲『東北の古代史5　前九年・後三年合戦と兵の時代』二〇一六年
庄司　浩「「前九年の役」・「後三年の役」の称呼について」『立正史学』二六、一九六二年
戸川　点「前九年合戦と安倍氏」『平安時代の政治秩序』同成社、二〇一九年、初出一九九九年
野口　実「十一～十二世紀、奥羽の政治権力をめぐる諸問題」『中世東国武士団の研究』高科書店、一九九四年、初出一九九〇年
野中哲照「『後三年記』の成立年次」『後三年記の成立』汲古書院、二〇一四年、初出一九九五年
野中哲照「『陸奥話記』成立の第二次と第三次―《反源氏指向》から《韜晦最優先指向へ》―」『陸奥話記の成立』汲古書院、二〇一七年、初出二〇一四年
樋口知志「前九年・後三年の呼称」前掲『東北の古代史5　前九年・後三年合戦と兵の時代』二〇一六年
渕原智幸「平安中後期の陸奥北部支配と安倍氏」『平安期東北支配の研究』塙書房、二〇一三年

6 平安時代の「外交」
—「東アジア世界」をめぐる交流—

皆川雅樹

一　ハクシに戻されていない遣唐使

遣唐使は「廃止」されていない　日本古代史において、倭《わ》・日本の「外との交わり（＝外交）」の教科書的なイメージといえば、邪馬台国《やまたいこく》、渡来人、倭の五王、白村江《はくそんこう》の戦いにいたるまでの朝鮮三国（高句麗《こうくり》・百済《くだら》・新羅《しらぎ》）との関係、仏教伝来、遣隋使《けんずいし》、遣唐使《けんとうし》、鑑真《がんじん》、正倉院《しょうそういん》、蝦夷《えみし》・隼人《はやと》などであろうか。特に、遣唐使は小中高いずれの教科書においても扱われ、日本古代史の外交といえば遣唐使と印象づけられている面がある。かくいう私も、歴史学が専門ではない方々に私自身の専門・研究分野を説明するときに、「奈良・平安時代における海外との関係、遣唐使などを研究しております」と説明してしまう。

さて、遣唐使というと、その始まりである舒明二年（六三〇）よりも、「ハクシ（八九四）に戻そう遣唐使」という暗記するための語呂合わせがある寛平六年（八九四）のほうがよく知られている。この時、遣唐大使菅原《すがわらの》道真《みちざね》の建議によって遣唐使派遣計画が「中止」（廃止・停止・停廃などさまざまな表現で語られている）になったという理解が一般的である。しかし、その経緯などの事情については諸説あり、いまだ定説がないのが現状であり、さらに「中止」という認識自体も疑われている。

ここで、寛平六年の遣唐使派遣計画について、その経緯を伝える三つの史料の概要とその解釈について、石井正敏の研究をもとに確認する（石井　二〇〇三・二〇一八）。

①『日本紀略《にほんきりやく》』（『扶桑略記《ふそうりやっき》』）寛平六年八月二十日条
遣唐大使に菅原道真、副使に紀長谷雄《きのはせお》を任命する。

②『菅家文草《かんけぶんそう》』巻九、同年九月十四日
唐に滞在していた僧中瓘《ちゅうかん》が唐海商の王訥《おうとつ》らに託して送ってきた情報を得た菅原道真が、遣唐使派遣計画の再検討の審議を提案する。

③『日本紀略』同年九月三十日条
「其日」、遣唐使の派遣停止を決定する。

従来、史料③の記事を根拠に、遣唐使派遣が「停止」されたと判断してきた。しかし、これ以降も、大使道真は寛平九年五月二十六日付太政官符（『政事要略《せいじようりやく》』巻六十）、副使長谷雄は延喜元年（九〇一）十月二十八日付太政官牒（『東南院文書《とうなんいんもんじょ》』二）で、それぞれ「遣唐大使」「遣唐副使」の肩書きが確認できる。

また、史料③の解釈の仕方も問題となっている。史料③の全文（読み下し文）は「其日、遣唐使を停む。」であり、従来「其日」を九月三十日と解釈して、この日に遣唐使が「停止」されたと考えられていた。しかし、史料③が記録されている『日本紀略』には「其日」およびそれに字体が似た「某日」（ある日、日付が確かではない日）と書かれた記事が合わせて七十余例ある。それらの用例を検証すると、「其日」も「某日」の意味で解釈できることが明らかになっている。したがって、史料③の「其日」は、記事が記載されている九月三十日の出来事とみなすことができず、ましてや同日に遣唐使派遣計画の「停止」が決定したと理解することすらできない。さらに、史料③自体の信憑性も疑問がもたれている（史料③は史料②を参考に編者が作文した可能性がある）。

よって、寛平六年八月二十一日に遣唐大使・副使が任命され（史料①）、九月十四日に唐に滞在していた僧中瓘から唐に関わる情報を得て遣唐使派遣計画の再検討の審議が提案された（史料②）が、その後、議定における正規の審議を経て遣唐使派遣計画が「中止」されたという事実もなく、その後の史料も見出せないので、審議結果も出されぬまま、遣唐使派遣計画は立ち消えになったというのが真相であろう。

高等学校教科書をよく読むと研究成果が見える　じつは、高等学校の日本史の教科書では、寛平六年の遣唐使派遣計画について「中止」とは明言していない。たとえば、山川出版社の『詳説日本史　改訂版』（平成二十八年文部科学省検定済）では、このことについて次のように記述している。

八九四（寛平六）年に遣唐大使に任じられた菅原道真は、唐はすでに衰退しており、多くの危険をおかしてまで公的な交渉を続ける必要がないとして、派遣の中止を提案し、結局、この時の遣唐使は派遣されずに終わった。（七一頁）

さきほど紹介した史料解釈と同様に、「派遣の中止を提案」したが、計画中止を決定した形跡はなく「遣唐使は派遣されずに終わった」と説明されており、この教科書では石井説をふまえた記述になっている。

このように、寛平六年の遣唐使派遣計画の理解のように、研究の進展によって教科書の記述内容が変化したり、具体的になったりすることは当然のことながらありうることである（教えている教員側が認識していない場合があるが）。一九九〇年代以降の対外関係史研究の進展（桃木編　二〇〇八、鈴木ほか編　二〇一七など）によって、中等教育の教科書において、対中国（唐・宋）だけではない「外交」の多様性が見通せるようになってきている。

二　「東アジア世界」と平安日本の「外交」

「東アジア世界」論と「東部ユーラシア」　平安時代の「外交」の多様性を確認するうえで、一九七〇年に西嶋定生によって提起された「東アジア世界」論（西嶋　二〇〇〇）は避けて通れない。「東アジア世界」は、中国文化を中心として漢字を媒介に、儒教・漢訳仏教・律令といった中国を起源とする文化を受容した地域のことであり、現在の中国、朝鮮半島、日本やベトナムといった地域が該当する。歴史的世界としての「東アジア世界」は、中国史の展開にともなって形成され推移していく。その起点は漢代であり、その後、「東アジア世界」が政治的にも文化的にも一体となって動いたのは、隋・唐代になってからであった。

一方、西嶋は、「東アジア世界」の構造が性格的に大きく変容するのは、一〇世紀初頭における唐の滅亡以後であるとした。唐代までは中国を中心とした国際的な政治秩序として「東アジア世界」が存在していたが、五代十国の分裂期の後に成立した宋王朝成立以降は中国などを拠点とした海上商人（海商）などの活発な交易活動による経済的なつながりを中心とした世界へと変貌したと説明する（西嶋　二〇〇〇）。この西嶋の論理に対して、近年、おもに二つの方向から批判が行われている。

第一に、当該期の対外交易を単なる経済的なものととらえるのではなく、各地域の王権と対外交易の密接な関係に注目すべきこと、さらに海上で交易活動を展開する商人（海商）側の事情として、国家・王権による管理統制のもとでの交易の安全性が確保される可能性がある（山内　二〇〇三、田中　二〇一二）。さらに、海商にとって国家・王権は大規模な購買力を恒常的に期待できる存在であることも指摘されている（榎本　二〇〇七）。このような見解は、王権と対外交易、王権・国家と海商との相互依存の関係性を重視しており、「東アジア世界」を支える原理が「政治」から「経済」へと変化したり、「政治」か「経済」かという二項対立的に理解したりすることの見直しがなされている。

第二に、唐滅亡の画期性について、「東アジア世界」よりもより広い視野にたった「東部ユーラシア」の歴史的変動から考えると八四〇年前後が画期となることが提示されている（山内　二〇一一）。なお、「東部ユーラシア」について上田信は、「日本海・渤海・黄海・東シナ海・南シナ海の五つの海、およびこれらの海に接する陸地や島嶼から構成される空間」に、「シベリア東部を含む北東アジア、チベット高原・モンゴル高原を含む中央アジア、日本・朝鮮を含む東アジア、そして東南アジアとインドの一部を合わせたもの」と規定している（上田二〇〇五）。このような広い視野で検証すると、八四〇年ごろを境として、ウイグルと吐蕃《とばん》王権の分裂、唐では藩鎮《はんちん》勢力のさらなる伸張と内乱・分裂の促進、新羅では張宝高《ちょうほうこう》の反乱、さらに日本では承和《じょうわ》の変《へん》といったように、「東部ユーラシア」では政治的変動期に入っていくことになる。このように考えると、「東アジア」という地域設定の曖昧さや窮屈さが見出されることとなり、「東部ユーラシア」という視野での再検証が進められている（山内　二〇一一、廣瀬　二〇一八など）。

しかし、これらの批判をもって、「東アジア世界」論の有効性がまったくなくなったわけではなく、西嶋が生きた戦後の「現在」から前近代の歴史的世界を見通したこの理論は、「東部ユーラシア」という視点とともに、今なお問われるべきであろう（鈴木　二〇一六、李　二〇一八など）。

「開かれた」平安日本　七世紀末以降、「東アジア世界」では、唐・新羅・日本や、六九八年に東満州・沿海州地域に起こった渤海《ぼっかい》など、陸上・海上を通じて国家間外交を中心に交流が促進していくこととなる。しかし、唐における安史《あんし》の乱《らん》（七五五〜七六三）後、それ以前の外交関係とは別に、まったく次元の違う動向が東アジア海域において展開する（石井　二〇〇三、鈴木ほか編　二〇一四・二〇一七など）。

九～一〇世紀以降の動向について、さきほど引用した山川出版社『詳説日本史　改訂版』（平成二十八年文部科学省検定済、以下「新版」と略記）の前後には、次のような記述がある（A・B・Cは説明のために便宜的に振る）。

A　八世紀末には新羅からの使節の来日はなくなるが、九世紀前半には新羅の商人が貿易のために来航するようになった。やがて九世紀の後半には、唐の商人が頻繁に来航するようになり、朝廷では彼らとの貿易の仕組みを整えて、書籍や陶磁器などの工芸品の輸入につとめた。こうした背景があったので、（先に引用した部分が入る）

B　九〇七（延喜七）年、東アジアの政治と文化の中心であった唐が滅んだ。中国では五代十国の諸王朝が興亡し、このうちの江南の杭州に都をおいた呉越国からは日本に商人が来航して、江南の文化を伝えた。やがて中国は、宋（北宋）によって再統一されたが、日本は東アジアの動乱や中国中心の外交関係（朝貢関係）を避けるために、宋と正式な国交を開こうとしなかった。（中略）

C　中国東北部では、奈良時代以来日本と親交のあった渤海が、一〇世紀前半に契丹（遼）に滅ぼされた。朝鮮半島では、一〇世紀初めに高麗がおこり、やがて新羅を滅ぼして半島を統一した。日本は遼や高麗とも国交を開かなったが、高麗とのあいだには商人などの往来があった。（七一～七二頁）

Aにおける新羅や唐を拠点とする海商の活動については、新版と同教科書の平成十八年文部科学省検定済教科書（以下「旧版」と略記）では記載がなく、近年の研究の隆盛とその成果が反映されたものである（山内　二〇〇三、榎本　二〇〇七・二〇一〇、渡邊　二〇一二、石井　二〇一七aなど）。

Bでは、呉越《ごえつ》国との関係が注目でき、これも旧版では記載がなかった。呉越国は九〇七年に銭《せん》氏によって建国され、杭州《こうしゅう》を拠点に九七八年まで存在した。唐滅亡以後の日中関係は、この呉越国から来航する海商たちを中心に展開されていたことが近年の研究において具体化されている（榎本　二〇〇七・二〇一〇、山崎　二〇一〇、石井二〇一七aなど)。

C については、まず、日本と渤海との関係および渤海国の実態についても、近年研究が進んでいる(石井 二〇〇三、鈴木ほか編 二〇一四・二〇一七など)。次に、旧版では該当部分の記載は以下のように書かれている。

> 中国東北部では、奈良時代以来わが国と親交があった渤海が、一〇世紀前半に、遼(契丹)に滅ぼされた。同じころ朝鮮半島では、一〇世紀初めに高麗がおこり、やがて新羅を滅ぼして半島を統一した。しかし、日本はこれらの諸国とも国交をひらこうとはしなかった。

第一に、「遼《りよう》(契丹《きつたん》)」が、新版では「契丹(遼)」となっている。わずかな変更ではあるが、この変更は意義深い。つまり、渤海が契丹に滅ぼされたのは九二六年であり、契丹が中華風国号「大遼」を採用するのは九四七年である。したがって、遼によって渤海が滅ぼされるという表現は正しくないわけである。契丹(遼)の研究も近年進展しており(荒川ほか編 二〇一三)、日本とも無関係ではない。

たとえば、藤原道長は、中国に渡っていた日本僧の寂照《じやくしよう》から「大僚(遼)作文一巻」という遼に関わる文献を入手している(『御堂関白記《みどうかんぱくき》』長和元年〈一〇一二〉九月二十一日条)。当時、北宋《ほくそう》と遼は軍事的な緊張関係にあり、遼は高麗《こうらい》への侵攻も続けていた。このような政治情勢のなかで、「大僚(遼)作文一巻」は情報源の一つとして必要だったのであろう。

第二に、日本と高麗との関係について、新版では「高麗とのあいだには商人などの往来があった」とあり、旧版ではなかった海商などを介した交易関係について明記されている。新羅滅亡(九三五年)直前の朝鮮半島では、九〇〇年に旧百済領を中心に勢力を伸ばしていた甄萱《しんけん》が後百済を、九一八年に旧高句麗領を中心に王建《おうけん》が高麗をそれぞれ建国し、後三国時代と呼ばれて争いを続けた。高麗は、九三五年に新羅を滅ぼし、翌年に後百済を滅ぼして朝鮮半島を統一し、一三九二年に李成桂《りせいけい》に滅ぼされるまで長期にわたって朝鮮半島を支配した。

およそ五〇〇年におよぶ高麗と日本との関係は、平安時代中期に起こった「刀伊の入寇《といのにゅうこう》」（一〇一九年）においても注目されている。契丹の支配下にあった沿海州地方に居住した「刀伊」（「東女真《じょしん》」）と呼ばれる女真人の一部が、朝鮮半島東岸部から対馬《つしま》・壱岐《いき》・九州北部へ上陸し、住民などを襲った事件である。高麗は拉致された住民を救出して日本に送還するなどの関係は従来から知られていたが、この事件は日本とって単発的・突発的なものではなかったことが近年の研究で明らかにされている。つまり、一〇世紀後半以降、朝鮮半島東岸海域において交易活動を展開していた女真人たちが、しばしば高麗王朝とも接触しており、交易がうまく進まない場合に海賊行為が発生していた。そして、その延長線上で、「刀伊の入寇」が行われたと理解することができる。このように、「東アジア」「東部ユーラシア」規模でみることによって歴史像は転換する。日本と高麗との関係は、中国（五代十国・宋・元）との関係はもちろんのこと、契丹（遼）や女真（金）なども視野に入れて、多様な視点で研究が進められているのである（石井　二〇一七b、鈴木ほか編　二〇一七、近藤　二〇一九など）。

遣唐使が派遣されなくなって以降、日本は「鎖国的」状況ではあったという戦前・戦後の森克己以来の通説（森　二〇〇八など）は、近年の研究の進展によって「外交」は「開かれた」ものであったことが具体的に明らかにされてきた。ただし、このような「開かれた」日本というイメージについて、「歴史の大局から見れば、それに偏ると日本が本質的に持つ鎖国体質に目をつむってしまう」（東野　二〇〇七）という批判もあり、今後もなお検証が必要である。

三　さらなる「人」「物」研究へのいざない

天平勝宝四年（七五二）に入唐した遣唐使船の梶取りのひとりである川部酒麻呂《かわべのさかまろ》は、帰国途中に発生した船火事で手に火傷をおいながらも梶を取り続けて無事に帰港を果たした。酒麻呂は「人・物を存す」、つまり遣唐使船上の人命も舶載の物も守ったことにより特別昇進されている（『続《しょく》日本《にほん》紀《ぎ》』同年四月十日条）。このような「外交」によって、「人」は移動し、その「人」にともなって「物」が動く。その「物」のなかには、形をとる工芸品、書籍や香薬のような物や形をとらない技術や情報もある。「外交」研究は、このような「人」「物」に注目して進められるものである（石井　二〇〇三）。

なお、奈良・平安時代の日本の対外関係における「人」や「物」の往来については、田島公編「日本、中国・朝鮮対外交流史年表―大宝元年～文治元年―」（奈良県立橿原考古学研究所附属博物館編『貿易陶磁』臨川書店、一九九三年）、『対外関係史総合年表』（吉川弘文館、一九九九年）、東大寺教学部編『新版シルクロード往来人物辞典』（昭和堂、二〇〇二年）、川添昭二監修・重松敏彦編『大宰府古代史年表』（吉川弘文館、二〇〇七年）などで史料上での動きが確認できる。さらに、それに関わる歴史用語や概念を知るためには、『平安時代史事典』（角川書店、一九九四年、CD―ROM版二〇〇六年）や『対外関係史辞典』（吉川弘文館、二〇〇九年）が便利である。

平安時代における「人」や「物」をめぐる「外交」史（対外関係史、東アジア交流史）の進展はめざましく、ここではふれられなかった仏教史、美術史、北方史、南方史や考古学などの成果も注目すべき視点は多い（桃木編　二〇〇八、鈴木ほか編　二〇一七、田中編　二〇一八など）。グローバル化が進む「現在」において、明確な「国境」も存在しない平安時代のボーダーレスな交流の実態に目を向けて、「未来」を志向してみるのはいかがであろうか。

参考文献

河添房江『唐物の文化史―舶来品からみた日本―』岩波書店、二〇一四年

・舶来品である「唐物」は、平安時代以降、政治的にも文化的にも重要な存在である。その「唐物」について、前近代における時の権力者との関係で語り、日本文化史を知ることができる一書。
古畑　徹『渤海国とは何か』吉川弘文館、二〇一七年
・渤海国について、日本との関係はもちろんのこと、その歴史的実態を解明する。渤海国の歴史を知るだけではなく、日本史および歴史学を研究する意義についても考えさせられる一書。
蓑島栄紀『「もの」と交易の古代北方史』勉誠出版、二〇一五年
・七～一一世紀の北海道と日本列島との関係について、「物」の動きを中心に、文献史学・考古学の成果から実証的に検証する。アイヌの歴史や文化の成立につながることを考えることができる一書。
荒川慎太郎・澤本光弘・高井康典行・渡辺健哉編『契丹［遼］と10～12世紀の東部ユーラシア』（アジア遊学160）勉誠出版、二〇一三年
石井正敏『東アジア世界と古代の日本』山川出版社、二〇〇三年
石井正敏『石井正敏著作集　第一巻　古代の日本列島と東アジア』勉誠出版、二〇一七年a
石井正敏『石井正敏著作集　第三巻　高麗・宋元と日本』勉誠出版、二〇一七年b
石井正敏『石井正敏著作集　第二巻　遣唐使から巡礼僧へ』勉誠出版、二〇一八年
上田　信『中国の歴史09　海と帝国─明清時代─』講談社、二〇〇五年
榎本　渉『東アジア海域と日中交流─九～十四世紀─』吉川弘文館、二〇〇七年
榎本　渉『僧侶と海商たちの東シナ海』講談社、二〇一〇年
近藤　剛『日本高麗関係史』八木書店、二〇一九年
鈴木靖民『古代日本の東アジア交流史』勉誠出版、二〇一六年
鈴木靖民・金子修一・石見清裕・浜田久美子編『訳注日本古代の外交文書』八木書店、二〇一四年
鈴木靖民・金子修一・田中史生・李成市編『日本古代交流史入門』勉誠出版、二〇一七年
田中史生『国際交易と古代日本』吉川弘文館、二〇一二年

田中史生編『古代文学と隣接諸学1　古代日本と興亡の東アジア』竹林舎、二〇一八年
東野治之『遣唐使』岩波書店、二〇〇七年
廣瀬憲雄『古代日本と東部ユーラシアの国際関係』勉誠出版、二〇一八年
西嶋定生著・李成市編『古代東アジア世界と日本』岩波書店、二〇〇〇年
桃木至朗編『海域アジア史研究入門』岩波書店、二〇〇八年
森　克己『新編森克己著作集1　新訂日宋貿易の研究』勉誠出版、二〇〇八年、初出一九四九年
山内晋次『奈良平安期の日本とアジア』吉川弘文館、二〇〇三年
山内晋次「「東アジア」史再考―日本古代史研究の立場から―」『歴史評論』七三三、二〇一一年
山崎覚士『中国五代国家論』思文閣出版、二〇一〇年
李　成　市『闘争の場としての古代史―東アジア史のゆくえ―』岩波書店、二〇一八年
渡邊　誠『平安時代貿易管理制度の研究』思文閣出版、二〇一二年

あとがき

今、日本の古代史研究は一つの危機を迎えている。新型コロナウイルス感染症の影響ではない。各大学で大学院に進もうという学生が、減少しているというのだ。そして修士課程に進む学生はいても、とくに博士課程まで進もうという院生は減少しているそうだ。その結果、各地域や大学などでの研究会はいつも同じ顔ぶれとなり、世代交代を経ぬままいたずらに歳月を重ねて、ひたすら高齢化社会に突進していこうとしている。

日本古代史は、はたして魅力がないのであろうか。いやさにあらず、いわゆるカルチャー講座に行けば受講生は多く依然として人気があり、いつも熱心な古代史愛好者の熱気にあふれている。では、この差は何であろうか。

一つは、現代の学生に基礎的な人文学の学問に対する人気がないことがあげられよう。たとえば近年の新設大学は、かくいう私が勤務している大学のように、医療系の大学が人気である。とくに資格が取れる実務的な大学が人気で、反対に就職に影響しない分野の大学は苦戦を強いられているように思われる。少子化が続く現在、若者は未来を考えればまず安定した職業を求め、その結果大学も安定的な経営を行おうとすれば、資格取得ができて就職に有利な実務系の大学がどんどん出現するのは当然である。さらに日本古代史を研究する道に進んでも大学などの研究職のポストが減れば、それでも研究者を目指そうという学生は、やがて「勇者」と呼ばれるに違いない。

しかし一方で、日本史を研究しようという向学心に燃える学生は実は少なくないのであるが、どの時代に魅力を感じているかというと、最近では圧倒的に近現代史が多い。古代史は不人気なのである。

なぜ古代史は、若者に魅力がないのであろうか。中学・高校で歴史科目が苦手な原因は、年号や人物の暗記ばかり、漢字を覚えるのが苦手、だから歴史科目は嫌い！　という高校生は多いが、少なくとも大学で史学科を目指した以上、それはクリアしているはず。とすれば、やはり古いことを学んでも現在には関係ないと思っている学生が多いのか、さらに史料の講読で漢文を読まなければならないからであろうか。

しかし本当は古代史は、とてもとてもおもしろいのである。たしかに今まで高校で習いもしなかった漢文でも、あるルールがわかればそんなに苦にはならない。また古代史の史料は、『日本書紀』や『続日本紀』などの六国史をはじめ、「正倉院文書」などもあるが、実は史料は限られている。史料が少ないということは、わからないことが多いということでもあるから、反対にその史料を読んでどのような歴史像を描いていくか、想像力をかき立て新しい実証を行えば、新しい歴史像を構築することができる。とくに現在いろいろな遺跡が発掘調査されて新しい事実が次々にわかり、今まで習ってきたことがひっくり返ることさえある。近年では、長屋王家木簡などの木簡史料の発見がそうだ。そこが古代史の魅力であり、醍醐味でもある。

実はわれわれ日本古代史の研究者は、その魅力をきちんと若い世代に伝えきれていないのではないのか。本書はその懸念から、これから新たに日本史を学ぼうという人たちに、古代史の魅力をわかりやすくテーマごとに伝えようとするものである。もちろん若い人たちだけでなく、これからあらためて古代史を学び直そうという人たちにも、現在の古代史の到達点をわかってもらい、古代史の魅力を伝えていきたいという思いがある。

本書は「新古代史の会」という、関東の古代史研究者の会のメンバーを中心に執筆を依頼した。「新古代史の会」は二〇一九年三月に発足した新しい研究会ではあるが、実は佐藤信・新川登亀男・篠川賢・三宅和朗・勝浦令子・増尾伸一郎氏らが発足させた「あたらしい古代史の会」の後継研究会でもある。「あたらしい古代史の会」は一九九五年七月に発足して以来二〇一九年一月に至るまでの二三年間、月一回のペースで月例研究会を行い、各大学の枠を超え出身校・勤務先はもとより、個別の専門的分野も超えて学際的な研究を行って、従来にない「あたらしい」日本古代史の方向性を目指した研究会で、『東国石文の古代史』（一九九九年、吉川弘文館）や『王権と信仰の古代史』（二〇〇五年、吉川弘文館）などの研究成果を公表してきた。だが、幹事の先生方の定年退職により、残念ながら閉会となってしまった。

しかし、このまま会がなくなるのは惜しいということで、次世代の研究者たちがその会の意志を継ぐような形で新たに「新古代史の会」を発足させ、明治大学・専修大学・日本大学・國學院大学・早稲田大学・東京医療保健大学などを会場として、なんとか研究会を維持・運営することができている。現在でも古代史を研究しようという人たちが、自由な立場で枠にとらわれず活発な意見を交わして、古代史研究の「火」をともし続けようと努力している会である。本書はそこに集う中堅・若手の研究者を中心にして、古代史の魅力と最新到達点を紹介しようというものである。そのため本書は、ゼミや卒論はもちろん、古代史講義などのテキストとして使用してもらえるよう、わかりやすい表現と主要な参考文献の紹介を盛り込んでいる。本書を一読して、あらためて古代史の魅力にふれてもらえれば幸いであり、これから日本古代史を学ぼうという志を持った学生があらわれることを切に望んでいる。本書の刊行の最大の目的は、そこにある。

最後に本書の出版をお引き受けくださった吉川弘文館には厚く御礼申し上げる。

二〇二〇年三月

新古代史の会代表幹事

三舟隆之

執筆者紹介（生年／現職）―執筆順

仁藤敦史（にとう　あつし）　一九六〇年／国立歴史民俗博物館教授

東　真江（あずま　まさえ）　一九七六年／大磯町役場職員

中村友一（なかむら　ともかず）　一九七二年／明治大学准教授

堀川　徹（ほりかわ　とおる）　一九八三年／星槎大学専任講師

森　公章（もり　きみゆき）　一九五八年／東洋大学教授

市　大樹（いち　ひろき）　一九七一年／大阪大学大学院教授

早川万年（はやかわ　まんねん）　一九五七年／岐阜大学非常勤講師

河内春人（こうち　はるひと）　一九七〇年／関東学院大学准教授

服部一隆（はっとり　かずたか）　一九七〇年／明治大学兼任講師

相曽貴志（あいそ　たかし）　一九六二年／宮内庁書陵部図書課図書寮文庫首席研究官

十川陽一（そがわ　よういち）　一九八〇年／慶應義塾大学准教授

佐藤長門（さとう　ながと）　一九五九年／國學院大学教授

林部　均（はやしべ　ひとし）　一九六〇年／国立歴史民俗博物館教授・副館長

永田　一（ながた　はじめ）　一九八一年／法政大学・高崎経済大学・明治大学・横浜美術大学非常勤講師

酒井芳司（さかい　よしじ）　一九七二年／九州歴史資料館企画主査・学芸員

野口　剛（のぐち　たけし）　帝京大学教授

執筆者紹介

倉本一宏（くらもと　かずひろ）　一九五八年／国際日本文化研究センター教授

武廣亮平（たけひろ　りょうへい）　一九六一年／日本大学教授

中尾浩康（なかお　ひろやす）　一九七〇年／東京家政大学専任講師

皆川雅樹（みながわ　まさき）　一九七八年／産業能率大学准教授

監修者略歴

一九五二年、東京都生まれ

一九七八年、東京大学大学院人文科学研究科（国史学）博士課程中退

現在、東京大学名誉教授、博士（文学）

〔主要著書〕

『日本古代の宮都と木簡』（吉川弘文館、一九九七年）

『古代の地方官衙と社会』（山川出版社、二〇〇七年）

『日本古代の歴史6　列島の古代』（吉川弘文館、二〇一九年）

テーマで学ぶ日本古代史　政治・外交編

二〇二〇年（令和二）六月十日　第一刷発行

監修者　佐《さ》藤《とう》信《まこと》

編者　新古代史の会

発行者　吉川道郎

発行所　株式会社　吉川弘文館

郵便番号一一三―〇〇三三

東京都文京区本郷七丁目二番八号

電話〇三―三八一三―九一五一〈代〉

振替口座〇〇一〇〇―五―二四四番

http://www.yoshikawa-k.co.jp/

印刷・製本・装幀＝藤原印刷株式会社

ISBN978-4-642-08384-3

佐藤　信監修・新古代史の会編

テーマで学ぶ日本古代史 社会・史料編

本体一九〇〇円（税別）

〈本書の内容〉

Ⅰ　古代の社会と経済

1　渡来人　中野高行
2　戸籍と古代社会　田中禎昭
3　土地制度と班田収授　服部一隆
4　ミヤケから「初期荘園」へ　北村安裕
5　市と交易　宮川麻紀
6　古代の交通　河野保博
7　古代の災害史　髙井佳弘
8　古代の女性史―研究の現在地と分析視角―　永島朋子

Ⅱ　古代の宗教と文化

1　仏教伝来から国家仏教へ　中林隆之
2　地方寺院の成立と国分寺建立　三舟隆之
3　東大寺と大仏造立　佐藤　信
4　神道の成立　佐藤雄一
5　古代の神仏習合　三舟隆之
6　陰陽道の成立　山下克明
7　国風文化　浜田久美子
8　改元と天皇制　中野渡俊治

Ⅲ　古代の史料

1　「記紀」の成立　関根　淳
2　『万葉集』―日本古代史の視点から―　中村友一
3　風土記　菊地照夫
4　正倉院文書　畑中彩子
5　木　簡　馬場　基
6　金石文と墨書土器　高島英之
7　『延喜式』　小倉慈司
8　儀式書　黒須利夫
9　日記と古記録　神谷正昌

吉川弘文館